PIÈCES CURIEUSES ET INÉDITES

RELATIVES A L'HISTOIRE

DE

L'ABBAYE DE CLAIRVAUX,

FONDÉE PAR SAINT BERNARD.

PIÈCES CURIEUSES ET INÉDITES

RELATIVES A L'HISTOIRE

DE L'ABBAYE DE CLAIRVAUX,

FONDÉE PAR SAINT BERNARD,

ET SUIVIES

D'UNE NOTICE

SUR UN MANUSCRIT DU PRÉSIDENT BOUHIER,

Conservé à la Bibliothèque de Troyes,

ET CONTENANT L'INVENTAIRE DES JOYAUX ET AUTRES BIENS MEUBLES DE MARGUERITE DE FLANDRE, DUCHESSE DE BOURGOGNE.

TROYES.

BOUQUOT, LIBRAIRE-ÉDITEUR, RUE NOTRE-DAME, 43.

PARIS.

TECHENER, PLACE DE LA COLONNADE DU LOUVRE, 20.
AUBRY, RUE DAUPHINE, 16.
DUMOULIN, QUAI DES AUGUSTINS, 15.

MDCCCLVI.

Tiré à 119 exemplaires numérotés :

113 sur papier vergé,

6 sur papier de couleur.

N° 83

Alexandre Claudin

A MONSIEUR

LE COMTE DE MONTALEMBERT,

Auteur de l'Histoire de Sainte Élisabeth de Hongrie, et de celle de Saint Bernard, Abbé de Clairvaux,

En témoignage de son profond respect et de sa vive reconnaissance,

Un membre du Congrès Archéologique séant à Troyes, en 1853,

ALEXANDRE ASSIER.

AVERTISSEMENT.

La grande figure qui domine le XIIe siècle, ce temps héroïque où la foi commençait à couvrir le sol de la France de majestueuses cathédrales et de puissantes abbayes, n'est-ce point celle de saint Bernard, de cet homme évangélique dont la voix éloquente soulevait tout l'Occident? Fils du noble Técelin et de la pieuse Elisabeth de Montbar, le jeune Bernard sort de bonne heure du château de Fontaines, à quelques milles de Dijon, pour fréquenter la célèbre école de Notre-Dame de Châtillon-sur-Seine. Rempli de la grâce de Dieu, le pieux étudiant, que son biographe compare au jeune Samuel, se hâte de proclamer la vanité des choses humaines, et s'en va frapper à la porte d'un pauvre monastère du diocèse de Châlon-sur-Saône. L'abbé de Citeaux, touché des vertus de Bernard, le choisit bientôt pour fonder une nouvelle colonie. L'abbaye de Clairvaux s'élève donc dans une vallée marécageuse, que les habitants appelaient la *Vallée-d'Absinthe*. La disette la plus affreuse fond sur cette maison naissante, les religieux tourmentés par la faim veulent retourner dans leur premier monastère. Mais, à la voix de leur jeune abbé, des provisions arrivent, et après elles de nombreux disciples parmi lesquels se trouve le vertueux Técelin. La *Vallée-d'Absinthe*, désignée dès-lors sous le nom de *Claire-Vallée*, devient un des foyers les plus ardents de la lumière divine. Son nom retentit dans toutes les parties du monde catholique, car de celui qu'elle a reçu s'échappe une vertu qui subjugue grands et petits, papes et évêques, seigneurs et vilains.

Je n'entreprendrai point d'écrire la glorieuse vie du célèbre abbé de Clairvaux ; cette biographie, ou plutôt cette histoire du XIIe siècle, appartient à la plume d'un éminent écrivain dont les ouvrages ont excité l'admiration de l'Europe chrétienne. Qu'il sera beau de voir ce pauvre moine si humble, si débile, sortir de sa solitude pour rédiger les statuts des Templiers et pour pacifier l'Eglise troublée par le schisme ! Subjuguées par sa voix douce et persuasive, par les miracles qu'il opère d'un signe de croix, les populations s'entassent sur son passage pour le voir, pour le toucher, pour lui arracher un fil de sa robe ! Une seule de ses lettres apaise la fureur des rois, tandis que sa science confond le téméraire Abailard. Plus tard, lorsqu'il peut à peine se tenir debout, il trouve des forces pour prêcher la croisade à plus de cent mille hommes. Se nourrissant de la Bible et se désaltérant de l'Evangile, ce moine, tout à la fois apôtre et prophète, sait pourtant s'isoler au milieu de toutes les affaires. Retiré dans sa petite hutte, bâtie de feuilles et de branchages, il médite sur le Cantique des Cantiques dans les saintes extases de la prière et compose ces admirables sermons que Bossuet croyait sortis de la plume d'un *ange terrestre*. Attirée par l'amour de son Dieu, sa belle âme quitte le saint temple de son corps le 20e jour du mois d'août de l'année 1153. Clairvaux comptait ce jour-là plus de 700 religieux dans son enceinte, et plus de 150 monastères fondés par les disciples de son abbé.

Longtemps célèbre par le tombeau de saint Bernard, l'abbaye de Clairvaux, qui avait vu grandir dans ses cellules un pape, quinze cardinaux et beaucoup d'évêques, ne comptait plus en 1789 que quarante religieux de chœur et vingt frères convers. Puissamment riche, elle vit s'introduire de bonne heure l'abus et la décadence et ne rendit pas au catholicisme, aux lettres et aux sciences, les services qui signalèrent tant d'abbayes, avant cette époque funeste où toutes les splendeurs des siècles passés s'évanouirent. La *Claire-Vallée* n'est plus aujourd'hui que le lieu d'expiation des condamnés de douze départements; son trésor, sa magnifique église du XIIe siècle, ses pierres tombales, tout a disparu, jusqu'au corps vénéré de son angélique fondateur.

L'histoire de l'abbaye de Clairvaux pourrait jeter un jour nouveau sur l'organisation des monastères au moyen-âge et surtout dans les temps modernes. Deux hommes ont entrepris la publication de son *cartu-*

laire; à l'aide des mille pièces qu'il renferme, le lecteur pourra compter toutes les immenses propriétés et connaître toutes les exploitations des Bernardins. Un *factum* d'un curé de Maranville, datant du XVIIe siècle, pose en fait que ces religieux avaient à dépenser par heure la somme de 72 livres 15 sous. Jouissant d'immenses privilèges, l'abbaye de Clairvaux possédait des scieries de bois, des usines, des moulins, des fermes, des huileries, des tanneries, des draperies, des filatures, et alimentait les principales foires du royaume de France, de sorte que son revenu annuel au commencement du XVIIe siècle pouvait s'élever à 600 mille livres.

J'aurais voulu retracer ce mouvement industriel, révéler les usages et les coutumes des moines de Clairvaux, mais les documents dispersés çà et là ne m'ont point permis d'entreprendre ce travail. Je me contenterai donc de publier les notes que j'ai pu recueillir, persuadé que le lecteur me saura quelque gré de mes efforts. J'y ai même joint une notice sur un manuscrit du président Bouhier, contenant l'*inventaire des livres de Marguerite de Flandre, duchesse de Bourgogne*, curieux document sur les bibliothèques seigneuriales au moyen-âge. Je termine ce préambule en remerciant M. l'Archiviste de l'Aube et M. le Bibliothécaire de la ville de Troyes de l'obligeance avec laquelle ils ont mis à ma disposition les manuscrits que j'ai compulsés.

Troyes, 20 juin 1856.

I.

LISTE DES ABBÉS DU MONASTÈRE DE CLAIRVAUX,

D'après les auteurs du *Gallia Christiana*.

XIIe SIÈCLE.

1. SANCTUS BERNARDUS, 1152-1153.
2. ROBERTUS I, Brugis oriundus, 1153-1157.
3. FASTREDUS, 1157-1162.
4. GAUFRIDUS, notarius quondam sancti Bernardi ac vitæ ejus auctor, 1162-1165.
5. PONTIUS, Arvernensis, 1165-1170.
6. GERARDUS, patria Lombardus, 1170-1175.
7. HENRICUS, de Castro-Marciaco, 1176-1179.
8. PETRUS I, cognomento monoculus ex Nangio, 1179-1186.
9. GARNERIUS, de Rochefort, 1186-1196.
10. GUIDO, nobili stemmate ortus, 1196-1214.

XIIIe SIÈCLE.

11. CONRADUS I, Æginonis comitis filius, 1214-1216.
12. GUILLELMUS I, 1217-1221.

13. Robertus II, primùm cellarius Clarævallis, 1221-1223.
14. Laurentius, 1223-1224.
15. Radulphus, de Pinis seu de Peyrinis, 1224-1232.
16. Drogo, 1232-1235.
17. Everardus, cellarius Clarævallis, 1235-1237.
18. Guillelmus II, vir miraculorum gratià præditus, 1238-1242.
19. Stephanus, de Lexintonia, natione Anglus, angelicus vità, 1243-1257.
20. Johannes I, monachus Clarævallensis, 1257-1262.
21. Philippus I, vir facundiâ et eruditione præstans, 1262-1273.
22. Bono, 1273-1280 (1).
23. Theobaldus, de Sanciaco seu Sanceio, 1280-1284.
24. Gerardus II, 1284-1286.
25. Johannes II, 1286-1291.
26. Johannes III, de Sanciaco, Theobaldi superioris frater, 1291-1312.

XIVe SIÈCLE.

27. Guillelmus III, 1312-1313.
28. Conrardus II, monachus Clarævallis, 1313-1316.
29. Matthæus, de Aumella, 1316-1330.

---

(1) « Il faut omettre Jean II, après Bono, et de Jean III en faire Jean II. Ce Jean II a été mis sur la foi du livre des fiefs de l'église de Langres. Ce livre subsiste dans la bibliothèque du roi, nº 9382, dans le cartulaire de l'église de Langres. L'erreur consiste dans la date ; au lieu de mettre 1287, on a mis 1281. » Lettre manuscr. de Brice, le 9 décembre 1737. (Voy. *Gallia Christiana*, p. 809, t. IV, bibliothèque de Troyes.)

30. Johannes IV, de Azainvilla, capita S. Bernardi et S. Malachiæ pretiosissimis vasculis inclusit, 1330-1348.
31. Bernardus II, de Lauduno, monachus Clarævallis, 1348-1358.
32. Johannes V, de Buxeriis, anteà cellarius, 1358-1360.
33. Johannes VI, de Dullemonte ex priore creatus abbas, 1360-1380.
34. Stephanus II, de Fossiaco, privilegium utendi *mitrà* atque *aliis insignibus pontificalibus* aut primus impetravit aut saltem primus impetrato usus est, 1380-1402.

XVe SIÈCLE.

35. Johannes VII, de Martiniaco, 1402-1405.
36. Matthæus II *Pillard* seu Pyllardt, 1405-1428.
37. Guillelmus IV, de Eduâ, ex monacho et priore Clarævallis, 1428-1448.
38. Philippus II, de Fontanis, 1449-1471.
39. Petrus II, de Vireio abdicat sponte, 1471-1496.
40. Johannes VIII *Foucault*, sui monasterii bibliothecam construxit et codicibus dotavit, 1496-1509.

XVIe SIÈCLE.

41. Edmundus de Saulieu, de Sede loco, ex monacho Clarævallis, 1509-1552.
42. Hieronymus *de la Souchière*, gente Arvernus, interfuit sacræ synodo Tridentinæ, 1552-1571.
43. Lupinus *Le Mire*, patria Campanus, 1571-1596.
44. Dyonisius *Largentier*, Trecensis, 1596-1624.

XVIIe SIÈCLE.

45. Claudius *Largentier*, nepos Dyonisii, 1624-1653.
46. Petrus III *Henry*, Campanus, in loco de Quercu haud longe a Sancto Desiderio natus, 1654-1676.
47. Petrus IV *Bouchu*, 1676-1718.

XVIIIe SIÈCLE.

48. Robertus *Gassot*, 1718-1761.
49. Petrus *Mayeur*, 1761-1778.
50. Franciscus *Le Blois*, 1778-1786.
51. Ludovicus Maria *de Raucourt*, 1787, decessit anno 1824.

II.

LA VIE DE MONSEIGNEUR SAINCT BERNARD,

Dévot chappelain de la vierge Marie et premier abbé de Clerevaulx, translatée de latin en françois, et mise en sept livres distinctz par ung ancien religieux dudict Clerevaulx (1), *nouvellement imprimée à Paris* (2).

O qui pourroit suffisamment escrire
Ses faictz, ses dictz, ses predications!
O qui scauroit bien prononcer et lire,
Investiguer ou choisir ou eslire
Ses beaulx traictez, ses meditacions!
Vouloir narrer ses operations
De point en point comme chose visible,
Cest ung abus, car il est impossible.

---

(1) Guillaume *Flamant, Flameng* ou *Flaming*, originaire de Flandre, fut de bonne heure pourvu d'un canonicat de la cathédrale de Langres. Résignant cette dignité pour la petite cure de Montheries, près Chaumont, il prit l'habit de saint Bernard à Clairvaux, où il mourut. Guillaume a composé *le Martyre de Saint-Didier, le Martyre des Saints Jumeaux, la Vie de Saint Bernard* en sept livres, imprimée à Troyes chez Jean Lecoq, pour Macé-Panthoul, libraire; la *Vie de Sainte Asceline,* petite nièce de saint Bernard, la *Vie de Sainte Humbeline,* sœur de saint Bernard; *les Statutz et Ordonnances de la Confrairie de Saint-Pierre et de Saint-Pol de Lengres.* On lui attribue encore *la Chronique des Evêques de Langres* et des *Satires.*

(2) Caractères gothiques; in-4° imprimé pour François Regnault, libraire juré de l'Université.

I.

Comment sainct Bernard vint à Clerevaulx, et de la situation d'icelle.

Quant il pleut à Dieu qui avoit séparé sainct Bernard du siècle et l'avoit appellé pour révéler en luy sa gloire, affin que par luy, il assemblast plusieurs enfans de Dieu qui estoient dispersez, il inspira le vénérable abbé Estienne d'envoyer des frères pour édifier la maison et abbaye de Clerevaulx. Auxquelz quant ils s'en partirent de luy, il bailla sainct Bernard pour estre leur abbé, dont ils furent moult esmerveillez. Car ils estoient tous anciens et meurs et nobles, tant de religion comme de lignage, et sainct Bernard estoit jeune et moindre d'aage, malade de corps et de foible complexion et n'avoit point coustume ne usage de soy occuper ès choses mondaines et pour ce avoient-ils doubte de luy. Ils vindrent donc jusques à Clerevaulx qui est un lieu en l'éveschié de Lengres près de la rivière d'Aube là où estoit une grande larronnière et fosse de larrons. Et anciennement estoit appellé ce dit lieu la vallée d'Amaritude, tant pour cause de ce qu'il y avoit grande habondance d'une herbe amère, laquelle aucuns appellent aloine et en latin est dicte *absinthium :* comme pour l'amaritude de la douleur et de l'horreur de ceulx qui y estoient prins ou mys à mort par les larrons. En ce lieu solitaire et plain d'horreur, se logèrent ces sainctz hommes dessus nommez, pour faire de cette larronnière et de cette fosse de larrons ung temple de Dieu et une maison d'oraison, là où par l'espace de certain temps ils servirent humblement à Dieu, en povreté d'esprit, en souffrant fain et soif, en froidure et nudité, en dormant peu souvent, ils faisoient souvent leur potage de feuilles de faoux. Leur pain estoit pareil au pain du prophète qui estoit d'orge, de millet, et de veces tout ensemble, tellement que quant ung dévot religieux homme les alla une fois veoir et visiter le lieu et l'en eust mis de ce pain devant luy en l'hostellerie, il en embla tout en pleurant et l'emporta secrètement pour le monstrer à plusieurs comme pour miracle de ce que telz hommes et si sainctes gens vivoient de tel pain... *Liv. I. Chap. 22.*

II.

De la grant povreté que sainct Bernard et ses frères souffrirent à Clerevaulx et comment il envoia quérir du sel sans argent.

Ilz souffrirent en ce lieu et endurèrent au commencement si grant povreté que leur pain qui n'estoit pas d'aveine, car ils l'eussent réputé bien précieux, mais estoit d'autre plus povre et plus ville mixtion et sembloit mieux estre de terre que de farine. Leur potaige estoit de feuilles d'arbres cuytes en esté et de racines d'herbes en yver. Le fruit des faoux et autres fruitz sauvages que la terre produit naturellement estoient leurs meilleures viandes. Leur vesture, taut en esté comme en yver, estoit une conle et une robe peu souvent renouvellée et estoient povrement chaussez de souliers souvent et longuement derompuz et descousuz premièrement qu'ils fussent réparez, lesquels par faulte de cuir, ils lyoient de cordes.

En cette grant povreté advint ung jour, que, entre les nécessitez, il n'y avoit grain de sel en toute la maison. Lors sainct Bernard appella un des frères nommé Guibert et lui dist : — Frère Guibert, prens nostre asne et t'en vas à la foire de Risnel (1) et nous achetes et raportes du sel. Auquel le dit frère demanda argent pour l'acheter et payer. Et le sainct homme luy dist : — mon fils, saiches pour vray que je ne scay dès quel temps je euz ou tins ne or, ni argent. Là sus au ciel est celuy qui a ma bourse et mes trésors sont en ses mains. Adoncques le frère comme en soubzriant luy dist : — s'il fault que je aille sans argent, je retourneray sans denrées. Auquel sainct Bernard respondit : — N'ayes doubte, mon fils, va t'en tout seur. Car celluy qui a nos trésors, comme je t'ay dit, sera avec toi au chemin et te fera avoir ce pourquoy je t'y envoye.

Après ces parolles, le frère print la bénédiction du sainct homme, et s'en alla avecques l'asne à la foire plus incrédulle qu'il ne devoit. Mais Nostre Seigneur ne regarda pas à son incrédulité, mais à la bonne foy de son loyal et dévot serviteur et lui fist avoir tout ce pourquoy il estoit envoyé. Car ainsi comme il approucha du chasteau de Risnel en passant par une ville assez près, il rencontra ung prestre qui le salua en demandant dont il estoit et là où il alloit. Auquel frère Guibert respondit en lui exposant diligemment la cause de son voyage et la povreté du lieu auquel habitoit le sainct homme avec ses filz spirituelz. Et quant le prestre l'eut ouy, il fut fortement compunct et mena le frère en sa maison et luy donna demy mynot de sel et cinquante sols avecques, ainsi comme le dit frère Guibert qui souvent depuis le récitoit. Et ces choses reçues il commença rendre grâces à Dieu, et dire en son cœur : — Sans doubte, vraye est la parolle de nostre père envers lequel j'ay péché pource que je ne l'ay pas creu, mais suis icy venu incrédule. Et en saluant le prestre et disant à Dieu s'en retourna à Clerevaulx, et vint diligemment au saint homme et lui racompta tout ce qui luy estoit

(1) Risnel, *Risnellum oppidum.*

advenu au chemin. Auquel le sainct homme respondit : Je te dis, mon filz, qu'il n'y a rien qui soit tant nécessaire à tout chrestien que d'avoir bonne foy. Ayes doncques bonne foy et bien t'en sera tous les jours de ta vie. Dès ce jour en avant tant le dit frère Guibert comme tous les autres eurent les parolles de leur sainct père en plus grant révérence. *Liv. VII. ch. 2.* (1)

III.

Comment nostre Seigneur pourveoit à ses serviteurs et comment ilz s'en vouloient retourner à Cisteaulx, mais sainct Bernard les retint.

Ung des frères de Clément Impre (2) vint une foiz à Clerevaulx pour veoir cette nouvelle plantation de Jésus-Christ, lequel y fut receu honnorablement selon que faire se povoit, et devant luy on apporta ung demy pain d'avene dont il se merveilla moult de ce qu'ilz vivoient de tel pain, et en reporta une portion à Clément Impre, pour le monstrer à ses autres frères, comme il fist en leur racomptant la volontaire abstinence en grant povreté des serviteurs de Nostre Seigneur et leur patience en cette abstinence et en leur povreté la grant et charitable libéralité, et tantost les dictz frères de Clément Impre furent tous compunctz et en ayant compassion d'eulx, d'ung commun consentement le maistre du dit lieu, nommé Odo (3) qui estoit homme vénérable et aymé de Dieu et des hommes,

(1) *Vie de S. Bernard,* par Jehan Lhermite.

(2) *Clementinum pratum.*

(3) *Odo,* Eudes.

chargea chevaulx et asnes et leur mena en charrettes pains et viandes. Et dès ce jour, fut si grant communication de fraternité entre Clerevaulx et Clément-Impre, que quant les frères de Clément-Impre venoient à Clerevaulx on leur faisoit honneur et service comme à ung de Clerevaulx et aussi faisoient les autres à ceulx de Clerevaulx et aux trespassez pareillement, ils rendoient et faisoient le service les ungz pour les autres. Et ainsi le doulx Jésus de plus en plus pourveoit à ses serviteurs de leurs nécessitez.

Une femme aussi vint à sainct Bernard et luy apporta cent soulz, dont la nudité de leurs piedz fut couverte. Ils n'avoient nulles bestes fort que ung asne qui leur apportoit du bois pour leurs nécessitez....

Les frères doncques ainsi contrains de fain, de froit et d'autres indigences se complaignirent à sainct Bernard leur abbé, en luy remonstrant que pour cause de ceste trop grande povreté, les en failloit aller et departir de ce lieu. Lors en les consolant bénignement et doulcement en tant qu'il peut, leur remonstra la crainte et amour de Dieu et l'espérance de la vie éternelle, et de la rémumération divine, et néantmoins pour les angoisses et douleurs qu'ils souffroient ils ne se vouloient consentir de demourer, mais s'en vouloient retourner à Cisteaulx dont ilz estoient venuz, et quant le sainct homme vit leur déspération, finablement il se myst en oraison qui estoit son refuge en toutes nécessitez, et tantost luy vint une voix du ciel qui luy dist devant tous ses frères : Bernard, lève-toy, car ta prière est exaulcée. Et quant les frères eurent ouye cette voix du ciel, ilz glorifièrent Dieu et sainct Bernard et lui dirent : Nostre père, dis nous s'il te plaist quelle chose tu as maintenant requise et demandée à Dieu. Ausquelz il répondit : Que voulez-vous scavoir, o gens de petite foy, demourez en ce lieu-cy, et vous le scaurez cyaprès. Et ainsi comme ils parloient ensemble en devisant les ungz aux autres des saintes parolles, il survint ung homme qui présenta dix livres à sainct Bernard, et un peu après vint ung autre de Bar-sur-Aube qui luy apporta treize livres en le requérant humblement qu'il eust pitié de son filz lequel estoit si malade que on n'avoit point d'espérance de sa vie, lequel homme sainct Bernard consola et le renvoya joyeulx en luy promettant qu'il trouveroit son filz tout guary, et quant le dit homme vint en sa maison, il trouva son filz restitué à bonne santé, comme le sainct homme luy avoit promys, pour laquelle chose il luy en vint depuis rendre grâces dévottement.

Après ung peu de temps la miséricorde de Dieu largement et bénignement se estendit sur ses dévotz serviteurs, tellement que avec les biens de grâce, ilz eurent souffisante habondance des biens temporels et n'eurent plus de deffault par le moyen de leur bon père. *Liv. VII. ch. 3.*

IV.

Comment sainct Bernard vit en vision plusieurs gens venir à Clerevaulx.

Il advint une fois en ce temps-là que sainct Bernard et ses frères se levèrent à matines plustost qu'ils n'avoient acoustume, tellement qu'il y eut une bonne et longue espace entre matines et laudes. En cette espace sainct Bernard, qui estoit en ce désir de fruit spirituel dont nous avons parlé, yssit hors, et alloit circuiant le lieu en priant Dieu qu'il eust agréable son service et le service de ses frères. Ainsi comme il faisoit son oraison, il cligna ung petit les yeulx et tantost il vit tout à l'entour de luy si grant multitude de hommes de divers habitz et de diverse condition qui des montaignes prochaines descendoient en la vallée, qu'il luy sembloit que la vallée ne les pourroit en nulle manière comprendre ne contenir tant y en avoit. Laquelle vision et quelle chose elle signifioit a esté clerement démonstré depuis par les grans multitudes de gens qui y ont esté. De cette vision le sainct homme fut grandement consolé et exhorta aussi ses frères en les admonnestant qu'ilz eussent toujours bonne espérance de la miséricorde de Dieu. *Liv. I. ch. 24.*

V.

Comment sainct Bernard ouyt et vit les anges chanter en la place où est maintenant l'eglise de Clerevaulx.

En cette année le sainct homme une fois entre les autres de nuyt très dévotement avoit espandue et levée son ame par dessus luy, en priant Dieu par grant dévotion et attention. Et ainsi, comme il commençoit à sommeiller, il ouyt plusieurs voix ainsi comme d'une grande multitude de gens qui passoient par emprès son petit tugurion. Il s'esveilla et encores les oyoit-il plus fort et plus plainement. Adoncques il se leva et yssit hors de sa chambre et alla après eulx. Assez près de là avoit une place toute plaine de grans et espes buissons d'espines et de ronces, mais elle est maintenant moult changée et bien autre que elle n'estoit. Sur ce lieu là ces voix s'arrestèrent et y demeurèrent par quelque espace de temps en chantant les unes après les autres, les unes d'une part et les autres d'autre, et estoient ordonnées et disposées ainsi comme deux chores de religieux qui chantent la psalmodie. Le sainct homme de Dieu les oyoit et y prenoit très grant délectation. De laquelle saincte vision toutes voyes il n'entendit point le mystère jusques par l'espace d'aucuns ans, après que les édifices furent translatés et qu'il vit l'église de Clerevaulx estre située et édifiée en la propre place là où il avoit ouy chanter les sainctes voix. Et lors s'apperceut que cette saincte place estoit sanctifiée, aggréable et plaisante à Dieu. *Liv. I. ch. 29.*

VI.

Comment Dieu multiplia les greniers de Clerevaulx ou temps de famine.

En ce temps fut très grant famine en France et ès prochaines régions. Mais nostre Seigneur par sa bénédiction multiplia les greniers de ses serviteurs. Et dès qu'ilz vindrent à Clerevaulx, ils n'avoient point eu assez de blez de leur moisson pour toute l'année. Mais celle dicte année que la famine fut, quant ils eurent cueillie et levée leur moisson et ils eurent diligemment compté et considéré le blé qui y estoit, il leur sembla qu'ils n'en avoient pas assez, à peine jusques à Pasques. Et quant vint qu'ilz cuydoient achepter du bled, ilz ne trouvoient de quoy, car on le vendoit beaucoup plus chier que l'on n'avoit acoustume. Et dès le temps de karesme, grant multitude de povres vint à eulx, auxquelz ilz donnoient libéralement et loyaulment de ce qu'ilz avoient. Et nostre Seigneur leur donna sa bénédiction et multiplia ce peu qu'ilz avoient tellement que eulx et les povres qui survenoient en furent joyeusement substantez et ne leur faillit point jusques au temps de moisson. *Liv. I. ch. 38.*

VII.

Comment pape Innocent vint à Clerevaulx.

En retournant de Liége, le pape voulant par soy-mesme veoir et visiter Clerevaulx, là où il fut receu très dévottement des povres serviteurs de nostre Seigneur qui luy vindrent au devant, non pas aornez de draps d'or, ne de pourpre, ne avec évangilles dorées, mais en grant compaignie tous vestuz villement de drap tout simple et portant une croix de bois, et non pas aussi en grant clameur, mais en chantant dévotement et humblement, le receurent très affectueusement. Les évesques ploroient et aussi ploroit le pape et s'esmerveilloit de la gravité et de la meureté de celle saincte congrégation, comment en si grant joye et en si noble solennité ils avoient tous les yeulx humblement fichez contre terre, sans regarder curieusement de çà et de là, mais comme se ils eussent les yeulx cloz, ils ne veoient nuls et de tous ils estoient regardez. Les Rommains ne veirent oncques chose en l'église de Clerevaulx dont ils eussent convoitise. Ils n'y trouvèrent oncques paremens qui les detint pour curieusement regarder et rien ne veirent en l'église, fors tant seullement les parois toutes nues. Il n'y avoit chose en quoy ambition ou convoitise se peust prendre, fors que seullement aux bonnes mœurs et telle rapine ou proye ne povoit estre dommageable aux frères. Tous se esjoyssoient en Nostre Seigneur et faisoient grant solennité, non pas de précieuses viandes, mais de sainctes vertus. Leur pain n'estoit pas de froment, mais estoit d'autres povres semences ensemble et sembloit mieulx estre de terre que farine. Leur vin n'avoit point ou bien peu de saveur; en lieu de poissons ils avoient des choulz. Et pour toutes autres délicieuses viandes on leur administroit des pois et des fèves. *Liv. II. ch. 3.*

VIII.

Comment l'abbaye de Clerevaulx fut muée et translatée d'une place en une autre.

Le sainct homme avoit en son conseil ses vénérables frères avec lesquelz estoit aussi messire Godefroy, prieur de Clerevaulx, son prochain de parentage et d'esprit, homme saige, ferme et estable qui, pour cause de la bonne religion et prudence qui estoit en luy fut depuis évesque de Lengres. Doncques ce vénérable homme et plusieurs autres saiges et discretz religieux de Clerevaulx trèssoigneux du prouffit commun de la maison venoient vers le sainct homme qui estoit en divine contemplation et duquel la conversation estoit au ciel, dont aucunes fois le faisoient descendre et luy remonstroient ce que l'indigence et la nécessité de la maison requeroit. Une foiz ils se assemblèrent et luy remonstrèrent que le lieu où ils estoient estoit trop estroit et trop petit et qu'il ne povoit comprendre si grande multitude de gens comme ils estoient. Le nombre aussi croissoit tous les jours pour cause des survenans qui venoient à grans compaignies et n'estoit possible de les recevoir dedans les officines et maisons qui estoient faictes et à peine povoient estre les moynes seulement en l'église à cause de la grant multitude. Puis luy dirent qu'ils avoient considéré une place bien convenable ung peu plus bas laquelle estoit plus pleine et plus large et plus près de la rivière et mieulx disposée pour faire et avoir toutes les nécessitez de l'abbaye, c'est à scavoir les prés, les terres labourables, les courtilz et les vignes et que se elle n'estoit assez enclose dedans les bois, que on l'enclorroit bien de murs de pierre dont en ce lieu il y avoit habondance. Quant le sainct abbé les entendit, il ne se consentit pas premièrement à leur conseil, mais leur respondit : Vous veez, dist-il, que à grans despens et à grans labeurs les maisons de pierres sont ja parfaictes et les conduis par où l'eaue vient par toutes les officines nous ont moult chier cousté. Doncques se nous despencons toutes ces choses cy, les hommes du siècle pourront mal penser et mal dire de nous en disant que, ou nous sommes gens legiers et muables ou que grans richesses, lesquelles toutes voyes nous n'avons pas, nous font enrager et forcener. Et aussi de ce que vous scavez bien que nous n'avons point d'argent, je vous respons selon l'Evangille : Quiconques veult édiffier, il doit premièrement compter les dépens, ou autrement se il commence sans parfaire, l'en se mocquera de luy en disant : Cest homme est ung fol qui a commencé à édifier et n'a peu consommer et parfaire ce qu'il avoit commencé. A cecy les frères respondirent : Se après ce que les maisons nécessaires au monastère ont été parfaictes, Dieu eut cessé d'y envoyer gens pour y demourer, votre sentence pourroit être tenue, et l'on pourroit cesser par raison de faire autres édifices. Or, est-il ainsi que Dieu multiplie et accroist tous les jours ceste saincte congrégation. Doncques il conviendra que l'en refuse et boute hors ceulx que Dieu nous envoye ou que l'en face pourveance de maison pour les recevoir. Et il n'est point de doubte que celluy qui envoye les habitans appareillera les maisons et habitations pour eulx. Et ja à Dieu ne plaise que pour le paour et crainte des despens, nous encourions les périlz et dommages de si grant confusion.

Quant le sainct abbé ouyt ceste response, il eut grant plaisir et grant joye de la bonne foy et de la grant charité qui estoit en eulx et finablement il se consentit à leur bon conseil, combien que avant qu'il se consentist il fist plusieurs prières à Dieu et si eut aucunes divines révélations sur ce fait cy. Duquel consentement ses frères eurent tous grant joye, et fut tantost publié en plusieurs lieux. Quant le noble prince de bonne mémoire messire Thibault, comte de Champaigne (1), le sceut, il leur donna très largement de ses biens pour faire les despens et leur promist qu'il les ayderoit de tout son pouvoir. Aussi quant plusieurs évesques de diverses régions, plusieurs nobles chevaliers et barons et honnorables bourgeois et marchans le sceurent, sans qu'ilz en fussent requiz, ils leur donnèrent lar-

(1) Thibaut II.

gement de leurs biens. Tantost l'en fist venir des ouvriers et les frères aussi labouroient en toutes les œuvres. Les ungz tailloient le boys, les autres esquarroient les pierres, les autres faisoient les murs et les autres divisoient la rivière par plusieurs et divers conduis et faisoient venir l'eaue es moulins et les foulons, et boulengiers, tanneurs, et cordonniers, et mareschaulx et autres ouvriers disposoient et faisoient instrumens et engins convenables à leurs mestiers et à leurs ouvrages en faisant venir l'eaue par tous les lieux selon qu'il estoit nécessaire. Et aussi firent venir eaue de fontaine par toutes les officines de l'abbaye par cors de pierre et de plomb. Toutes lesquelles eaues après ce qu'elles ont parfait et accomply leur office et service partout et bien espurgée et nettoyée la maison, finablement elles s'en retournent toutes ensemble avec l'autre partie de la rivière en luy rendant et restituant sa propre quantité. Très legièrement et ainsi comme soubdainement les murs furent parfais qui comprennent très grant circuité tout entour l'abbaye. Et ainsi cette saincte maison avec l'église nouvellement née fut tost eslevée et en très brief temps parfaicte et honnorablement consummée. *Liv. II. ch. 21.*

IX.

Comment pape Eugène visita Clerevaulx.

En ce temps le pape (1) tint un concile général en la cité de Reims, puis s'en vint humblement visiter Clerevaulx et présenta la gloire de la papalité aux povres servans de nostre Seigneur. Ils se merveilloient tous de ce que en si grant haultesse estoit humilité immobile et en

---

(1) Eugène III, disciple de S. Bernard à Clairvaux.

si excellente prééminence et dignité persévéroit la vertu de sainct propos, tellement que humilité joincte et unie à haultesse pour son office resplendissoit par dehors et pour sa vertu ne décroissoit par dedans. Il portoit empres sa chair chemise de drap et de nuyt et de jour estoit vestu de sa conle et tousjours ainsi alloit et couchoit en retenant par dedans son habit de moyne et par dehors il se monstroit pape en bonnes mœurs et en ses vestemens, en faisant chose moult difficile, c'est assavoir en représentant en ung homme la propriété de diverses personnes. L'en luy comportoit partout ses coussins et oreilliers de plume grans et bien parez, son lict estoit couvert de beau drap et couverture de soye, et estoit environné à l'entour d'une belle courtine de pourpre, mais dessoubz ces précieuses couvertures en lieu de beau linge y avoit du gros drap de laine qui estoit estendu sur estrain amdncelé ensemble ou sur paille assemblée assez dure sans autre chose mettre. L'homme voit la face et Dieu voit le cueur et ainsi il satisfaisoit du mieulx qu'il povoit à Dieu et aux hommes. Il parloit aux religieux de Clerevaulx en pleurant et souspirant du parfond du cueur et les admonestoit et consoloit en se tenant humblement entre eulx comme frère et non pas comme seigneur ne comme maistre. Et pour ce que la grant multitude de ceulx qui estoient avec luy et qui le suyvoient ne luy permettoit point demourer plus longuement à Clerevaulx il salua les frères et s'en retourna par Ytalie jusques à Romme. *Liv. II. ch. 34.*

X.

De quelle manière sainct Bernard vivoit.

Il refrena tellement les délectations et voluptez de gloutonnerie dès son enfance qu'il avoit presque perdu la saveur de toutes choses, et plusieurs fois il fut deceu par la piteuse et religieuse fraude ou dévotion de ceulx qui luy administroient tellement qu'il beuvoit une liqueur en lieu d'autre. Il beut aucunes fois de l'huille qui luy fut administrée par négligence sans ce que de rien s'en apperceust, et ne sceut on riens jusques à ce que ung vaillant homme survint qui se merveilloit de ce qu'il avoit les lèvres oingtes. Il ne se povoit tenir droit, mais se seoit presque toujours et peu souvent se mouvoit. Toutes les fois qu'il se povoit soubstraire des négoces, occupations et affaires communes, ou il prioit Dieu, ou il lysoit, ou il escrivoit, ou il endoctrinoit et édifioit ses frères ou il estoit en saincte méditation (1). *Liv. III. ch. 2.*

Aussi une fois sainct Bernard chevaucha par l'espace d'une journée sur la rive du lac de Lausenne (1) sans ce que le vist point ne que de riens s'en aperceust. Quant vint le soir, ceulx qui estoient avec luy commencèrent à parler du dit lac qui est moult grant et moult merveilleux. Lors il leur demanda quel lac c'estoit et où il estoit; de laquelle demande ils furent tous esbahiz, et par cecy sceurent bien que point ne l'avoit veu ne apperceu. *Liv. III. ch. 5.*

XI.

Comment sainct Bernard en esprit visitoit ceulx qui chantoient en l'eglise de Clerevaulx quant le corps n'y povoit aller.

Gérard l'abbé de Mores (2) qui est une abbaye près de Clerevaulx nous a tesmoigné qu'il avoit autre fois veu sainct Bernard visiter les frères qui chantoient en l'église en cir-

---

(1) Lac de Lausanne ou de Genève.

(2) Près Bar-sur-Seine. (V. l'*Annuaire de l'Aube*, 1836, p. 3, seconde partie.

cuissant les cueurs et si comme il faisoit souvent exciter ceulx qui sommeilloient, tellement que l'en chantoit plus dévotement et plus vigoureusement le résidu et demourant des vigilles. Quant vint le jour ensuyvant en parlant familièrement et priveement, le dit abbé luy demanda dont venoit que celle nuyt il avoit plus tard visité ceulx qui chantoient en cueur qu'il n'avoit acoustume. Auquel sainct Bernard respondit : J'ai esté, dit-il, ceste nuyt tres griefvement malade du corps, mais l'esprit a esté où le corps ne povoit aller. Quant l'abbé dessusdit ouyt ceste response, il fut moult esbaby et espoventé, oyant que sainct Bernard n'avoit pas esté en corps là où il le avoit veu corporellement visiter et circuir l'ung et l'autre des cueurs par grant espace de temps et mettre sa main sur chacun des frères ainsi qu'il avoit acoustume. *Liv. IV. ch. 3.*

XII.

Comment sainct Bernard trespassa de ce monde à la gloire éternelle.

Finablement vint la saincte journée en laquelle la bienheuse et saincte ame de sainct Bernard partit du corps et luy commença à lever et à luyre le jour perpétuel. Au trespas duquel furent assemblez à Clerevaulx les évesques avec grant multitude d'abbez et de religieux. En laquelle journée environ à heure de tierce tressaincte et entre tous ceulx de son temps singulière lumière, Sainct Bernard, abbé de Clerevaulx, laissa le corps mortel et s'en alla à la terre de Nostre Sauveur Jésus-Christ. Il se partit de la compagnie de ses enfants spirituelz qui estoient entour luy et qui en griefz soupirs et en grant habondance de larmes chantoient le service et faisoient les recommandations et s'en alloit en une grande et très joyeuse multitude des autres qu'il avoit desjà envoyés en paradis vers la noble et glorieuse compaignie de tous les sainctz et sainctes qui s'esjouyssoient de sa venue et des sainctz anges qui luy vindrent au devant, le receurent solennellement et l'emmenèrent en chantant à grant joye et à grant doulceur et à grant déduit. *Liv. V. ch. 11.*

XIII.

Des grans multitudes de gens qui venoient à Clerevaulx pour toucher au corps sainct Bernard, et comment il fut mys en son tombeau.

Quant sainct Bernard fut trespassé de ce monde à la gloire de paradis en offrant à Dieu sa saincte ame, et son corps fut honnestement appareillé et tout aorné et revestu des habitz et vestemens sacerdotals, comme pour dire messe et porté très dévotement à l'église devant l'autel Nostre-Dame. Plusieurs grans multitudes de peuples tant nobles que non nobles furent tantost assemblées à Clerevaulx qui remplissoient toute cette vallée de pleurs et de gémissemens. Et les femmes en grande compaignie crioient et ploroient encores plus amèrement et plus piteusement devant les portes. Car on ne les laissoit point entrer dans l'abbaye selon l'observance et coustume de l'ordre et de la religion. Le précieux corps de sainct Bernard ayant sa face descouverte et les mains semblablement demoura par l'espace de deux jours entiers emmy cette dévote congrégation, sans ce que la grace acoustumée de son très doux visage ne la couleur fussent de riens muées ne amoindries, mais estoit acreue tellement qu'il attraioit à luy les couraiges, la dévotion et l'affection de ceulx qui le regardoient. La multitude du peuple venant de toutes pars croissoit tousjours moult grandement et y couroient et alloient tous à grant presse pour tenir ses benoigts pieds, pour baiser ses mains, pour y toucher du pain, des deniers d'argent, des anneaulx, des ceintures et autres telles choses qu'ils reportoient et gardoient dévottement pour et en lieu de sa bénédiction pour avoir guarison de leurs maladies et pour ayder à autres diverses nécessitez. Et pour ce que le peuple scavoit bien que on le devoit oster et ensevelir au tiers jour, pour ce se assembloient les gens tousjours plus habondamment, tellement que le second jour à heure de midy, il y eut si grant presse de peuples qui estoient assemblez par grant dévotion tout à l'entour du sainct corps que on ne portoit presque ne honneur ne révérence aux évesques, ne aux abbez et religieux qui estoient en la présence. Et affin qu'il ne nous advenist ainsi le tiers jour ou par adventure encores plus grant empeschement, nous nous délivrasmes de l'oster devant l'heure qui estoit ordonnée, et fismes bien matin les divins sacrifices selon la coustume en chantant les messes, si comme on avoit jà fait par deux jours et en continuant tousjours la psalmodie. Puis après fut mis ce précieux corps en son vaisseau, c'est assavoir en ung tombeau de pierre....

Après que sainct Bernard, premier abbé de Clerevaulx, père et fondateur de plus de CLX abbayes, eut sainctement vescu tout le temps de sa vie jusques à l'aage de LXIII ans, entre les mains de ses enfans spirituelz, il rendit devottement son esprit le XX jour d'aoust. Et fut ensevely le vingt et deuxiesme jour du dit moys devant l'autel Nostre-Dame à laquelle il avoit esté très dévot chapelain. Et en son tombeau sur sa poitrine fut mise une petite chasse en laquelle sont contenues les reliques de sainct Jude l'apostre, lesquelles on luy avoit envoyées de Hierusalem celle mesme année et il avoit ordonné que on luy mist sur sa poictrine, afin que au jour du jugement et de la généralle résurrection il peust résusciter et estre avec le dit apostre. Ces choses furent faictes l'an de la saincte Incarnation mil cent cinquante-trois (1).

L'an mille deux cens et cinquante qui fut environ quatre vingtz et dix-sept ans après le trespas de saint Bernard, par la voulenté de Dieu pour tousjours ennoblir et magnifier Clerevaulx et pour exciter ses habitans à plus grande dévotion, le corps de la saincte dame Aalet de Montbar (2) fut transporté de Saint-Bénigne (3) au dit Clerevaulx, là où est en l'église et en la chapelle de sainct Saulveur qui est au millieu de la carolle tout à l'encontre et près de la tombe de sainct Bernard. Il fut honnorablement mis et colloqué le dix-neufviesme jour de mars.

---

(1) Livre V, chap. 12 et 13.

(2) Elisabeth, fille du comte Bernard de Montbard. La bibliothèque de Troyes possède, dit-on, la chaise de cette sainte femme.

(3) A Dijon.

III.

INVENTAIRE ET DÉCLARACION DES VOLUMES ET LIVRES

DE L'ÉGLISE ET ABBAYE DE CLEREVAULX,

De l'ordre de Cisteaulx ou dyocèse de Lengres,

FAIT AU MOIS DE MAI L'AN MCCCCLXXII

Par nous frère PIERRE, nouvel abbé du dit lieu.

Cet inventaire, fait en 1472, contient :

1. Dix-huit bibles complètes parmi lesquelles se trouve « *la bible très belle et bien escripte en II moyens volumes laquelle bible est très bien enluminée et en margey sont signées les leçons que on list en l'église et dit-on que c'est la* BIBLE DE MONS. SAINT BERNARD. »
2. Six volumes divers des livres de la Bible.
3. Quinze volumes « Concordance de la Bible. »
4. Quarante-huit volumes de livres de la Bible glosés.
5. Treize psautiers glosés par Pierre Lombard.
6. Treize volumes de livres de Salomon glosés.
7. Quatorze volumes des prophètes glosés.
8. Un volume des Machabées glosé.
9. Trente-deux volumes contenant diverses parties du Nouveau-Testament.

10. Six volumes des épîtres de saint Paul.

11. Douze volumes des dites épîtres glosées par Pierre Lombard.

12. Trois volumes des Actes des apôtres.

13. Cinq volumes des Epîtres canoniques glosées.

14. Quatre volumes de l'Apocalypse.

15. Quatorze volumes de Commentaires de la Bible par Nicolas de Lire, Paterius, saint Grégoire, saint Isidore et divers autres docteurs.

16. Dix bibles *métrifiées*.

17. Quatre-vingt-quinze volumes de Commentaires sur les divers livres de l'Ancien-Testament et du nouveau.

18. Six cent vingt-deux livres des docteurs, — saint Denis, Origène, saint Basile de Césarée, saint Jean Chrysostôme, saint Hilaire, saint Ambroise, saint Jérôme, saint Augustin, saint Fulgence, Boèce, Isidore, Bède le vénérable, Raban Maur, saint Anselme, saint Bernard. Hugues et Richard de S. Victor, Eudes, abbé de Morimond, Alain de Citeaux, Pierre de Ceffons.

19. Deux cent cinquante-cinq livres divers, — saint Thomas, Pierre de Tarentaise, Durand, saint Bonaventure, Jean Scot, Alexandre de Halle, Guillaume d'Auxerre, Robert Holcoth ;

« *Fleurs des docteurs, sermons et exemples.*

« De evangelio Nichodemii. »

« Miracles de Nostre-Dame, de plusieurs saints et saintes, et plusieurs visions,

« En III cayers le jeu des eschaz moralisé en III livres. »

« En III cayers plusieurs fables et narrations moralisées. »

« Ung autre volume contenant plusieurs narrations et fables escriptes de meschante lettre.

« Ung autre petit livre contenant les fables d'Esopet et ung extrait *de dictis Senece.*

Suivent Josèphe, Pierre Comestor, Suétone, l'*hystoire d'Alexandre-le-Grant*, Jules César, Grégoire de Tours, *hystoire de Charlemagne, comment il acquit l'Espagne*, Bède, *de gestis Anglorum, hystoire du roy saint Loys en Iherusalem, le Miroir historial* de Vincent de Beauvais, *la Légende d'or, Passions et vies des saints*, décrétales, somme des confesseurs.

20. Cinq volumes *de legibus.*

21. Dix-sept volumes *de medicina.*

22. Vingt-trois volumes *de grammatica.*

23. Dix volumes *de logica.*

24. Dix-huit volumes *de rethorica*, Aristote, Cicéron, Quintilien.

25. Vingt-sept volumes *de poetica*, Virgile, Horace, Ovide, Lucain, Juvenal, Stace, Claudien. *Maistre Gautier, Alexandride.*

26. Treize volumes *de arithmetica*, de geometrica, de astrologia.

27. Huit volumes *de physica*, Aristote.

28. Cinq volumes *de metaphysica*, Aristote, Platon.

29. Six volumes *de ethica.*

30. Quatorze volumes, *compilationes* et *compendia philosophiæ.*

31. Trois volumes *de regimine principum.*

32. Neuf volumes divers, martyrologe et *reigle de S. Benoist.*

33. Quatorze volumes divers, « noms des abbayes, des religieuses de la filiation de Clerevaulx; reigle de S. Benoist, livre que les abbés de Clerevaulx ont accoustume de porter en visitation. »

34. Cinquante-et-un missels.

35. Treize demi-missels d'été.

36. Sept missels incomplets.

37. Trois évangiliaires.

38. Quatre épistolaires.

39. Douze pontificaux, parmi lesquels se trouve « le pontifical escript à la requeste de maistre Jean Foucault, abbé de Clerevaulx, par dom Nicole Brunel de Monstier-en-Der. »

40. Dix collectaires.

41. Douze graduels.

42. Sept antiphoniers, quatre d'hiver, trois d'été.

43. Trois antiphoniers incomplets, deux des festes.

44. Dix-sept petits antiphoniers du jour.

45. Onze lectionnaires.

46. Cinquante-et-un bréviaires *de toto anno*, parmi lesquels se trouve « un breviaire ayant hystoires d'or et d'azur à II fermaux d'or esmaillés des ymaiges N. D. tenant son enfant et saint Jean-Baptiste tenant son agneau. »

47. Neuf bréviaires incomplets.

48. Quarante-neuf demi-bréviaires d'hiver.

49. Trente-cinq diurnaux.

50. Cinq « demi-journels d'iver, deux d'esté. »

51. Trente-trois psautiers, onze *à demy* (1).

L'abbaye de Clairvaux possédait donc 1512 volumes en 1472.

---

(1) Bibliothèque de Troyes, manusc. 2,299.

BIBLE DE SAINT BERNARD.

Parmi les manuscrits précieux que possède la bibliothèque de la ville de Troyes, on peut surtout citer la célèbre *Bible* de saint Bernard. L'écriture de cette Bible appartient au XIIe siècle, et des témoignages authentiques prouvent qu'elle fut la propriété de celui qui domina toute son époque. Les inventaires de l'abbaye de Clairvaux en font mention ; le dernier dressé par ordre de l'abbé Pierre de Virée, résumant les autres au XVe siècle, termine le numéro qui concerne ce livre si précieux par ces mots : *c'est la Bible de Monseigneur sainct Bernard* (1). Lorsqu'on ouvre cette Bible et qu'on en parcourt le premier volume, on est frappé de voir sur toutes les marges les traces irrécusables de longs travaux. Qui ne sait que l'illustre docteur du XIIe siècle se nourrissait de la Bible et se désaltérait de l'Evangile, selon la belle expression de son premier biographe ? Cet ange terrestre se retirait quelquefois dans une petite hutte de feuilles et de branchages pour méditer sur les ineffables mystères. Ouvrez le *Cantique des cantiques*, opuscule de deux feuillets dans le manuscrit. Les feuilles demeurées sans consistance vous prouveront qu'elles ont été lues par le génie fécond qui puisa qua-

(1) *a* 28. « Item une aultre bible tres belle et bien escripte, bible en II moyens volumes, dont le premier contient depuis Genèse jusques aux XII petiz prophètes inclusive..... »

a 29. « Le second volume de samblable lettre contient depuis Job jusques à la fin inclusive.....

Laquelle bible est tres bien enluminée et en margey sont signées les leçons que on list en l'église, et dit on que cest la bible de Mons. sainct Bernard, et ne sont point les livres de la dite bible mis par tel ordre comme des autres bibles. Ainsi signé *a* 29. » Bibliothèque de Troyes.

tre-vingt six sermons dans l'œuvre admirable de Salomon. En les parcourant, il semble, dit un célèbre bibliophile, que les yeux aperçoivent encore attachée la main vénérable qui les a usées.

La Bible de saint Bernard est un in-folio de 32 centimètres de hauteur sur 24 de largeur, divisé en deux volumes dont le premier comprend 261 feuillets, et le second 234. L'écriture est une minuscule régulière sur deux colonnes, avec initiales peintes, souvent dorées et historiées. Les titres sont à l'encre rouge et bleue. Cette Bible comprend : la Genèse, l'Exode, le Lévitique, les Nombres, le Deutéronome, le Livre de Josué, celui des Juges, les quatre livres des Rois ; Isaïe, Jérémie, Baruch, *prophéties ;* Jérémie, *lamentations ;* Ezechiel, Daniel, les douze petits prophètes, les psaumes, les proverbes, l'Ecclésiaste, le Cantique des cantiques, la Sagesse, l'Ecclésiastique, — Job, les Paralipomènes, le livre d'Esdras, le livre de Néhémie, celui d'Esther, de Tobie, de Judith, les deux livres des Machabées, les quatre Evangiles, les Actes des apôtres, l'épître de saint Jacques, les deux épîtres de saint Pierre, les trois épîtres de saint Jean, celle de saint Jude, les épîtres de saint Paul et l'Apocalypse.

Sur le recto de la garde au commencement du premier volume, une main du XIIIe siècle a inscrit en caractères gothiques ces mots ;

Pars prima Biblie beati Bernardi abbatis Clarevallis.

Cette inscription se trouve répétée au dessus en minuscule. Au verso de cette même garde, six lignes alternativement rouges et noires, en lettres capitales, servent de titre à la lettre de saint Jérôme qui commence à la page suivante. Dans la lettre F initiale de cette épître, saint Jérôme est représenté sur un fond d'or, assis sur un siège pliant, revêtu d'habits pontificaux, la mitre en tête et travaillant sur la Bible ouverte devant lui.

De nombreuses lettres historiées distinguent le commencement des livres et des principaux chapitres. L'I, première lettre de la Genèse, occupe toute la hauteur de la page, et renferme sur un fond d'or quatre petits tableaux représentant la formation de l'homme, la naissance de la femme, la désobéissance de nos premiers parents, et leur expulsion de l'Eden. Le premier volume contient 21 lettres historiées, et le second 45. La sainte Trinité est représentée deux fois, le Père occupe le dernier rang et le Saint-Esprit le premier. Cette disposition se remarque sur les vitraux; le commencement des légendes est au dernier rang sous les yeux même du chrétien.

L'Archéologie regrette peut-être de ne pas trouver ces deux précieux volumes enveloppés de leur couverture primitive. Leurs ais antiques sont peut-être tombés vermoulus; mais la bibliothèque de Troyes doit certainement à leur habit modeste de les posséder encore, car c'est cet extérieur si simple qui a permis aux commissaires envoyés pour dépouiller nos belles bibliothèques de les confondre avec des volumes vulgaires et de ne pas les enlever avec cinq cents autres. (1).

(1) Voy. la Notice publiée par M. Harmand, bibliothécaire de Troyes, dans les *Mémoires de la Société d'Agriculture, des Sciences, Arts et Belles-Lettres de l'Aube,* T. XI, 1842-1843. Longtemps Dijon montrait aux visiteurs un manuscrit fort remarquable par sa petitesse et par sa forme singulière, auquel l'opinion vulgaire avait donné le nom de Bréviaire de S. Bernard. M. Guignard a démontré par des faits péremptoires que cette qualification ne pouvait pas soutenir l'examen. (Voy. les *Mémoires de la Société Académique de l'Aube,* nos 15 et 16. 1850.

IV.

BIBLIOTHÈQUE DE CLAIRVAUX.

C'était donc une riche *librairie* que celle de l'abbaye de Clairvaux. Beaucoup de monastères ne possédaient pas à cette époque 1500 manuscrits. Mais lorsque l'imprimerie multiplia les livres, leur nombre devint si grand qu'il fallut construire une bibliothèque dès l'année 1495. Cette construction ne dura pas moins de huit ans, comme l'indique l'épigraphe suivante inscrite plus tard au-dessus de la porte :

JADIS SE FIT CESTE CONSTRUCTION
PAR BONS OUVRIERS SUBTILZ ET PLAINS DE SENS
L'AN QU'ON DISOIT DE L'INCARNATION
NONANTE CINQ AVEC MIL QUATRE CENS.
ET TANT Y FUT BESONGNIÉ DE COURAGE
EN PIERRE EN BOIS ET AULTRE FOURNITURE
QU'APRÈS PEU D'ANS ACHEVÉ FUT L'OUVRAGE
MURS ET PILIERS ET VOULTE ET COUVERTURE.
PUIS EN APRÈS L'AN MIL CINQ CENS ET TROIS
Y FURENT MIS LES LIVRES DES DOCTEURS,
LE DOULX JÉSUS QUI PENDIT EN LA CROIX
DOINT PARADIS AUX DÉVOTZ FONDATEURS.
AMEN (1).

---

(1) *Notice sur la Bibliothèque de Troyes*, par M. Harmand, bibliothécaire de Troyes, p. 16. Troyes, 1844. Cette Bibliothèque fut construite sous l'abbé Jean Foucault, qui l'enrichit d'un grand nombre de manuscrits.

Etablie dès le XIIe siècle dans la capitale du royaume de France, sur la paroisse *Saint-Méry, la meson de Clairvaus* obtint gratuitement les principales productions de Pierre Levet, de Jean Petit, de Denis Rose, de Claude Jaumer, de Jean Bonhomme, de Gering, de Rembolt, de Denidel et de G. Wolf. Au bas d'un feuillet de l'*orloge de sapience* imprimée par Antoine Vérard en 1499, vous pouvez encore lire : « Antoine Vérard, libraire à Paris, a donné ce présent livre au monastère de Clerevaulx le 22 mars 1511. Priez Dieu pour luy. »

Le 20 mars, Antoine Vérard avait déjà donné « les *Collacions des saincts Pères anciens*, les *Contemplacions de sainct Augustin, et le livre de Tulles intitulé : de Vieillesse*.

Les années suivantes, l'abbaye de Clairvaux s'enrichissait des principales productions de François Regnault, de Jean de Marnef et de Simon Vostre, de sorte que, grâce aux libéralités des libraires et aux acquisitions de quelques abbés, elle pouvait compter plus de 10,000 volumes dès la fin du XVIIIe siècle. Mais une étrange pensée du comte d'Avaux vint merveilleusement augmenter ce nombre. Héritier de la bibliothèque *la plus somptueuse du duché de Bourgogne* et dont l'éloge se trouve dans le voyage littéraire des deux bénédictins, dom Martène et dom Durand, cet indigne descendant des illustres Bouhier ne rougit point de mettre en vente le précieux dépôt religieusement conservé par les de Bourbonne. Les 35,000 volumes et les 2,000 *manuscrits* des Bouhier furent estimés 300,000 livres. L'abbé de Clairvaux, François Leblois n'en proposa que 135,000 ; son offre fut acceptée.

« Quand ce beau monument, dit M. Gabriel Peignot, disloqué et renfermé dans des caisses, quitta l'hôtel de Bourbonne pour gagner la route de Clairvaux, ce fut un jour de deuil pour les Dijonnais ; toute la ville manifesta hautement son mécontentement et ses regrets. Bernard Piron exprima son indignation sur ce triste événement dans des vers dans lesquels il ne craint point d'appeler d'Avaux un *fripier* » (1).

Quatorze ans après, la bibliothèque de Clairvaux, devenue nationale, était transférée à Troyes, dans des voitures et des caissons du parc de Brienne (2). De cette bibliothèque disparut l'histoire manuscrite de l'abbaye de Clairvaux en deux volumes in-folio, avec quelques manuscrits dont Prunelle et Chaptal enrichirent la bibliothèque de Montpellier. Les volumes amassés par les Bouhier sont tous noblement vêtus, et portent sur leurs plats en veau fauve le bœuf d'or qui rappelle le nom des Bouhier.

M. Libri, qui s'est fait exhiber les manuscrits de l'abbaye de Clairvaux, accuse les frères d'une ignorance malicieusement signalée par le digne neveu d'Alexis Piron. Mais Voltaire, qui séjourna quelque temps à Cirey, chez madame du Chastelet, loue la bienveillance et la science des religieux qu'il consultait et aux livres desquels il recourait. Je sais que les livres et les manuscrits des Bouhier, déposés à Clairvaux en 1781, furent trouvés en 1792 dans les mêmes caisses qui avaient servi à les transporter, et qu'abandonnés dans un lieu humide ces caisses souffrirent tellement que de beaux manuscrits furent entièrement gâtés. Mais l'accusation de M. Libri, pourtant insérée dans le *Journal des Savants*, n'en est pas moins

---

(1) *Souvenirs relatifs* à quelques bibliothèques particulières des temps passés. Paris et Dijon, 1836. — Le *Président Bouhier, sa Vie, ses Ouvrages et sa Bibliothèque,* par Ch. Des Guerrois, 1855. Le transport de cette célèbre bibliothèque coûta 1,136 l. 17 s. 13 deniers.—*Comptes* de l'abbaye en 1781 (*Archives de l'Aube*).

(2) Le total des sommes dépensées en 1795 pour le transport des livres de Clairvaux à Troyes, fut de 37,647 francs en assignats. (*Notice sur la Bibliothèque de Troyes,* par M. Harmand.)

puérile. Ce docte professeur prétend que la bibliothèque de Clairvaux ne renfermait que « des traités sur l'art de confesser, sur le droit canon, sur les droits des couvents et les privilèges des moines, sur les cas de conscience, sur la liturgie et sur toutes les parties extérieures de la religion » et que les classiques, la géométrie et surtout Aristote en étaient bannis (1). Si M. Libri avait lu le catalogue des manuscrits au XVe siècle, il aurait vu que les principaux classiques comptaient avec Aristote des lecteurs dans l'abbaye fondée par saint Bernard. L'inventaire de 1472, sous l'abbé Pierre de Virée, était pourtant sous les yeux de M. l'inspecteur des bibliothèques; mais l'accusation, dirigée contre lui et confirmée par une sentence, nous a prouvé qu'il ne visitait pas les bibliothèques, mais qu'il les dépouillait de leurs plus beaux ornements pour les mettre à l'enchère, à l'exemple de ce pauvre M. d'Avaux.

(1) *Journal des Savants*, 1841.

V.

TITRES ET CHAPITRES

de la

RECEPTE DES RENTES ET REVENUES EN DENIERS

De l'église et monastère de Clerevaulx,

TANT ORDINAIRE QUE EXTRAORDINAIRE,

Escheue au temps et terme de ce présent compte rendu par Nicolas d'AUTREVILLE, boursier et cellerier de la dicte église,

POUR L'ANNÉE MIL CCCC LXVI (1).

Et premièrement.

Censives annuelles en deniers dehues chascun an à la dicte église sur maisons, vignes, prez, terres et courtilz par les manans et habitans des lieux et villes situées et assises au plat pays entour de la dicte église.

Autreville, Arconville, Maranville, Baroville, Bar-sur-Aube, Bousancourt, Buchiez, Lanthil, Burneville, Champigneulles, Cuffin, Colombé-le-Secq, Dinteville, Colombé-la-Fosse, le doyen et le chapitre de Saint-Maclo (Maclou), Daillancourt, La-Ferté-sur-Aube, Longchamp, Orges, Pont-la-Ville, Rouvre, Sept-Fontaines, Saint-Ozaige, Voi-

---

(1) Bibliothèque de Troyes, manuscr. 732.

gny, Urville, Victry-le-Croisé, Ville-soubz-la-Ferté, Villiers-en-Azoy, Monteroye.... Ginancourt, Leschieres, Risaucourt.

Censives annuelles que anciennement elle avoit droit de prendre à plusieurs termes.

A Troyes, Provins, La-Chapelle, Bruchey, Ceffons, Colombey-les-Deux-Eglises, Gillaucourt, Gommeville, Mondeville, Vauldrimont.

Rentes annuelles de Flandres dites par les princes et seigneurs.

De Messire Guillaume de Guistelles seigneur de.... cxi s.

De Monseig. Loys de Luxembourg, conte de Saint-Pol, à cause de laiz de harens sorez, la somme de xiii l. vi s. viii d.

Des habitans et communaultés de la ville de Mardique sur la mer (2) vi l. xiii s. iiii d.

A cause de laiz de harens que M. Phelippe, conte de Flandres, donna et octroya.

Des eschevins et gouverneurs de la ville de Bruges, xxxiii l. vi s. viii d. sur les droicts et revenuz de la halle commune où l'on vend les draps, laissé par Messire Thomas comte de Flandres.

De hault prince M. le conte de Haynault cxviii s. de rente annuelle et perpétuelle, laissé par Bauldouyn, conte de Flandres et de Mons, sur les receptes et revenus de la halle commune de Mons.

Des prélas de Dunes et de Saint-Nicolas et de Phelippe-d'Artique, bourgeois de Bruges xvi l. xiii s. iv d. laissé par Phelippe conte de Flandres, sur l'eschiquier de la ville de Furnes.

---

(2) Aujourd'hui simple hameau, dont M. R. de Bertrand vient d'écrire l'histoire.

Autres rentes annuelles octroyées par aucuns roys de France et autres seigneurs.

x livres tournois que Loys, jadis roy de France, octroya sur le grant pont des Changeurs séant à Paris.

c livres que Thiebault, roy de Navarre et conte de Champaigne, octroya sur la recepte des foires de Champaigne et sur la vente jurée de Bar-sur-Aube, xxxvii livres.

vii xx xv l. que octroya Phelippe, jadiz roy de France, prendre et lever en et sur la revenue des deniers de la prévosté de la Rochelle.

xxviii l. xv s. vi d. que Guillaume, conte de Ponthieu, assigna prendre et lever sur le vicomté de Ponthieu.

viii l. sur les maisons situées et assises en la ville de Troyes en Champaigne en la rue de la Brouette.

Suivent des rentes de maisons à Bar-sur-Aube, à Dijon et à Chaumont.

Loiage des maisons fouraines à Villiers-sous-la-Ferté, Longchamp, Waissy, Saint-Osaige, Champigneulles, Barroville, Dinteville, Mussy, Bleigny....

Loiage des maisons de Bar-sur-Aube en la grant rue, en la rue Maistre-Emart, en la rue de l'Episserye, aux fauxbourgs, en la rue des Chièvres, près la porte Saint-Michel, et devant la loge du prévost...

Loiage des maisons de Troyes, maison et hostel où pend l'enseigne du chasteau près du Saint-Esprit, maison en la rue du Temple, et en la rue de Saint-Pantaléon où pend l'enseigne du Chariot.

Loiage des maisons de Neufchatel en Lorraine, — de Lengres, en la rue de la Croisette, — de Provins, où pend l'enseigne de la Couppe, en la grant rue devant le Pillory — de Bouloigne-sur-Marne.

Tailles abosnées et à voulenté à Longchamp, Sirefontaine, Baroville, Colombé-le-Secq, Bossancourt, Urville,

Saint-Ozaige, Cuffin, Ceffons, Mondeville, Blesy, Woigny, Buchiez, Burreville, Colombé-la-Fosse, Villiers-en-Azoy, Vaudemont.

Mairies de plusieurs villes, Sire-Fontaine, Colombey-le-Secq, Baroville, Champigneulles, Longchamp, Cuffin, Woigny, Orges, Burreville, Saint-Ozaige, Ceffons, Buchiez....

Corvées dehues par les manans et habitans de Champigneulles admodiées à l'argent.

Dismes de vin à l'argent.

Pressoires à vin.

Gros dismes de grènes deuz de froment, de soille, d'orge et d'avoyne.

Menus dismes de poys, de fèves, de lin, de chanvre, des fruits des arbres venus et escheus.

Vignes admoisonnées à l'argent.

Vignes laissées du tiers des fruits, du quart, du cinquième.

Affouages et usaiges des bois.

Paisson des boys.

Admodiacions des fours appartenanz à la dicte église.

Moulins admodiez à grènes à Longchamp, Champigny, Bar-sur-Aube, Champigneulles, Urville, Monteroye.... néant à cause des guerres.

Admodiacion des pescheryes.

Admodiacion des prez.

Venditions de layne du tondiage des blanches bestes de la dicte église.

— des bestes à layne des trouppeaulx et bergeryes de la dicte église.

Vente de vin en gros du creu, labeur et revenue d'icelle église.

— de vin en destaille vermeil, claret, blanc à Clerevaulx, à l'hostel de la taverne; — à Bar-sur-Aube, à l'hostel de la porte Saint-Michiel, — à Longchamp, en la taverne de la dicte église.

Vente de chevaulx.

— *de poissons*, de carpes, harengs issus des provisions de la dicte église.

— *de bazennes*, peaulx de jeunes agneaulx.

— *de grenes* issues des greniers de Bar-sur-Aube, de Clerevaulx.

— *de menues provisions*, char de veaulx, porcs, char de beufz, brebis, vaches.

Deniers d'accident.

Eschoistes de biens meubles de succession.

Recepte extraordinaire.

Autre *recepte* de la vente des souliers de vache.

Autre *recepte* de la vente des souliers de veaul.

Vente de remandures de cuir maigres.

Vente de remandures de cuir grasses.

DEPENSE DE CE PRÉSENT COMPTE,

Et premièrement.

Aumosnes.

Au dict damp Nicole d'Autreville cellerier XI l. XVII s. VIII d. à plusieurs povres pour l'aumosne générale devant la porte du dict monastère en argent, pain cuit, en fleur de froment, en sel, et quant à l'argent seulement le lundi avant les bordes et le grant jeudi.

VII l. XIV s. à des religieulx et seculiers, povres femmes qui demandoient secrètement passans leur voye.

VII s. à povres passans.

XII l. II s. en aunes de serge à des povres.

La secretainerie.

Pour cire achettée à Troyes XVIII l. XV s.

Achapt de draps pour le vestiaire et habis des religieulx et frères convers achetés à Bar-sur-Aube, à Chastillon.

A frère Jehan Drouyn, drap pour sa nécessité, chappe pour garder les brebis aux champs durant les froideures, XXII s. VI d.

Autre *achapt* de draps pour les rentez.

Façon des vignes.

Grande vigne joignant aux murs et clôture d'icelle église; le cellerier doit payer pour « depaisseler la vigne, aiguiser les paisseaulx, pour perches, trailles, pour tailler et labourer la vigne, pour garder, vendanger, porter les hottes, recueillir les fruits par les femmes. »

Vignes de Morvaulx, de la Garbille, les Rochettes, la Maladière, la Combe....

Pour paisseaulx et joyeure.

Vaisseaux à vin.

Pour *faucher* les foins, les grandes herbes nuisibles.

Pour les *forges*.

Pour *rouerie*, charrues à la facon de Brye, roues pour chariot, chars.

Corduennerie.

Provisions de cuirs tannés gras et maigres achetés à Bar-sur-Aube.

Achapt de grènes et de sel des salines de Rosières en Lorraine.

Achapt de char et voulailles en destail, tant pour l'hostel de Monseig. comme pour malades et hostes survenans, — chapons, oysons, poullets.

Poisson d'eaue doulce et de mer, carpes, lancerons, truites, anguilles, tanches, pour la feste de Mgr. saint Bernard.

Allouain de carpes, achepté du chastelain de la Ferté pour empoissonner le grand estang, et l'estang l'abbé Bernard.

Escrevisses pour hostes, beurre, harengs blancs, sorez à Bar-sur-Aube.

Achapt d'œufz et fromaiges.

— d'espices, poivre, pain de sucre.

— de huille.

— de vins.

— de chandoilles.

Provisions menues, — toille, bouteilles, cousteaulx, escriptoires à Troyes, mors, semence de choux pour semer au courtil, estoffes à faire encre, rames de papier de Troyes, arsons de selles, fiolles de verre, vaisseaulx pour mettre bonnes mouches à miel, boiste de glus pour prendre oiseaulx malfaisans aux étangs, courte-pointes, cuillers de bois, vert de gris pour faire la cire verte pour sceller les lettres, paniers pour mettre œufz et fromaiges, chapeau pour donner aux coulons, selles pour cheval du maistre bergier.

Achapt de chevaulx.

Censes annuelles dues au nom de la dicte église.

Au roy, au couvent de Monstier-en-Der, aux escuiers de Saint-Martin, à l'abbesse du couvent de la Tanche, à l'abbé du couvent de Pothière, à Guill. de Mello seigneur de Bleigny, au doyen et chapp. de Saint-Maclo, au seigneur de Vitry-le-Croisé, à l'abbé et couvent de Saint-Bénigne de Dijon, de Saint-Estienne-lès-Dijon, — de Saint-Germain-des-Prez de Paris, à cause de la maison de la Hucherie à Paris.

Pensions ordinaires pour desservir les chapelles, pour le conseiller, le baillif, le procureur au parlement, le clerc du baillif.

Pour les *religieulx profès* estudians à Paris et à Louvain.

Sallaires des serviteurs à années, boulengiers, tanneurs, fourniers, charretiers, tonneliers, pescheurs, bergiers, vachiers, bueuses de linge.

Autres *sallaires* de serviteurs et autres personnes de metier pour certains temps et ouvrages.

Couvreurs, maçons....

Dépense commune.

Pour laver et tondre les bestes à layne, sarcler les fromens, orges, avoynes, fèves et poys, cueillir les chenevières, pour filey pour pescher.

Ouvrages de diverses façons à Outre-Aube, Ville-sous-Ferté, Longchamp, Barroville, Morvaulx, Woigny, Colombé-le-Cellier, Champigneulles, Champigny, Fontarse, Autreville, Beaulmont.

Autres *ouvrages* à Bar-sur-Aube, Provins....

Autre *dépense* de la poursuite et conduite des procez.

Dépense de choses omises, peau de parchemin à Troyes, colle noire, pressoirs amenés.

Voyages à Montmirail et autres pays pour rentes — à Troyes, Neufchatel, Nogent, Bar-sur-Seine, Provins, Paris, Chatillon, Chaumont, Dijon, Lengres....

Dépense d'accident pour gendarmes de Bar-sur-Aube, Troyes — pour passans nobles, seigneurs, bourgeois de Bar — pour aller chercher le barbier de Vendeuvre pour la Maladrerie, — cerises achetées à Bar-sur-Aube, vin blanc pour la feste de Mgr. saint Bernard.

Dépense extraordinaire, achapt à Troyes et à Paris.

Dons aux sergens de Bar-sur-Aube.

Pour lever les lettres du Tabellionage.

Pour distribuer des souliers de vaiches aux religieulx.

pour les frères convers.

pour les rentez.

pour les serviteurs de Mons. de Clairvaux, pour le barbier....

La recette du cellerier du dernier novembre 1464 s'élevait à 4874 l. 9 s. 3 d. et la dépense à 3761 l. 7 s. 6 d.

Le cellerier devait le dernier février 1467 la somme de 698 l. 3 s. 4 d. Les dépenses ne s'étaient élevées qu'à 11009 l. 9 s. 1 d.

VI.

INVENTAIRE DE LA SACRISTIE DE CLAIRVAUX,

COMPRENANT

Le petit reliquaire, les calices et autres argenteries, les ornements pontificaux, les parements d'autels, chasubles, chappes, les linges, les tapisseries et les choses appartenant à la décoration de l'église, faict le 14 *de may* 1640 *par l'ordonnance de Révérend Père en Dieu dom Claude Largentier,* 45e *abbé du dit Clairvaux en présence de dom Didier Gautherin, et dom Benoist Lavendier, et mis entre les mains de dom Anthoine le Borgne, sous-prieur et grand sacristain et de dom Ponce Thibaron aussi sacristain.*

Le grand et le petit reliquaire furent cachés depuis 1637 jusqu'au mois de mars 1640 « à cause des troubles et des guerres. » L'humidité, « qui réduisit en poussière les écriteaux, » ne permit pas aux religieux de reconnaître les reliques de beaucoup de saints. Je ne publierai que des fragments de cet inventaire.

LE PETIT RELIQUAIRE.

Premièrement une croix d'argent doré ornée de pierreries, le pied est de cristal où sont diverses reliques ; au milieu est un petit morceau de la vraie croix de Nostre-Seigneur. Cette croix a été faite par l'ordre de Dom Mathieu, 29e abbé....

Item une croix d'argent doré couverte de pierreries et aux bords parsemée de petites perles.

Item une croix d'argent où le crucifix est relevé en bosse....

Plus une image d'ivoire de la Vierge portant le petit Jésus avec un petit vase dans lequel on tient y avoir de son lait.

Plus une image d'ivoire de Nostre-Dame tenant son fils qui met la main sur un oiselet.

Item un reliquaire d'argent doré émaillé à l'entour, contenant au pied dans un cristal *le poulce de nostre glorieux Père saint Bernard* fait par l'ordre de dom Jean d'Aizanville, 30e abbé de Clairvaux.

Item un bras d'argent où est un os du bras de saint Malachie, archevêque et primat de toute l'Hybernie....

Calices.

Un beau et grand calice entièrement doré ; sur le pied est un crucifix entre la Vierge et saint Jean en esmail, à l'entour de la pomme est l'image de Nostre-Seigneur avec ses apôtres et en la coupe parmi les rayons du soleil il y a des fleurs de lis ; d'un côté de la platine est la descente de la croix et de l'autre Nostre-Seigneur assis sur un trône....

Autre argenterie.

Un saint ciboire d'argent doré tant dehors que dedans fait en forme de coupe dans lequel repose le précieux corps de nostre Seigneur en une belle boîte de broderie dorée....

Un beau soleil d'argent doré pour porter le saint sacrement en procession.

Un vaisseau d'argent blanc fait en forme d'église où l'on met les saintes onctions.

Une lampe d'orfévrerie d'argent à jour ; sur le bassin sont les armes de la république de Gènes...

Ornements pontificaux.

Deux dalmatiques de taffetas blanc.

Deux autres de taffetas blanc.

Deux autres blanches.

Une de damas rouge.

Une de taffetas violet.

Deux de taffetas rouge.

Six paires de sandales.

Quatre paires de gants.

Deux calottes.

Deux anneaux d'or.

Deux croix d'or.

Deux agrafes pectoralles en esmail.

Huit mitres.

Trois crosses d'argent doré.

Chasubles, tuniques, manipules, étoles.

Chappe d'étoffe d'argent à fleurs de velours de plusieurs couleurs; l'orfroi, en broderie d'or fin, représente la nativité de saint Jean, la présentation de Nostre-Dame au Temple, l'annonciation, la nativité de Nostre-Seigneur, la présentation de Nostre-Seigneur au Temple, l'Assomption de la Vierge ; sur le chaperon entouré d'un frangeon d'or et d'argent est Dieu le père, la Vierge entre deux rois avec ses emblêmes.

Chappe de drap d'or fin façonné de velours rouge; l'orfroi en broderie d'or et de soie a saint Bernard tenant l'église de Clairvaux, Saint-Robert, Saint-Benoit, Saint-Malachie, Saint-Guillaume, Saint-Pierre, confesseur et évêque; sur le chaperon est un *monstra te esse matrem.*

Chappe de damas rouge; l'orfroi a six tableaux de broderie représentant divers miracles de saint Bernard ; sur le chaperon est le trépas de saint Bernard.

Tapisseries.

Coussin où est saint Jean-Baptiste, — coussin de tapisserie d'or, d'argent et de soie où est l'Annonciation de Nostre-Dame et aux quatre coins trois glans d'or, d'argent et de soie rouge.

Parement pour orner les pilliers de la pyramide sur la porte du chœur de velours violet au bas duquel est l'arbre de Jessé en broderie d'or et de soie, et en haut Nostre-Seigneur embrassant saint Bernard.

Sept pièces de tapisserie représentant l'histoire de David : 1° comment David vainquit Goliat, 2° comment David voyant en la fontaine Bersabée entra en amour, 3° comment par lettres que David donna à Urie pour porter à Joab il fut mis à mort, 4° comme David prophétisa de Jésus-Christ avec les prophètes sous la figure de Salomon, 5° comme Bersabée, mère de Salomon, présenta son fils à David, 6° comme Dieu envoya l'ange à David portant les verges, 7° comme Nathan vient dire à David qu'il sacrifiait pour le peuple.

Autre pièce où est Nostre-Seigneur priant au Jardin.

GRAND RELIQUAIRE.

Le chef de saint Barnabé, apôtre.

Le chef de saint Vincent, martyr.

Le chef de saint Marc, évangéliste.

Le vase de sainte Hélène ou l'écusson du grand Constantin.

Le corps de nostre glorieux Père Bernard dans une chasse d'argent doré, donnée par Tristan, évêque de Saintes....(1)

(1) Cette précieuse relique est conservée sous le maître-autel de la cathédrale de Troyes, avec le chef de saint Malachie. L'église de Ville-sous-la-Ferté possède encore plusieurs reliques

Du lait, des cheveux et des vêtements de la sainte Vierge....

Des reliques des vêtements de Nostre-Seigneur. (1).

---

du saint fondateur de Clairvaux, mais les ossements de saint Bernard sont confondus avec d'autres, sans pouvoir être discernés.

(1) Archives de l'Aube, registre 1336.

VII.

ORGUE DE CLAIRVAUX.

Dom Gassot de Deffens, 47e abbé de Clairvaux, fit exécuter dans l'église de son monastère de grands travaux qui lui valurent les éloges de ses contemporains. Ce révérend abbé voulut encore que l'orgue répondît par sa grandeur aux embellissemets qu'il avait créés. Le 20 janvier 1731, dom François Fauvre, prieur de Notre-Dame des Rosiers et procureur de l'abbaye de Clairvaux, conclut donc avec Jacques Cochu, facteur d'orgues, demeurant à Châlons-sur-Marne, un marché par lequel ce dernier s'engage à exécuter, moyennant 1550 livres, un positif de 8 pieds en montre et de 16 jeux. Tous les matériaux doivent être fournis au facteur, qui recevra la nourriture des religieux, sauf la collation qui sera remplacée par le souper. Le 20 juillet de l'année suivante, Jacques Cochu conclut un nouveau marché avec le procureur dom Fauvre; il promet de rendre dans quatre ans et quelques mois le grand orgue moyennant une somme de 6000 livres. Maître Jean Gillot de Langres est chargé de faire la balustrade de la tribune et reçoit 800 livres. Le grand orgue est terminé en 1736; dom Nicolas Similiart, religieux profès de Signy, organiste et Bénigne Balbastre, organiste de la cathédrale de Dijon, passent quatre jours à examiner le travail de Cochu qui donne quittance finale le 7 avril.

Cinquante-six ans après, des affiches apposées dans le district de Bar-sur-Aube et dans les villes importantes des départements voisins annoncent que l'orgue de Clairvaux est à vendre et que l'adjudication sera faite à Bar-sur-Aube le 10 septembre 1792. Les marguilliers de la cathédrale de Troyes présentent au directoire du département une requête signée par l'évêque constitutionnel Augustin Sibille pour obtenir cet orgue « dont la vente ne doit produire à la nation qu'une somme médiocre, mais qui doit répondre à la beauté du vaisseau de leur église. »

Malgré cette pétition, l'orgue fut vendu moyennant la somme de 12,500 livres au sieur Bernard Lecuyer, entrepreneur de bâtiments, demeurant à Bar-sur-Aube, sous le cautionnement du sieur Joachim Girardon. Mais le ministre de l'intérieur ayant déclaré qu'il ne voyait aucun inconvénient à ce que l'orgue de Clairvaux fût accordé à la commune de Troyes, la vente fut résiliée, et René Cochu, fils du célèbre facteur, fut choisi pour amener l'orgue à Troyes. Longtemps oublié sous la tour Saint-Paul, où la poussière et l'humidité lui portèrent de graves atteintes, cet orgue ne fut rétabli dans sa beauté première qu'en l'année 1808. (1)

---

(1) Archives de l'Aube.

VIII.

NOTICE SUR UN MANUSCRIT DU PRÉSIDENT BOUHIER,

CONSERVÉ A LA BIBLIOTHÈQUE DE TROYES,

et contenant

L'Inventaire des joyaux et autres biens meubles de Marguerite de Flandre, duchesse de Bourgogne.

Inventaire des *joyaux et autres biens meubles de feue Madame la duchesse de Bourgogne* envoyez en la chambre des comptes à Dijon par l'ordonnance de Monseigneur révérend père en Dieu l'évêque de Bayeulx et cloz soubz son signet. Receu en la dicte chambre, le quinziesme jour de décembre mil quatre cens et douze, — tel est le titre d'un manuscrit provenant de la bibliothèque de M. le président Bouhier et copié par un homme bien peu versé dans la reproduction des textes du moyen-âge. Cet inventaire, déjà plusieurs fois signalé par d'illustres visiteurs, ne contient pas moins de 186 pages in-folio et comprend : 1° les couronnes d'or, 2° les florons de couronnes d'or, 3° les dorouers (doroirs, drageoirs ?) 4° les chappeaulx d'or, 5° les fronteaux (bandeaux), 6° les coiffes, 7° les colliers d'or, 8° les fermaux d'or, 9° les boutenures d'or, de perles et d'argent (boutonnières), 10° les ceintures d'or, de perles et d'argent, 11° les tissus de soye, 12° les estaches (attaches, épingles), 13° les chaînes et écharpes, 14° les rubis et balais, 15° les diamans, 16° les saphirs, camayeux et autres pierreries, 17° les émeraudes, 18° les verges d'or, 19° les pierreries hors œuvre, 20° les perles enfilées en pater noster, 21° les Pater noster d'or, 22°-25° autres pater noster de perles, de corail, d'ambre, de cristal, 26° pommes de musc, 27° jarretières d'or, 28° bourses de perles, de drap d'or, de satin vert, 29° reliquaires d'or, 30° reliquaires d'argent.

31° Tableaux et burlettes (petites bourses).

Premièrement un petit tableau esmaillé dedans huit petiz images.

Item un tableau d'or rond, environné de perles a deux images, l'une de sainte Catherine, l'autre de sainte Marguerite.

Item un autre tableau rond, semblablement environné de perles a une image de Nostre-Dame et un saint Antoine....

Item un tableau d'or de l'Annonciation Nostre-Dame.

Item un autre tableau d'or, ayant dedans Nostre-Dame, saint George et sainte Marguerite...

Item un tableau d'or quarré pendu à une chaînette d'or et a une Véronique....

Item un autre petit tableau d'or esmaillé dehors de l'offrande des trois roys et fait dedans d'ymages.

Item un tableau d'or de sainte Catherine garni de quatre petiz saphirs, deux petiz balais, vingt perles et d'un gros saphir que un aigle tient.

Item un tableau d'or quarré fait dedans a une ymage de Nostre-Dame, tenant son enfant et quatre angelez, garny de quatre saphirs, quatre balais et huit grosses perles.

Item un tableau d'or esmaillé d'une ymage de Nostre-Dame et deux autres images.... et pent à une chainette d'or...

Item un tableau d'or a une ymage de Nostre-Dame et deux petiz cerfz à ses pieds d'un costé, et a un crucifix, deux lions à ses pieds d'autre....

Item un tableau de bois peint d'une ymage de Nostre-Dame et d'un saint Ladre tenant un enfant.

Item un petit tableau d'or quarré d'un Annonciation dedans...

Item un petit tableau d'ivoire a ymage de la Nativité et du crucifiement Nostre-Seigneur.

Item un petit tableau de cyprez a ymage en ivoire de la Nativité et de la Passion Nostre-Seigneur.

Item un autre petit tableau de bois a une Nostre-Dame tenant son enfant.

Item un petit tableau de bois peint d'une image Nostre-Dame, saint Antoine et saint Pierre.

Suivent des burlettes d'or à plusieurs ymages, des croix d'or, d'argent, des ymages de Nostre-Dame, saint Liennard, sainte Magdeleine et saint Crystophe, des paix d'or, des chandeliers et des ebenoistiers d'argent.

Parmi les joyaux et les ornements de chapelle on distingue des calices d'argent, des bassins, des paix, des croix d'argent, un orloge à un timbre d'argent, des chapes de drap d'or....

L'inventaire contient à la suite de ces joyaux et ornements la vaisselle de paneterye, les salières d'or et d'argent, les navettes à mettre espreuves, les espreuves, les couteaux armoyés aux armes de Madame, à manche d'ivoire et virole d'argent, la vaisselle de la chansonerye, couppes d'argent, goubelets d'or, tasses et aiguères d'argent, la vaisselle de cuisine, la vaisselle de chambre, drageoirs d'argent, les cuillers d'or, d'argent et de cristail, les deniers et lingots d'or, le scel d'or de Madame, le scel d'argent de Madame.

Suivent de menus joyaux, espingles et esguilles d'or, boitelette d'or à mettre poudre, molinet d'or pour jouer les enfans, mirouer garni d'or avec une image de Nostre-Dame, mirouer d'argent doré avec deux personnages, peignes d'ivoire, boitelettes d'argent pleines de unguent, tablier à jouer aux tables et aux eschetz estoffé de coquilles, de perles, d'escriture d'or et d'argent, jeu d'eschez de cristail et de jaspes, coliers de chiens, de levriers sur tissu noir, garny à la devise de M. de Berry.

Dans les coffres sont les pièces de toile fine et de lin, des nappes, des draps de lit, des draps de soie, des pièces de satin, du drap d'or figuré à espis d'orge, à bouton de rose, des couvrechiefs et des choses de petite valeur. Les livres de la duchesse Marguerite de Flandre remplissent trois coffres.

Livres et roumans en III coffres, dont l'un est signé L.

Premièrement un livre de *droict* en françois signé dessus le livre *Jean de Jus*.

Item le livre des *Fabliaux*.

Item le livre *de la Foy* et d'aultres choses.

Item le romant de Sidrac (donné à Jean, duc de Berry *à estraines*, le premier jour de l'an 1403, par l'archevêque de Bourges, messire Guillaume de Boisratier.

Item le livre de *Balades* et de *Virelays*.

Item le livre du *Chastelain de Coucy*.

Item le livre *de Sebille d'Ayeul* et *de Helie* (roman d'Aiol où figure un Elie).

Item un livre *de Médecine*.

Item un livre *de l'Histoire du saint Gréal* (roman mis en vers par Chrétien de Troyes).

Item un livre *des Vœux du paon.*

Item un livre *de l'Histoire de Troyes* (biblioth. du duc de la Vallière, vendu 720 fr. en 1784, enrichi de 123 miniatures).

Item un livre *de Salhadin* et *de la Prise de Constantinople.*

Item le livre *de Pèlerinage de la vie humaine* (composé par Gallopès d'Angers sur les vers de Guillaume de Guilleville).

Item le *Romant du roi Arthus* et *de Lancelot du Lac,* (le roman du roi Arthur et de Lancelot a été mis en français par Robert de Borron).

Item un livre *du Gouvernement des princes.*

Item le livre *des Vies des anciens Pères et des philosophes.*

Item le livre *de la Rose* (*roman* de la Rose).

Item le romant de Cléomades et de Berthe (d'Adenez le Roi, auteur d'Ogier le Danois.

Item le livre *des Evangiles* en françois (*des Aveugles,* selon M. Peignot). (1)

Item le livre du *reclus de Moyliens.*

Item le livre *du Baril* et d'autres plusieurs choses.

Item le romant *Regnart.*

Item le livre *des Guerres de Constantinople.*

Item le livre *des Cent ballades.*

---

(1) *Catalogue* d'une partie des livres composant la bibliothèque des ducs de Bourgogne au XVe siècle. Dijon, 1841.

Item de la *Complainte de Nostre-Dame* et d'autres choses.

Item le livre de *Bestiaire*.

Item le livre *des Vœux du Paon*.

Item le livre de *Ruth* et de *Thobie* et d'autres choses.

Item le livre de *Lancelot*.

Item le livre de *Machault*.

Item le *romant d'Ogier*.

Item *la Vie de saint Grégoire, pape*.

Item le *romant de Basin* et *d'un boucher d'Abbeville* (voy. Duverdier, *biblioth. franç.* tome II p. 246 et Fauchet, chap. 102).

Item le livre *des Enseignements des Philosophes*.

Item le livre *du Buisson d'enfance* et *le Miroir des estatz du monde*.

Item le livre *des Cent Ballades*.

Item le livre *de Emery de Narbonne, de Guillaume d'Orenge* et *de Renouart au Tinel* (attribué en partie à Adenez le Roi).

Item le livre de *Bestiaire et de Mapemonde*.

Item *des Dits de Fortune* et *de saint Jean de Paulus*.

Item le livre *de la Voie de Paradis et d'Enfer*.

Item *de Zacharie Abbazarich*.

Item le livre en papier *de la Voie de Paradis et d'Enfer*.

Item le romant de la chapelle Martinet (est-ce *chapelle, charette*, roman de Chrétien?)

Item un livre *d'Astronomie*.

Item un Mandeville en papier (sur la terre promise, composé par Jean de Mandeville).

Item un livre de Messire Gasse (sur la chasse).

Item *de la Propriété des pierres*.

Item un petit *romant*.

Du coffre signé par M.

Premièrement le livre des *Fabliaux*.

Item le romant Renard (l'allégorie du Renard a été l'un des sujets les plus féconds pour les romanciers du XIIIe et du XIVe siècles. (Voy. tome V. *Notices et extraits des manuscrits de la biblioth. impériale*).

Item le livre de *messire Guillaume des Bares et des 7 sages* (le romant des Sept-Sages mis en vers par le clerc Hébers a été traduit dans presque toutes les langues).

Item la *Bible* en françoys.

Item le livre *du roi Meliandus* (roman de Meliadus, rimé par Girard d'Amiens).

Item la *Légende dorée*.

Item le livre *de la Dame à la unicorne* (cigogne).

Item le livre *de la Propriété des choses*.

Item le livre *de saint Gréal, de Tristan* et *de Galaard*.

Item le romant de Cléomades, de Robert-le-Diable et d'autres choses.

Item un livre *d'amour*.

Item le livre *de Caton* en françoys.

Item le livre de *Boèce, de Consolation* (translaté par Me Jean de Meun)

Item les livres des *Miracles de Nostre-Dame* (de Gautier de Coinsi).

Item un livre de mappemonde et autres choses (de Gautier de Metz).

Item un *romant* en papier.

Item les *Chronicques de France* (de *Flandres*, selon M. Peignot).

Item le romant du *roy Baudouyn de Jherusalem*

Item le livre des *Autorités du chevalier au lion* et d'autres choses.

Item le livre des *proverbes* et des douze *mois*.

Item un *greel* (graduel) noté.

Du coffre signé par O.

Item une *Bible* en françois.

Item un livre des *Chronicques de France*.

Item la *Légende dorée*.

Item le romant *du bon larron, de l'Estat du monde* et d'autres choses.

Item deux *bréviaires* notés.

Item le livre de Merlin (fameux enchanteur) attribué à Robert de Borron.

Item le livre de *Cassiodorus*.

Item le livre de l'*Epinacle*, autrement du *gouvernement du monde*.

Item un romant de *batailles*.

Item trois autres *romants* en papier.

Item quatre autres livres de *droict civil*, c'est assavoir le *code digeste* vieille, *digeste* neuve et *inforsade* (*infortiat* seconde partie du digeste).

Item la *Somme d'Asse*.

Item le livre d'un docteur appelé *Njnieuse*.

Item un livre de l'*Exposition des Evangiles* en romant.

Item un livre des *esbattemens*.

Du coffre signé par P.

Premièrement un livre bien enluminé où sont plusieurs *oraisons* en latin et en françois lequel est mis au dit coffre en un petit coffre garni d'argent.

Item un autre livre de la *Propriété d'aucunes pierres* mis en une bourse de veluyau vermeil.

Item un autre livre en latin de une *Evangile* composée de la concorde du texte des quatre évangiles, à couvertures de perles et cloans (agrafes) d'or et de perles en un estui de cuir couvert de drap d'or vert.

Item deux *bréviaires* de Rome, l'un grand et l'autre petit.

Item un autre livre auquel le *kalendrier* est au commencement et après y sont plusieurs ymaiges de Nostre-Seigneur, Nostre-Dame, et de plusieurs saints et saintes, sans escripture.

Item un autre livre neuf sans cloans où sont plusieurs *messes*, couvert de vermeil.

Suivent des *heures* de Notre-Dame, un *psautier*, de petites *heures*, couvertes de drap d'or vert, de drap de damas vermeil, à cloans d'or garnis de perles, des *Evangiles*, des *oraisons* en latin et en françois.

Item un autre livre en romant de la *moralité des nobles hommes, sur le jeu des eschetz*, couvert de drap de soye et à flourettes blanches et vermeilles à cloans d'argent doré, sur tissus verts....

Item un autre livret de plusieurs *oraisons, historié d'ymaiges*, couvert de cuir rouge, à cloans d'argent doré, et au pençoir des enseignes quatre petites perles et deux mauvaises pierres, mis en une bourse vermeille.

Item unes *Heures* où sont plusieurs *oraisons* en flameng....

Item un livre auquel est traité de *médecine*...

Dans les coffres signés par Q, R, S, T, V, X, Y et Z sont les *linceux*, les chaperons, les robes, les houppelandes, les draps, les fourrures, les mantels....

L'inventaire contient en outre un grand nombre de pièces de tapisserie parmi lesquelles nous signalerons :

Un petit tapis de haute lice qui parle de l'empereur et du roi Panteo.

Item un tapis de Junon, Pallas, Vénus et du dieu d'amour.

Item un grand tapis de haute lice de l'histoire des Machabées, du roy Antiochus.

Item un grand drap de haute lice de l'histoire de saint Georges, — de Mainfroy qui fut desconfit par Charles-le-Conquérant, comte d'Anjou.

Item un tapis de haute lice de David qui tua Goliat le géant.

Item un tapis de Aymery de Narbonne et de ses sept fils.

Item un drap de haute lice violet auquel a un crucifix et les quatre évangélistes.

Item un drap de haute lice des vœux du paon.

Item un vieil tapis de haute lice qui parle du mariage de la fille d'un seigneur ; est escrit comment il fut fait à Arras en la maison de Hatton-le-Potier.

Item un tapis qui parle de la bataille de Cocherel, de l'histoire de Godefroy-de-Bouillon.

Item un drap de haute lice du roy Alexandre.

A la suite des tapis viennent les robes de drap d'or, de diverses couleurs, de veluau rouge, puis un jeu de tables, et enfin un jeu de quartes. (1).

---

(1) Bibliothèque de Troyes.

TABLE DES MATIÈRES.

Pages.

TROYES. — TYP. BOUQUOT.

COMPTES DE L'OEUVRE

DE

L'ÉGLISE DE TROYES.

COMPTES DE L'OEUVRE

DE

L'ÉGLISE DE TROYES,

AVEC NOTES ET ÉCLAIRCISSEMENTS,

OU

NOUVELLES RECHERCHES

SUR LA CONSTRUCTION DES ÉGLISES ET SUR LES USAGES AU MOYEN-AGE,

PAR L'AUTEUR DES ARCHIVES CURIEUSES DE LA CHAMPAGNE ET DE LA BRIE.

TROYES.

BOUQUOT, LIBRAIRE-ÉDITEUR, RUE NOTRE-DAME, 43.

MDCCCLV.

Tiré à 163 exemplaires numérotés :

157 sur papier vergé,

6 sur papier de couleur.

N° 159

A MONSIEUR L'ABBÉ LEGRAS,

Curé de Brienne-Napoléon,

EN TÉMOIGNAGE

DE MON RESPECT ET DE MA RECONNAISSANCE,

ALEXANDRE ASSIER.

AVERTISSEMENT.

Beaucoup de savants, au nombre desquels on compte des chanoines et des doyens, ont laissé de précieuses notes sur l'*insigne* église de Troyes. Mais ces notes, éparses çà et là dans les cartons de nos archives, ne constatent guère que quelques travaux ou quelques coutumes. Heureux si vous n'y rencontrez point des anachronismes et des noms plus ou moins métamorphosés sous la plume de copistes inhabiles. J'ai voulu fouiller les Registres de la Fabrique de Saint-Pierre pour y puiser des pages qui seront lues avec plaisir dans l'*Histoire de la ville de Troyes* que je prépare. Cette étude m'a révélé toute l'importance historique de cette majestueuse basilique dont les papes ont encouragé la construction, dont les évêques et les chanoines se sont montrés les bienfaiteurs. Publier les comptes des proviseurs, ce serait donc faire connaître cette glorieuse époque où tous, grands et petits, bourgeois et pauvres artisans, animés par la foi, venaient si puissamment contribuer à l'érection de ces cathédrales qui ravissent notre imagination, et à la trop lente restauration desquelles nous assistons spectateurs indifférents.

Mais que le lecteur veuille bien se rassurer, je n'abuserai point de l'art découvert par Guttemberg pour lui vendre les volumineux registres écrits par les proviseurs de Saint-Pierre, depuis le XIVe siècle jusqu'en 1789. Ces deux dates ne sont point rapprochées, les comptes sont donc trop nombreux pour que jamais éditeur en entreprenne la publication. Force m'est donc de me restreindre, de prendre un siècle et d'en extraire tout ce qu'il offre de curieux et de touchant. Si, charmé de ces détails que je publie, le lecteur me demande l'histoire continue de cette imposante construction à laquelle je ne consacre que quelques pages, je dois lui déclarer que tel n'a pas été mon but.

J'ai voulu prouver que dans un âge reculé tous les habitants de Troyes, élevés par de fervents catholiques, demandaient à Monsieur le curé « la permission de travailler le dimanche par nécessité, versaient de beaux deniers pour la décoration des églises, » et que les artistes ne se croyaient pas créés par Dieu seulement pour couper le bois et pour tailler la pierre, mais pour polir un de ces marbres qui doivent servir à la construction de la *Jérusalem céleste*. Aussi, dans ce quinzième siècle qui s'ouvrit pourtant par un odieux attentat, pour l'expiation duquel plusieurs millions d'hommes périrent, Paris n'absorbait pas encore tout ce qu'il y avait d'intelligence et de vie dans les provinces. Initiés aux beaux-arts dès le jeune âge, nos compatriotes, simples maçons ou peintres-verriers, ciselaient des statues et exécutaient des verrières pour accomplir dignement leur court pélerinage dans cette vallée de larmes. Peu de choses suffisaient à ces hommes : quelques sous et une misérable loge à quelques pas de l'église qu'ils décoraient. Qui pouvait alors être dévoré de cette soif ardente d'une vaine immortalité et de richesses passagères, lorsqu'on n'était pas sûr du lendemain? La peste, la famine, les guerres sanglantes, tous ces désastres ne rappelaient-ils point l'homme vers celui qui est *son unique fin?*

Je termine donc en me recommandant non point à l'indulgence de celui qui lira cet opuscule, mais à la charité céleste de ces âmes candides et profondes, qui, passant sans qu'on en sût rien, n'ont distingué dans les flots orageux du monde autre chose que le bleu du ciel! J'ai même la douce espérance de pouvoir bientôt leur dédier l'histoire et la description d'une célèbre Notre-Dame, que de pieux pélerins et d'obscurs ouvriers ont élevée dans leur amour à la Reine des Anges.

Troyes, 28 Janvier 1855.

Alexandre ASSIER.

COMPTE

DE L'EUVRE DE L'ÉGLISE DE TROYES,

FAIT ET RENDU PAR NOUS JEHAN DU CHASNE, LICENCIÉ EN DROIT CANON ET CIVIL, ARCHIDIACRE DE SÉZANNE, CHANOINE COMMIS PAR MONSEIGNEUR L'ÉVESQUE ET MOY JEHAN BLANCHE COMMIS PAR MESS. DOYEN ET CHAPITRE D'ICELLE ÉGLISE AU GOUVERNEMENT D'ICELLE EUVRE POUR UNG AN COMMENÇANT LE DIMANCHE APRÈS LA MAGDELEINE INCLUS L'AN MIL CCCCXIX ET FINISSANT AU DIT JOUR EXCLUS L'AN REVOLU MIL CCCC XX (1).

I.

I.

Recepte des remanences (2) des années précédentes.

II.

Recepte d'argent pour subvenir aux affaires de présent office.

De Messieurs de la ville de Troyes, lesquelx ont ordonné estre baillé à la fabrique de ceste église, pour faire une des vostes (3) de la dicte église, la somme de vi^xx l. 1497.

---

(1) *Archives de l'Aube,* registre 345. Ce titre se trouve à chaque compte. Les noms des proviseurs et le millésime y sont seulement changés.

(2) Sommes à recouvrer des années précédentes.

(3) Les armes de la ville furent peintes à la clef de la deuxième voûte de la nef, pour conserver le souvenir des libéralités de nos pères.

III.

Recepte des chappes des chanoines de nouvel receus ceste année à la prébende (1) *de l'église.*

Receu de Me Victor Thixerant, receu le xx décembre à la prébende de feu Me Guillaume Maubert,

xiii l. v s. viii d. 1442.

De Me Nicole Tetel, receu ce dit jour à la prébende de feu Me Jehan Pougeoise (2), jadiz doyen de Troyes, pour ce xiii l. vi s. viii d.

De Louys Raguier, receu à la prébende de Me Henri Henryet, pour ce xiii l. vi s. viii d. 1448.

IV.

Recepte ordinaire.

De Jehan Le Coq, maçon, pour xxiii s. sur un jardin où jadiz fut maison assiz derrière les murs de M. l'évesque, vi s. viii d. 1442.

De Nicolas du Chasne, pour toute la maison de la rue des Lorgnes (3), x l.

De Me Jacques, clerc de la Magdeleine, pour la salle basse et la salle haulte et la garde robe de la maison de la rue des Lorgnes, lx s.

---

(1) *Prébende :* droit de percevoir certains revenus dans une église cathédrale ou collégiale.

(2) Jean Pougeoise mourut en 1448, et laissa ses biens à l'église dont il était le doyen.

(3) La maison de la rue des Lorgnes appartenait au chapitre, qui la louait souvent à des clercs de la Madeleine.

V.

Recepte des maisons neuves de l'église (1).

De Jehan l'arbalestrier, pour le premier loyage attenant du bel portail (2), iv l. x s.

De la veuve Perrin Lamy, pour le iie loyage, iv l.

De Bonnet, cordouanier (3), pour le iiie loyage, iv l.

De Aubry Jusley, bonnetier, pour le ive loyage, iv l. x s.

De Perrin Seguin, vigneron, pour toute la maison du bourg Saint-Denis qui fait le coing devant le four du chappitre, iv l.

De Jehançon Garnache, me maçon de l'église (4), pour la maison avec ses appartenances estant au bourg Saint-Denis (5), près du pont de Rougmon, tenant d'un costé à l'ostel de la Crosse, d'autre part à l'héritage de la Maison-Dieu-Saint-Nicolas, et par derrière à ung bras de la Seine qui vat à Meldançon, c s. 1499.

VI.

Recepte du rapport des reliques.

Pour le mois d'octobre, xvi s.
Pour le mois de novembre, xxx s.

---

(1) Ces maisons étaient ces misérables échoppes dont il ne restera bientôt plus aucun vestige.

(2) Portail septentrional, plus orné que celui du midi, parce qu'il était exposé à tous les regards et qu'il fut longtemps le portail principal.

(3) Cordonnier.

(4) Les maîtres-maçons étaient chargés de présider aux travaux ; Garnache travaillait encore en 1510 avec Me Martin Cambiche de Beauvais.

(5) Saint-Denis formait autrefois un bourg complétement séparé de la cité.

Pour le mois de décembre, L s.
Pour le mois de janvier, XV s.
Pour le mois de février, XXIII s. IV d.
Pour le mois de mars, LXXIV s. VI d.
Pour le mois d'april, y compris Pasques, VIII l. II s. VI d.
Pour le mois de mai, XVIII s. IX d.
Pour le mois de juin, VII l. XII s. VI d.
Pour le mois de juillet, VII l. II s. I d.
Pour le mois d'aoust, IV l. X s. X d.
Pour le mois de septembre, XXVI s. VI d. **1442**.

VII.

Recepte des troncs des reliques et de la nef ouverts le X *juillet, esquelx fu trouvé* LIII s. **1442**.

VIII.

Recepte du tronc du cuer (1).

De moi Jehan Blanche, soubz chantre de l'église, pour la distribution du *Salve* chacun samedy de l'an, des OO de l'Advent, XXIII s. X d. **1416**.

IX.

Recepte de la valeur des boistes du Senne (2).

D'icelles boistes ouvertes à plusieurs et diverses foiz fu trouvé et ont valu pour ceste année LVI l. XVIII s. XI d. **1416**.

X.

Recepte des boistes questées par les églises de Troyes.

De celle de S.-Jehan, VII l. IX s. IV d.

---

(1) *Cuer :* chœur.

(2) *Senne :* assemblée ecclésiastique qui se tenait chaque année, à jour fixe.

De celle de S.-Nicier,	Néant.
De celle de S.-Denis,	xxv s. III d.
De celle de S.-Pantaléon,	v s. II d.
De celle de N.-D.-aux-Nonnains,	VIII s. VI d.
De celle de S.-Remy,	x s. VI d.
De celle de la Magdeleine,	XI s.
De celle de S.-Aventin,	IV s. III d.
De celle de S.-Gile,	v s. VII d. (1). 1416.

XI.

Recepte des boistes questées par les églises de l'eveschié apportées depuis le dict Senne.

De la boiste de S.-Oulf apportée la sepmaine de la Feste-Dieu,	VI s. x d.
De la boiste de Vailly et de Feuges,	IV s. VIII d.
De la boiste de Villemoienne,	XI s. II d.
De la boiste de S.-Jean-Bonneval,	IV l. IX s.
De la boiste de Villemor,	IV l. XVI s. VIII d.
De la boiste de Ste-Savine,	XVI s. VI d.
De la boiste de S.-Martin-ès-Vignes,	VI l. VII s. VI d.
De la boiste de Clérey,	XIX s. III d.
De la boiste de S.-Parre,	XX s. X d.
De la boiste de S.-Légier-les-Troies,	XXXI s.
De la boiste de Lhuistre,	XXX s.
De la boiste de Pougy,	IV s. II d.
Du doyenné de Brienne,	IX l.
Du doyenné d'Arcyes,	IX l.
Du doyenné de Marigny,	VII l. XIII s.
Du doyenné de Margerie,	IX l. XII s. III d.
Du doyenné de Sézanne,	CXII s. VI d.

(1) Trois de ces églises ont été démolies : Saint-Denis, Saint-Aventin et Notre-Dame-aux-Nonnains. L'église Saint-Gilles n'est plus qu'une chapelle.

Du doyenné de Villemor, LI s. VIII d.
Du doyenné de Pons, IV l. 1486 (1).

XII.

Recepte des questains (2).

Des questains de S.-Anthoyne (3) qui ont accoustumé de paier chascun an VI l., qui n'ont paié pour ceste année que XLV s.

Du questain de S.-Loup-de-No (4) qui a coustume de paier chascun an C s. et qui n'a paié que IV l.

Du questain de S.-Esprit-de-Rome, qui a coustume de paier XL s. Néant.

Du questain de Nostre-Dame-de-Chartres (5) qui paie XL s. XXX s.

Du questain de S.-Jehan-de-Jérusalem, LX s. Néant.

Du questain des XV^{XX} de Paris, X s., Néant.

Du questain de Hault-Pas, IV l. LX s.

Du questain de la Trinité d'oultre mer, X s.

Du questain de Nostre-Dame du Puy en Auvergne (6), XX s. Néant.

---

(1) Le diocèse de Troyes se composait à cette époque de l'archiprêtré et des huit doyennés de Troyes, de Villemaur, de Marigny, de Sézanne, de Pons, d'Arcis, de Margerie et de Brienne.

(2) Ces *questains* étaient des quêteurs qui venaient recueillir des aumônes dans le diocèse de Troyes et qui payaient un droit au chapitre.

(3) En Viennois, chef d'ordre dans le diocèse de Vienne en Dauphiné.

(4) Saint-Loup-de-Naud, prieuré dont les ruines se voient encore au village de Saint-Loup, situé à 8 kilomètres ouest de Provins.

(5) Eglise célèbre par ses madones au moyen-âge, et construite avec les aumônes des pélerins.

(6) Les habitants de Troyes allaient à cette époque en pélerinage au *sanctuaire privilégié* de Notre-Dame-du-Puy. Le cha-

Du questain de S.-Médard de Soissons, XL s. Néant.

Du questain de S.-Bernart, Néant.

Du questain de S.-Nicolas de Troyes, Néant.

D'une queste octroyée à l'abbaye de Basse-Fontaine, receu II escus d'or qui ne valent que LV s.

D'une queste octroyée à l'abbaye de S.-Loup de Troyes, IV l.

D'une queste octroyée au prieur de Vau-Dieu, ung escu d'or de XXVII s. VI d.

D'une queste octroyée à l'abbaye de Montiérender, VIII l. VI s.

D'une queste octroyée à S.-Jehan au faubourg de Sens, LV s.

D'une queste octroyée à S.-Ayme de Pontigny, VIII l. VI s.

D'une queste octroyée au questain de S.-Hubert en Ardenne, XI l.

Du questain de S.-Martin-ès-Aires, Néant.

Du questain de S.-Quentin de Troyes, Néant.

Du questain de S.-Fiacre de Brie au diocèse de Miaulx, VIII s.

Du questain de S.-Crespin et S.-Crespinien au diocèse de Soissons, XII l.

D'une queste octroyée à l'abbaye de Molesmes, IV l. V s. 1450.

De la queste de l'hospital Nostre-Dame de Chartres, Néant.

De la queste de S.-Eloy de Chaalons, C s.

De la queste octroyée à ung gentilhomme nommé Nicholas Conte, lequel portoit, comme il le dit, le *chef de Ste-Barbe*, receu LXVI s. VIII d.

---

pitre de cette église envoyait ses *questains* pour recueillir les dons des fidèles.

Du commandeur du Temple, x l.

Du questain de Ste-Catherine du Mont-Sinay, LXX S. 1483.

Du pardon des frères mineurs de Dijon, LXVI S.

Du questain de S.-Nicolas de Laon, C S.

Du questain de S.-Julien et S.-Gratien de Chartres, XX S.

De la queste de l'hostel-Dieu de Soulaines, X S.

De la queste nouvellement instituée pour le collége des bons enffans de Paris, XVIII l. X S.

De la queste Ste-Geneviève de Soissons, XXV S.

De la queste nouvelle Ste-Elisabeth de Prusse en Allemaine, XXIX l. V S.

De la queste de l'hospital d'Estampes, CV S. 1486.

De la queste de l'hospital N.-D. de Paris, VI l.

De la queste S.-Jacques en Gallice, VII l. 1493.

XIII.

Recepte des paeles (1) *des chanoines trespassez.*

De feu Jehan Pougoise, jadis doyen de ceste église, x l.

De Jehan le Biernois qui est en sépulture en la dicte chapelle S.-Bernart qui a laissé à la dicte fabrique sa bonne robe vendue à Me Lamy XLV S.

Des exécuteurs de feu Me Jacques Dorey, inhumé en la nef sous sa tumbe pour sa sépulture et paelle, x l.

Pour le paelle de Me Estienne Gilebert, jadiz chanoine de l'église de Troyes, receu par la main de Thibaut de Varzy pour ce x l.

XIV.

Recepte des anniversaires de blez (2), XX l. V S. 1419-20.

---

1) *Paele :* poële, drap des morts.

(2) Rentes.

XV.

Recepte des anniversaires (1).

Pour le mois de juillet,	IV l. XVI s. III d.
Pour le mois d'aoust,	LXVII s. I d.
Pour le mois de septembre,	CI s. VIII d.
Pour le mois d'octobre,	IIII l. XII s. III d.
Pour le mois de novembre,	LXIX s. I d.
Pour le mois de décembre,	IV l. I s. IX d.
Pour le mois de janvier,	IV l. VII s.
Pour le mois de février,	LXVIII s.
Pour le mois de mars,	LXXVIII s. IIII d.
Pour le mois d'april,	IV l. XV s.
Pour le mois de may,	III l. VI s.
Pour le mois de juing,	IV l. X s. II d.

XVI.

Recepte des chapitres généraulx.

Recepte du chappitre général après la Circoncision, XX d.

Recepte du chappitre général après la Quasimodo, XX d.

Recepte du chappitre général après la S.-Pierre et S.-Paul, XX d. 1499.

XVII.

Recepte de laiz d'argent (2).

De Messire Jehan Havet, chapellain de Monseig. de Bourgoigne, X s.

---

(1) Services célébrés annuellement le jour du décès des prêtres et des laïques. Au moyen-âge, beaucoup de fidèles laissaient à l'église des sommes d'argent et des maisons pour leur *anniversaire*.

(2) *Laiz :* du verbe laisser, legs.

De la dame de l'ostel des *III Pucelles* en la rue du Temple, v s. 1420.

Du lays de la femme Rolet, hoste de l'ostel à l'enseigne de la *Truye qui file* en la rue N. D. v s. 1428.

D'une bonne femme de Rameru, xII d. 1442.

Du curé de S.-Fale, v s.

De la femme du cordier demourant près la porte S.-Jacques, xx d.

De Jehan de Ricey, mareschal, xx d.

De Jehan du Boys, xII d.

Du laiz fait à la châsse Ste-Hélène (1), xx d.

De M. l'official pour une petite amende, x d.

De Collette, femme de Jehan de Savoye, v s.

D'un don fait qui fut apporté le jour des Vierges, x s.

De cinq menuz laiz receus le jour de Ste-Masthie, v s.

D'une bonne femme de Villacerf, x d.

De la bonne femme qui garde les reliques des Cordeliers, xx d.

D'une femme de la paroisse de la Magdeleine, xx d.

De feu Jehan, tixerant de toiles, xx d.

De Noel le boulengier, trespassé au sainct voyaige de Rome (2), x s.

D'un bon homme de la Maison-Dieu (3), x d.

D'un chanoine de Chaalons par la main de M. l'official de Troyes, LX s.

De Jehan de Bar-sur-Aube, peletier, xII d.

---

(1) Le diocèse honorait surtout les reliques des vierges sainte Hoylde, sainte Hélène et sainte Mâthie.

(2) Rome était à cette époque le rendez-vous des pélerins et des pénitents. Les plus hardis se rendaient à Jérusalem, bravant pour l'amour de Dieu les injures du temps et les attaques des hommes.

(3) Hôtel-Dieu.

De feu Me Jehan Arnoult, jadiz curé de Villemoirien, qui trespassa en l'an du jubilé au retour de Rome, xl s.

Du laiz de la Gaillarde de S.-More, x d. 1464.

Du laiz d'une femme de la paroisse S.-Martin-ès-Vignes, xii d.

Du laiz baillé par M. Jehan Benoist, clerc de S.-Nicolas (1) du marché de blef, xii d.

Du laiz du prévost du trésor de S.-Loup (2), xii d.

Du laiz de Gilet le Cornuat. appoticaire, xx d.

Du laiz d'un bon homme de la rue de la Pierre, x d.

Du laiz de Jehan Boniand, demorant en l'ostel à l'enseigne de *Paris* à Troyes, v s.

Du laiz d'un homme de Pougy, v s. 1468.

De Simon le Fiffre, vi d.

De Jehan Fillastre, v d.

De Jacques le Cornu, v s.

De Jehan Boussard, papetier, xii s.

Du laiz de Jehan de S.-Quentin de la rue du Cerf, xx d. 1470.

Du laiz de Jehan Oudot de Moustierramé, ung boissel de froment vendu ii s. vi d.

Du laiz de la femme de Jehan de Troyes de S.-Remy, x d. 1476.

Du laiz de Jehan Bouquin, docteur en médecine, x d.

Du laiz de Me Estienne, clerc de S.-Jehan, xx s.

De Katerine, jadis femme Nicolas le Fauconnier, xii d.

De Huguenin, le clerc de S.-Remy, ii s.

De Simonne, veufve de grant Jehan, marchant de Chappes (3), v s.

---

(1) Cette église était desservie par un clerc de Saint-Jean.

(2) Abbaye de Troyes, célèbre par ses antiquités et par ses joyaux.

(3) Chappes, petite ville au moyen-âge, dont les seigneurs se

De Henry Morelot, demourant à Troyes, lequel a déclaré ung jeune filz qui avoit trouvé ung demy escu d'or au soleil pour le donner à l'euvre de ceste église, sur quoy je luy ai baillé II s. X d., ainsi restent XV s. VII d.

De Jehanne, femme Gilet le Bègue, II s.

Du don du révérend père en Dieu maistre Louys Raguier (1), jadiz évesque, LXXIV l. II s. VI d. 1487.

Des maistres des estuves aux hommes (2), XX d.

De Me Nicolas Forjot, official de Troyes, XIII s.

De Me Jehan Clément, advocat, XX s.

De M. le procureur du roy, XXXV s.

De la femme Jacquinot, bourrelier, malade, et lui fut porté le pied de Ste Marguerite et fut délivrée (3), III s. IV d.

De Jacquette, femme Guillemin Cognot de Nostre-Dame, V d.

De Jacquette, femme de Robin l'organiste de S.-Nicier, X s.

De Me Jacques de Roffey, jadiz marreglier de la Magdeleine, XX s.

De Marguerite, femme Thomas le maistre de S.-Denis, V s.

---

sont surtout signalés dans les croisades; actuellement simple village dans l'arrondissement de Bar-sur-Seine.

(1) Louis Raguier mourut en 1488, après 25 ans d'épiscopat.

(2) Les étuves aux hommes étaient situées rue du *Mouton-Blanc*, et celles aux femmes rue des *Bains*, au quartier de *Comporté*.

(3) Les registres citent beaucoup de legs faits au pied de sainte Marguerite. L'église de Troyes possédait un grand reliquaire garni d'émaux représentant la vie de sainte Marguerite, au milieu duquel était placé un pied en vermeil de grandeur naturelle, contenant l'un des pieds de la sainte; au bas du reliquaire était un tronc où l'on mettait les offrandes.

De Jehan Saulsoy, miraclier de S.-Jean (1), XII d.
De Jehan Petit Colot, maçon de S.-Fraubert (2), XII d.
De Jehannette, femme Jehan le paige de S.-Pierre, X s. 1493.
De Berthelot, le maçon de S.-Nicier, III s.
De Jehan Belin, drappier de la Magdeleine, II s. VI d.
De Me Guillaume Guillemin, maistre d'escolle à Troyes, XX s.
De la veufve Jehan le Sot, XII d.

XVIII.

Recepte d'argent pour vendue de robbes (3) laissieez à la dicte euvre.

De la vendue (4) d'unes Heures de Nostre-Dame laissées par Guillemette, vendue XXVII s. VI d.

De la vendue d'un surepliz de soye aporté par Mess. Jehan Pougeoise, qui l'avoit receu en confession pour estre employé au proffit de l'euvre, vendu à Mons. l'arcevesque de Sens, L s. 1419-20.

De la vendue d'une houppelande laissée par Me Jehan Camus, secrétaire de Monseig. de Bourgongne, vendue au Camusat, frepier (5), C s.

De la vendue d'un chapperon laissé par le dict maistre Jehan, vendu à Mons. Thibaut de Bray, secrétaire de Monseig. l'arcevesque de Sens, LXV s.

De la vendue d'une robe noire fourrée d'aigneaux, laissée à la dicte euvre par feu Me Pierre Genret, jadiz vicaire de cette eglise, vendue LXII s. VI d. 1442.

---

(1) *Miraclier :* marchand de miracles.

(2) Saint-Frobert, succursale de Saint-Remi de Troyes.

(3) *Robbes :* vêtements, hardes.

(4) *Vendue :* vente.

(5) *Frepier :* fripier.

De la vendue d'un chapperon à femme (1), laissé à la dicte euvre par la mère de Me Jacques, xxx s.

Pour la vendue et délivrance de la robbe et chapperon de feu Me Jehan Lesguisé, évesque (2), xvi l. x d.

De M. Jehan Noel, chanoine, pour la vendue d'une chappe de drap noir, ung patron et une aumuse laissez à la dicte euvre par M. Jacques Lesthevin, vendu aux reliques, au plus offrant, viii l.

De Pierrette, femme feu Pierre de Sompuis, ung viel chapperon de femme de drap violet qui a esté vendu à Marie la Chandelière, ix l.

XIX.

Recepte des offrandes de la messe du S.-Esprit chascun lundi pour les bienfaiteurs de ceste église.

Du lundi VII octobre, x d.

Du lundi XIV octobre, xxvi d. **1442.**

Du lundi après la Penthecouste, les sonneurs, les orgues et les vicaires, pour le résidu comme il est accoustumé, ii s. xi d.

XX.

Recepte d'aulmosnes faictes pour les ouvrages de l'église.

De Jehan Sauçoy (3) le jeune et sa mère, pour les étaulx à vendre miracles contre la porte de l'église aux Vierges, receu ii s. vi d. **1488.**

De Claude Ragan, pour son estal aux Vierges, iii s. iv d.

---

(1) *Chaperon :* coiffure de tête.

(2) Jean Léguisé, évêque de Troyes, mourut en 1450.

(3) Jean Sauçoy et sa mère sont également cités dans les registres de Saint-Jean. Ils exerçaient leur profession à la porte principale de l'église.

Recepte de la foire aux Vierges (1).

De Pierre Fournerat, lequel a tenu les loyers des étaulx des merciers et aultres gens qui ont vendu devant l'église pendant les deux vierges desquelx il a receu avec mon clerc cv s. de ce que je luy ai baillé pour ses peines vii s. vi d., restent IV^{xx} xvii s. vi d.

Recepte d'argent du loyage des estaulx des merciers et aultres gens qui ont mis a vent durant les deux vierges.

De Berthauld Michau, mercier, lequel a admoisonné (2) pour ceste année les loyers des estaulx des merciers et aultres gens qui ont vendu, LXV s.

XXI.

Recepte des manumissions, morte-mains, eschotes (3).

De Gilot Jagone des Noes, pour son rachat à luy, vii s. vi d.

De Jehan Courtois des Noes, pour la morte-main de feue Brigitte sa femme, xxiii s. viii d.

De Jehan Macé, curé d'Orvilliers, pour l'eschote de feu Thibaut Marly, charpentier, x s. 1413.

XXII.

Recepte des confrairies de l'église et premièrement de M. S.-Savinian (4).

Des offrandes faictes à la messe du S.-Esprit la veille de la feste, x d.

---

(1) La foire des Vierges se tenait encore avant 1830 sur la place S.-Pierre, le 7 mai, jour de la fête de Sainte-Mâthie.

(2) *Admoisonner :* donner à bail, à ferme.

(3) *Manumission :* affranchissement; *morte-main :* servitude; *eschote, échoite :* succession des serfs mainmortables.

(4) *S. Savinien,* martyr de Troyes au IIIe siècle, dont la fête

De l'offrande du bastonnier, ung fleurin au chat qui a valu xvii s. vi d.

Des offrandes communes le jour de la feste, viii s. iv d.

Des cierges des bourgeois confrères, lxvi s. iii d.

Des offrandes à la messe de *Requiem* le lendemain de la feste, ii s. vi d. **1442.**

Despense faicte sur la dicte confrairie.

Au prestre qui a faict le sermon pour ce que Monseig. l'évesque l'a faict, néant.

Pour l'achat de viii l. de cire à faire les cierges, xxxiii s. iv d.

Aux ménestriers qui ont nuncié (1) la dicte feste, ii s. iv d.

Aux ouvriers de l'église qui ont avalé (2) et porté la châsse de M. S.-Savinian à la procession, ii s. vi d.

Aux vicaires pour leur rasure (3), v s. v d.

Aux sonneurs, xviii s.

Pour une pinte de vin pour laver la châsse, x d. **1413.**

Recepte de la confrairie S.-Pierre et S.-Pol.

De l'offerande du bastonnier Parginot le Peley, en un réal d'or, xxx s.

Des offerandes communes, xv s. v d.

Des cierges de Mess. de l'église et des bourgeois, xv l. xiii s. iiii d.

---

se célèbre le 24 janvier. Cette confrairie fit exécuter au XVIe siècle la vie de S. Savinien en 18 tableaux sur la 2e fenêtre de la nef, à gauche.

(1) Nuncier : *denuntiare*, annoncer.

(2) *Avaler :* descendre.

(3) *Rasure :* la veille de la fête, les prêtres se faisaient faire leur tonsure, parce que les cérémonies étaient surtout imposantes ce jour-là.

Despense pour IIII chappeaux pour les ymaiges du jubé et du portail (1), xx d.

Au prescheur qui a faict le sermon, pour pain et vin, III s. II d. 1485.

Recepte de la confrairie S.-Sébastien (2).

De l'offerande de messire Jehan, chanoine de ceste église et bastonnier, receu en un florin au chat, XV s. 1470.

Recepte de la confrairie Ste-Marguerite (3)......

Recepte de la confrairie nouvellement instituée pour la perfection de l'église (4).

De tous les confrères et conseurs de tous les villages de ce dyocèse apportez par les curez et recteurs tant au senne que par tout l'an de ce présent compte, lesquelx ont monté pour ceste année à la somme de CIII l. XI s. VII d. (5).

De tous les autres confrères et conseurs qui ont payé la dicte confrairie ceste année en ceste église, LXVI l. VIII d. 1497.

---

(1) Portail septentrional.

(2) Cette confrairie se trouve mentionnée dans les registres des autres paroisses. S. Sébastien était particulièrement honoré dans le diocèse de Troyes.

(3) Les malades se faisaient apporter le *pié* de Ste Marguerite et obtenaient quelquefois leur guérison. La confrairie de Ste-Marguerite comptait bon nombre de membres.

(4) Cette confrairie avait été instituée par l'évêque Jacques Raguier pour subvenir aux frais de la *perfection ou achèvement* de l'église.

(5) Les curés recommandaient au prône *l'euvre de l'église de Troyes* et recevaient d'abondantes aumônes.

XXIII.

Recepte extraordinaire.

D'un agnel (1) d'argent apporté aux reliques au mois de septembre, vendu à Felisot Clément ii s. vi d.

De Jehan Vigreux pour sa lettre de permission à ly donnée par Mess. pour ly ordonner es saincts ordres, xxii s. vi d.

Des offerandes d'une messe du S.-Esprit, célébrée en l'église le jour des Brandons XIIe jour de mars pour commencer à charpenter le clochier de l'église (2).

D'ung annel (3) d'argent trouvé en la châsse Madame Saincte-Masthie, vendu à Mess. Jehan Pougeoise, chanoine de l'église, xx d.

D'une restitucion faite par le conseil du pénitancier de Monseig. l'évesque, v s.

D'ung don fait à l'euvre par Colinot Baricart de Pons-sur-Seyne, iii s. iiii d.

De la femme de Jehan Festuot, mercier, pour certaine restitucion par elle, v s. 1413.

D'une bonne femme, pour don fait au clochier, le xvii d'aoust, xv d. 1416.

Des offerandes d'une messe du Sainct-Esprit, célébrée par Mons. l'évesque ce dit jour xv septembre, après la procession faicte pour le roy nostre sire, qui nouvellement estoit parti de Paris pour aller à la guerre contre les Anglais (4), xv s. vi d.

---

(1) *Agnel :* agneau, monnaie d'or ou d'argent qui avait un petit agneau pour empreinte.

(2) Ce clocher fut consumé par l'incendie de 1700.

(3) *Annel* : anneau.

(4) Vainqueurs à la bataille d'Azincourt, le 15 octobre de l'année précédente.

Pour la vendue de étain billon trouvé et escheu des offerandes tant des reliques que des boistes, depuis la Magdeleine de l'an 1412 jusques au xve jour de novembre de l'an 1416, vendu à Pierre de la Garmoise, LXXVII s. VI d.

De maistre Jehan de la Vigne, pour la lettre de collation de la cure de S.-Remy (1), XXII s. VI d.

D'un denier à Dieu (2), par Colecon Amiot, X d.

De maistre Jehan du Chasne, curé de Nogent-sur-Seine, pour aucunes restitucions faictes en confession, V s. X d.

Des offrandes des obsèques de feu Mons. le Dauphin, duc de Guienne, célèbré en cuer (3), le xe jour de janvier, XV d.

Des offrandes d'une messe du S.-Esprit, célébrée le XXVIIIe jour d'avril l'an 1416, pour l'élection du doyen, là ou fu esleu maistre Thierry Guillelme. XXXV s.

De la queste faite par l'église le jour de Ste-Mastie, l'an 1416, par Marguerite. XX s.

De Mess. de l'église, pour aide faite cette année à l'ouvraige du clochier, par le collecteur des tailles, C l.

De messire Henry, vicaire et chappelain du Sauveur (4) en la dicte église, pour don fait à l'euvre pour l'enterrement de feu Thevenin, son nepveu, enterré en la dicte église dessoubz la chambre du chappelain du Sauveur, XX s.

---

(1) Le chapitre présentait à la cure de Saint-Remi dès le XIe siècle.

(2) *Denier à Dieu :* contribution qui se payait sur les marchés et les engagements et qui devait être employée à quelque acte pieux.

(3) *Cuer :* chœur.

(4) Située entre celle de la Vierge et celle de S.-Nicolas, cette chapelle était célèbre par son antique statue du Sauveur donnée, dit-on, par Charlemagne à l'église de Troyes.

Du portier de Monseig. l'évesque, pour pareille cause d'un sien enfant illec enterré, xxii s. vi d.

Du clerc de la ville, pour x piedz de pierre baillé, par l'ordonnance de Mess., pour certaines nécessitez en la porte S.-Jacques, au pris de ii s. vi d. le pied, vallent xxv s.

Du don fait au pié Sainte-Marguerite, au mois de mars, par maistre Jehan de Nantes (1), v s.

De l'offerande de Madame de Bavière (2) à la messe du St-Esprit, célébrée en l'église par Mons. l'évêque, après la procession et sermon pour la paix du royaulme, le mercredy xxviie jour d'avril, donné en ung mouton d'or, xx s.

De la procession à conduire le corps de feu Guiot, bourgeois de Troyes, iiii s. vii d.

De Perrin de Cussangey, demourant en Croncelz, pour extrême restitucion, le xie jour de juillet, xx s.

De la procession à l'enterrement de feu Jehan Sangette, iii s. ix d. 1418.

Du don faict à l'euvre par les exécuteurs de feu Monseig. Jehan de Châlon, seigneur d'Harlay et prince d'Orange, qui avoit esté trespassé à...... et le corps d'icelly enterré en son pais, qui fu receu moult solemnement à Troyes la vieille de la Nativité Notre-Dame, par tout le clergé de la ville en procession, jusques au marché du blé, Monseig. l'évêque présent en pontifical, et porté en l'église de Troyes, en laquelle y demoura la nuit et jusques après la grant messe du jour de la dicte feste, en laquelle église furent célébrées messes par tous ceulx qui y peurent estre, et à chacun baillé pour sa messe v s., furent dicts par les vicaires les psaultiers, pour lesquelz furent baillés

(1) Maître-charpentier chargé de la construction du *grand clocher*.

(2) Isabeau de Bavière tenait alors un parlement à Troyes.

IIII l., fut baillé pour la procession de l'église, x l., et aux autres églises à chacune parroiche (1) et Hôtel-Dieu, XL s., et aux colléges, à chacun LX s., et si furent alumées moult grant quantité de torches qui demorèrent après que le corps fut conduit par les dictes processions jusqu'à la belle croix de Croncels à Monseig. l'évêque pour le dict don (2), XL s. 1418-19.

Des offerandes de la croix le grand vendredy, XII s. I d.

De la procession et obsèques faiz en cuer pour feu Maistre Jehan Camus, secrétaire de Mons. le duc de Bourgoigne, qui trespassa la veille de la S. Luc, évangéliste en l'hostel de maistre Jehan du Bey, VI s. XI d.

De la procession et enterrement de feu maistre Robert de S.-Germain, médecin de la royne, qui trespassa au cloistre de S.-Estienne le XXV d'octobre, IIII s. II d.

De l'offerande du roy nostre sire (3), qui fu à l'église le jour de la fête S.-Savinian, par le dict Mons. le doyen, en V moutons petis changés par le dict Mons. le doyen, pour lequel m'a baillez en gros miez, X l. X s. 1420.

De la procession et obsèques de feu Huet Lesguisé, père de Monseig. l'évesque, qui trespassa le IIIe jour de janvier, et fu enterré dans la chapelle du Sauveur, VI s. X d. 1432.

De Nicolas Huyart, pour sa seur estre inhumée en ceste église, LXX s.

De la procession et obsèque de m[e] feu François Lesguisé, IV s.

---

(1) *Parroiche :* paroisse.

(2) Jehan de Chalon était un des descendants de Jean, dernier comte de Châlon-sur-Saône, tige de l'illustre maison de Chalon et des princes d'Orange.

(3) Charles VI, roi *fol* qui signa le traité de Troyes au mois de mai 1420.

Des marregliers de Sancey, pour la vendue d'une viez chappe, IV l. II s. VI d.

D'ung congier baillié à ung marchant de charroyer à une feste par M. l'official, VI s. VIII d.

Des marregliers de S.-Nicier, pour la vendue de VI l. de voerre, pour ce, X s.

De l'official pour un homme qui avoit ouvré (1) à une feste, X d.

De Me J. Hennequin, pour la vendue de II piedz de verre rouge, III s. IV d.

De l'obsèque de feu Mgr Jehan Lesguisé, évesque de Troyes, VII s. VIII d.

De Mgr l'évesque, pour avoir, par les maçons et ouvriers de l'église, chevée et vostée sa fosse, et assis sa tumbe par marché fait à luy, IX l.

Une légende de plusieurs saints en parchemin, prisée en l'inventaire de Roier (2), X s. 1463.

De Jehan Colas, tixerant de toilles, pour dévotion baillé par luy à l'euvre pour les ouvrages continuer, XX s. 1472.

De Thibault Falequet, de Chasteau-Villain, pour Jehannette, femme Jehan Tardy, du dict lieu, laquelle a envoyé à l'euvre, pour sa dévotion, XVI s. VIII d.

De maistre Anthoine Colas, maçon de l'église, pour ung bloc de pierre qu'il a prins pour mettre en la chapelle de Mons. l'évesque, qui estoit taillé, XX s.

De Jehan de Sens, marreglier de S.-Nicolas au marché du bled, pour III quarterons XII liv. de plomb pour le clochier du dit lieu; pour ce, LIII s. IIII d.

De Monseig. l'évesque, pour VI^xx II l. de plomb prins

---

(1) *Ouvrer :* travailler.

(2) Et laissée à l'église.

par Jehan Loriot (1) en la plomberie, pour faire les cors de la fontaine du jardin de mon dict seig. l'évesque, receu par Loriot, et pour ung trapen neuf, la somme de LXVII l. VI d.

Des merciers, bourciers, potiers de terre et autres qui ont vendu devant l'église es festes des vierges, receu en une boiste, VII s. VI d. 1472.

De Mons. l'abbé de Clereuaulx (2), pour une petite pierre dure et platte pour mettre sur son prédécesseur au cloistre du dit Clereuaulx; pour ce, X s. 1473.

De sire Guiot le peley, pour XXX piez de pierre platte de Poulasot, pour mettre en sa maison où demeure Me Jehan de Riffey, XXX s.

De Perrin-Girardin, de la Rivière soubz Marne, près d'Esparnay, pour une aulmosne faicte à l'euvre, III s. IIII d.

De Me Pierre Fréric, official du dict Troyes, receu pour faire une des verrières, L s. (3)

De Me Nicolas de la Place, doyen dudict Troyes, pour faire deux verrières en la dicte librairie (4), C s.

De Me Nicole Coiffart (5), chanoine, pour faire une des verrières, L s. 1479.

De l'offerande du dimanche XIVe jour de septembre, lequel jour fut faicte une procession générale, et fut à l'office Mons. l'évesque, XVI s. VI d.

---

(1) Jehan Loriot, *plombeur*, travaillait en 1462 à la cathédrale de Sens, « dont il releva le pavillon de la tour depuis les gargolles en amont. »

(2) De Pierre II *de Virey*, successeur de Philippe II *de Fontaines*, mort en 1471.

(3) Ces verrières étaient celles de la nef.

(4) *Librairie :* bibliothèque.

(5) Nicolas Coiffart mourut le 7 mai 1493, et Nicolas de la Place le 26 juin 1488.

D'ung don fait au pié de Mad. Ste Marguerite, par la femme Jehan Jully, chantre, II s. VI d.

De Guillemette la Giraigniez, pour le louage de deux estaulx, emprès la chapelle Drouyn (1), près ceux où vendent les miracliers aux vierges, XX d.

Du Révérend Père en Dieu Mons. l'évesque M. Loys Raguier, pour faire la nef neusve, le X septembre, CL l. 1482.

De luy pour pareille cause, le XIV octobre, C l.

De M. le grant archidiacre, LX s.

XXIV.

Recepte des aulmosnes et congiez baillez par M. l'official.

De Jehan Martin, tainturier, pour un congié de charroyer, II s. VI d. 1488.

De deux foulons, demourans emprès la porte S.-Jacques, pour un congié, II s. VI d.

D'ung nommé Estienne Berthier, pour ung congié pour charroyer une maison le jour S.-Croix (2), en septembre, XX d.

De Jehan Saussoy, mercier, auquel MM. ont laissé une place pour vendre aux vierges près la chapelle Drouyn, laquelle sa mère souloit tenir, lequel a baillé X s. 1497.

De Pierre Droyn, de Clérey, pour ung congié pour besoigner le jour des Innocents (3), dans son moulin, II s. VI d.

---

(1) Construite en 1373 sur l'emplacement de la sacristie par Dreux ou Drouyn, chanoine de Troyes, avec la permission de l'évêque Jean Braque, son oncle.

(2) Jour férié pendant lequel il n'était pas permis de travailler.

(3) Jour férié.

XXV.

Recepte commune qui se paie par le départeur (1) *de l'église.*

De la procession à S. Loup, le jour de la feste, vi d.

De la procession à S. Etienne, le jour de l'invention (2), vi d.

De la procession en l'église de Nostre-Dame-aux-Nonnains, le jour de la my-aoust, vi d.

Pour les ruissolles, xv d.

Du comestu ce dit jour, x d.

Du bissexte, viii d.

De la procession du jour S. Pierre *ad vincula,* ii d.

Du chotidien (3) de S. Michel, que paie Mons. l'évesque, ii s.

De la procession du jour de la Nativité Nostre-Dame, ii d.

De la procession de sainct Remy, la veille de la feste, viii d.

De la procession le jour de la Toussains, ix d.

Du comestu du dit jour, ii s.

De la procession le jour des mors, iiii d.

Des O de devant Noël, iii s.

Du comestu le jour de Noël, xix d.

---

(1) *Départeur, distributor :* celui qui recevait l'argent du collecteur des anniversaires, pour les remettre aux chanoines.

(2) Le 3 août.

(3) *Chotidien :* quotidien, recette de ce qu'on ne distribuait pas probablement aux chanoines qui manquaient à l'office.

De la procession de la veille S. Nicier, faicte à la dite église, xix d.

De la procession de Pasques flories (1), vii d.

Du comestu le jour de Pasques, xv d.

Des ruissolles ce dit jour, x d.

De la procession le lundy après Pasques, à S.-Estienne, vi d.

De la procession le mardy après Pasques, à Nostre-Dame, vi d.

De la procession le mercredy après Pasques, faicte à S.-Loup, vi d.

De la procession faicte le jour de S. Marc, à S. Martin, vi d.

Des rogations du lundy, à Ste-Savine, vi d.

— du mardy, à Monstier-la-Celle, xii d.

— du mercredy, à la Magdeleine (2), vi d.

De la procession le jour de l'Ascension, iv d.

Du comestu du jour de la Penthecouste, par Monseig. l'évesque, xx d.

De la procession du jour du S. Sacrement, vi d.

Du comestu de la feste S. Pierre et S. Paul, par Mons. l'évesque, xxii d.

De la procession de la Magdeleine, la veille de la feste, viii d. 1450-1499 (3).

Somme toute de la recepte d'argent :

mxlix l. vi s. iiii d. 1412-1413.

xiii c. xviii l. xi s. iiii d. 1499-1500.

---

(1) *Pasques flories :* le dimanche des Rameaux.

(2) L'église Sainte-Madeleine est la seule des trois églises mentionnées où les chanoines se rendent encore en procession le mercredi des Rogations.

(3) *Archives de l'Aube,* registres 345, 358.

II.

DESPENCE FAICTE POUR LA DICTE EUVRE.

1400—1500.

I.

Construction de l'église de Troyes.

Parmi les dépenses annuellement enregistrées par les proviseurs, nous devons surtout signaler celles qui sont relatives à la construction de l'édifice. Consumée par les flammes en 1188, la cathédrale de Troyes commençait à se relever de ses ruines sous le pontificat du célèbre Hervée qui en avait arrêté lui-même le plan (1). Les travaux avaient même été poussés avec une si grande activité, que le sanctuaire et les chapelles semi-circulaires qui l'environnent étaient achevés à la mort du prélat le 2 juillet 1223. Plus tard, le pape Urbain IV accorde des indulgences à ceux qui aideront de leurs libéralités à reconstruire l'église « dont l'école, déjà célèbre à cette époque, avait été son premier asile. » Les travaux du chœur, poussés sous Nicolas de Brie jusqu'à la fenêtre sur laquelle on voit la vie de Saint-Nicolas, son patron, sont terminés sous Jean Ier d'Auxois, dont les armes sont peintes sur la bordure de la première fenêtre de chaque côté. La nef transversale s'élève sous les règnes de Philippe-le-Bel et de Louis-le-Hutin. Le 12 juillet 1364, le Chapitre conclut un marché avec *maître Thimart, maçon,*

(1) Hervée, successivement chanoine, grand-archidiacre et évêque de Troyes, était né à Courmorin (Saint-Benoît-sur-Vannes).

pour conduire les ouvrages de l'église à raison de trois gros et demi par jour en été, et de trois gros en hiver (1).

L'église avancée au-delà de la croisée se trouve suffisamment fermée ; le 19 novembre, le Chapitre commence à dire les Matines à minuit. Pierre de Villiers fait peindre ses armes sur les vitres de la première fenêtre de la nef, et meurt le 11 juin 1377. Le 26 janvier 1380, *Droet de Dampmartin, masson, demorant à Paris*, visite avec deux autres maçons la rosace *par devert la court de l'official* et le mur des transepts qui déjà surplombait (2). Le Chapitre lui *baille* quatre francs valant quatre livres. Deux ans après, Henri Nardan et Henri de Bruxelles font un marché pour la construction du jubé, dont la première pierre est posée et bénite par l'évêque Pierre d'Arcies, le 22 avril 1383 (2). La veille de Noël de l'an 1389, la ramée tombe d'elle-même ; maître Etienne Gilbert, prêtre chanoine, laisse cent livres pour la rétablir. Le 10 janvier 1394, Henri de Bruxelles, Jacques Phelisot, Jacques Mignard et Jean de Fontaines entreprennent de paver l'église en carreaux tirés de la carrière de Lésignes.

Tels étaient les travaux exécutés depuis le XIIIe siècle dans cette *insigne* église, qui comptait déjà tant d'illustres prélats et tant de prêtres célèbres par leurs vertus et par leurs talents. Nous pouvons suivre l'œuvre commencée par le pieux Hervée ; à l'aide des registres des proviseurs (3), nous pouvons recueillir de curieux détails

---

(1) *Annuaire du Clergé*, diocèse de Troyes, 1841, p. 132.

(2) *Comptes de l'Eglise de Troyes*, 1375-1385, publiés par M. Gadan. Troyes, 1851.

(3) Aux archives de l'Aube, on conserve encore quelques registres du XIVe siècle ; Paris et Oxford en possèdent plusieurs de la même époque, provenant d'une vente de 700 kilogrammes de pièces faite en 1829, sans aucune publicité.

échappés à nos bons historiens. Nous sommes en l'an 1413, c'est-à-dire à cette malheureuse époque où la France, déchirée par deux formidables factions, deviendra bientôt la proie des étrangers.

II.

Dépense relative à la reconstruction du clocher.

Le Chapitre entreprend de rebâtir, au-dessus de la croisée, le *grant* clocher renversé par le vent le 13 août 1365. *Jehan de Nantes* commence, le 13 mars 1413, *à charpenter* et *à tailler le susdit clocher*. Les proviseurs lui donnent cinq sous par jour; *Jehan de Saint-Georges*, son serviteur, ne reçoit que trois sous quatre deniers. Les pièces de bois, dont quelques-unes sont offertes gratuitement au Chapitre par les abbés de Saint-Loup, de Montiéramey et par le prieur de Saint-Quentin, sont tirées des forêts d'Othe et de Lusigny. Quarante-deux chevaux les transportent à Troyes, sous la *surveillance* de Jean de Nantes, qui reçoit chaque année une robe de cent sous outre son salaire quotidien. La dépense de l'an 1413 monte à 378 livres 18 sous 4 deniers (1).

L'année suivante, Jean de Nantes travaille avec Perrin-Loque, son *varlet*, et plusieurs autres ouvriers, Girardin-Marin, Hémart et Henriot. Le Chapitre appelle, le lendemain de *Pasques flories*, tous les charpentiers de la ville *pour consultation* et leur donne à dîner *par courtoisie*. Maître Thomas Michelin *pourtrait les pignacles* du clocher. Le *fenestrage*, les *pignacles* et les *cleres voyes* sont terminés en 1418, l'année même où Jean de Nantes meurt, laissant une partie de ses biens à Hémart, son *varlet*.

---

(1) Registres 345, 346.

L'ouvrage est conduit par le charpentier Perrin-Loque, gendre de *feu* Jean de Nantes (1).

Grosley, qui ne lisait point les registres de la fabrique, mais qui recueillait sur les notes de quelques chanoines, prétend que l'*œuvre du clocher* fut *interrompue,* parce que l'entrepreneur s'enfuit, mécontent de MM. les *proviseurs* ou dérangé par l'invasion des Anglais. Selon l'auteur des Ephémérides, les pièces de bois auraient été jetées dans la fosse du moulin de Jaillard, et y seraient restées dix années jusqu'à ce qu'un des fils de l'entrepreneur, passant à Troyes, ait offert de monter le clocher. C'est là une de ces erreurs que je me plais à signaler au lecteur, pour lui prouver que Grosley n'était pas historien. M. Arnaud qui le copie textuellement, mais avec une certaine réserve, pense que les travaux furent interrompus par l'arrivée des Anglais, parce que de tels hôtes venaient plutôt pour détruire que pour édifier (2). Les registres qu'il faut consulter ne constatent pourtant point le vandalisme de nos voisins d'outre-mer. Les travaux continuent sous la direction de Perrin-Loque, qui assied la *plateforme* du clocher vers l'année 1428. Le gendre de *Jehan de Nantes* ne gagne que trois sous neuf deniers; Naudin, son *varlet,* et Perrinot, son *nepveu,* reçoivent trois sous quatre deniers.

Le 26 juillet 1430, vingt sous sont retranchés à chaque chanoine pour l'*euvre du clocher*. Le 8 juillet 1433, la croix dorée par le peintre Jean de Bar-sur-Aube, est *montée* par le couvreur Clément Félisot. L'orfèvre Nicolas Chenu fait le coq et reçoit quatre livres dix sous des donateurs qui le font dorer (3). L'année suivante, Félisot

---

(1) Registre 345.

(2) *Voyage archéologique et pittoresque dans le département de l'Aube,* par M. Arnaud. Troyes, 1837, p. 126.

(3) Registre 347.

latte le clocher avec ses *varlets* Jean Loriot, Félisot Daillefo et Guillemin Clément. Le Chapitre fait appeler un plombier de Châteauvillain, Jean de Til; un *dîner* est offert au capitaine du lieu et aux officiers dudit *chastel*, afin qu'ils ne s'opposent point au départ du plombier. Jean arrive à Troyes avec son *varlet* Didier le 26 avril 1434, et quitte cette ville le 19 juin *pour aler faire moisonner ses blés*. Le Chapitre lui donne trois sous neuf deniers *par courtoisie* (1). L'ouvrage est terminé en 1437, Maître Blanchet, sous-chantre et fabricien, contribue largement à la dépense. Longtemps après, le frère Laurent, de Clairvaux, vient *visiter la maladie du grant clocher* avec *Jehançon, le maçon, Jehan Valeton, Ancelot, et ung nommé Guillemin*. Laurent reste quelques jours à Troyes, *besogne* sur le clocher, et s'en retourne à son monastère avec une *offrande* de dix livres qu'il doit remettre au cellerier (2). Ainsi fut reconstruit au XVe siècle ce clocher, dont la pointe s'élevait à la hauteur de 324 pieds, et qui fut dévoré par les flammes en 1700 (3).

III.

Dépense relative à la construction de la nef.

Dédicace de l'église.

A Michelin de Joncheri, *maistre de l'euvre*, succède Thomas Michelin, qui travaille avec Robin de Saumur, Hullin et Adenet Boulet. Les basses voûtes autour du chœur sont couvertes par Felisot Clément, les maçons cimentent,

---

(1) Registre 347.

(2) Registres 357, 358.

(3) *Voyage archéologique et pittoresque dans le département de l'Aube*, p. 127.

en 1412, les arcs-boutans des hautes voûtes. *L'osteau* (1) neuf *par devers le chapitre* (2) est abattu par le vent; Thomas Michelin le *rapareille*; Guiot Brisetout, verrier, remet le verre en plusieurs formes de *l'osteau*. Les travaux n'avancent pas; la guerre, la famine et quelquefois la peste déciment les populations; le chapitre ne reçoit plus d'abondantes aumônes. Isabeau de Bavière séjourne à Troyes. La *plomberie* et les loges devant le chapitre sont découvertes *pour les jeux de personnaiges fais en la court de M. levesque de la résurrection N. S. devant la royne et M. de Bourgogne, en la sepmaine devant Quasimodo* de l'année 1419 (3). Le pauvre roi Charles VI arrive; la reine donne 100 muids de sel au chapitre qui envoie 20 sous par courtoisie à son secrétaire. Plus tard, le *portail* de l'église est couvert, les murs de l'église s'élèvent; Ogier Faigot, maçon, surveille les travaux qu'exécutent Thevenin et Jean, ses enfants. La *librairie* (4) est construite; Jean Michel fait les *poulpitres* et les *formes* (5), Jean de Vertus fournit le verre. Jacquot Ladvocat, ouvrier de *reloiges* (6), répare l'horloge; Jehan Camus, écrivain, écrit le calendrier à mettre sur *la roe des mois de l'an*. Quelque temps après, Jeanne d'Arc paraît devant Troyes, chasse les Anglais et fait reconnaître son roi (7). L'évêque

---

(1) *Osteau, oiteau, oisteau* ou *o* simplement : ouverture ronde, rose.

(2) *Par devers le Chapitre :* du côté de l'évêché, rose du midi.

(3) Registre 345.

(4) *Librairie :* bibliothèque.

(5) *Formes :* fenêtres ou siéges.

(6) *Reloiges :* horloges. Le registre de 1379-1380 contient un compte curieux relatif à la réparation du *reloige* de l'église. (*Archives de l'Aube.*)

(7) Le 7 juillet 1429; voyez les *Archives curieuses de la Champagne et de la Brie*. Troyes, 1853, p. 59.

Jean Léguisé dédie, le 9 juillet 1429, l'église cathédrale sous les noms des apôtres saint Pierre et saint Paul. Le dîner de cette solennelle dédicace, donné au logis épiscopal à toutes les compagnies, coûte 4 livres 12 sous 6 deniers, non compris un muid de vin qu'offre généreusement un chanoine. Le 5 août, l'évêque bénit onze autels. Le dîner donné au chapitre ne coûte que 3 livres 19 sous 4 deniers (1).

Jean le Coq, maçon, et François Guinart travaillent aux pilliers et relient l'*osteau*. Les orgues sont montées au jubé (2). De grands travaux vont s'exécuter, Louis Raguier, abbé de Montier-la-Celle, est nommé évêque de Troyes. Jacquot le Roncelot, Felisot le Dru, maçons, cimentent les *cleres voyes* d'en haut et blanchissent les basses voûtes. Des lettres de pardons sont portées en Lorraine, en Picardie, au pays de Reims et en Bourgogne. L'argent commence à abonder dans les coffres du chapitre; les fidèles, les prêtres et les chanoines versent de beaux deniers. Des blocs de pierre sont transportés de Tonnerre à Troyes. Les pilliers sont assis sur leurs fondements de *grosses* pièces de craie, *sans boys ni pilotis*. Le maître des maçons, en 1463, est Anthoine Colas; ses serviteurs sont Jacquet de la Bouticle, Alexandre Nagot de Dijon, Gilet Lorot, Pierre de Saint-Quentin. Les *ogives* sont taillées, et de belles statues sont dressées pour l'ornementation du *beau portail* dont on *assimile les chappiteaulx*. Les voûtes de la nef s'élèvent; Jacquet peint en la clef de l'une d'elles les armes de Mons. le cardinal d'Avignon (3). Anthoine Colas gagne 4 sous 6 deniers par jour.

(1) *Mémoires historiques et chronologiques des antiquités de la ville de Troyes*, par Duhalle, T. II. (Archives de l'Hôtel-de-Ville.)

(2) Registre 347.

(3) Registres 348, 349, 350, 351, 352.

Les ardoises qui servent à la couverture des chapelles et de la nef viennent de *Maizières-sur-Meuse* (1).

L'évêque Louis Raguier meurt en 1488, après avoir poussé les travaux jusqu'à la troisième chapelle, et avoir fait élever contre la porte septentrionale deux contreforts avec un arc en ogive surmonté d'un pignon. Jacques Raguier, son neveu, lui succède sur le siége épiscopal de Troyes, et poursuit avec ardeur les travaux de la cathédrale. Jehançon Garnache est nommé *maître des œuvres* et gagne 4 sous 2 deniers. Ses serviteurs sont Légier Henriot, Jacquet de la Bouticle, Denis Michel, Pierre Simart, Colinet Gobaille, Pierre Gobin, Guillemin Bertet, Jehan Henriot, Perrinet Drouard et Jehan le Clerc. Garnache se rend à Tonnerre, choisit les blocs de pierre, les fait transporter à Troyes et travaille avec zèle. Il taille et élève les deux premiers *arcs près du gros clocher du costé de la rue*, assied des pilliers de la nef et commence le pignon de la ramée (2). Plus tard, en 1492, Oudart Colas, fils de maître Anthoine Colas, fait pour dix livres une statue colossale de saint Michel, dont la pierre est tirée de Tonnerre. Le chapitre gratifie de quelques quartes de vin les ouvriers qui la montent sur le sommet du pignon. Jacquet fait l'*escusson* de France mis aussi *sur le dict pignon* et reçoit dix livres. Des reliques sont déposées au mois d'août dans la statue de saint Michel, qui est dorée par Jean Copain *de fin or, excepté les mains et le visaige de chair et le renvers du manteau de fin azur, le diable de diverses couleurs* (3).

---

(1) *Maizières-sur-Meuse* : Mézières, chef-lieu du département des Ardennes.

(2) Registres 356, 357.

(3) Registre 356; la statue de saint Michel, placée sur le pignon du mur qui fermait l'église en 1492, se détacha de sa base

En 1493, Garnache *maçonne* aux pilliers et aux arcs-boutants *du costé de l'ostel* de Monseigneur de Troyes, qui paie douze ouvriers de ses propres deniers. Des cintres sont faits pour élever les voûtes de la nef. Garnache visite, en 1496, la chapelle de *Madame saincte Syre* que fait restaurer le chapitre. L'année suivante, Nicolas Cordonnier, *paintre*, fils de Jacquet (1), peint la clef de la première voûte (2) où sont les armes de Mons. le grand archidiacre de Refuge (3), et reçoit quatre livres pour son salaire. Sur la deuxième voûte, Nicolas peint les armes de la ville et celles du roi et de Mons. l'évêque sur les deux voûtes qui suivent. La clef de la cinquième est décorée de plusieurs feuilles d'or, le peintre reçoit 24 livres (4). Garnache fait les *formettes par devers* Mons. l'évêque et obtient une robe à Noël. Coleron Faulchot et Gauthier d'Arcies, pavent l'église (5). Le pillier du jubé, qui porte *l'ymaige S. Savinian*, menace *de crouler à cause de broches et de crampons de fer qu'on a trouvez dedens, qui enrouillez avoient été rompus*. Garnache maçonne *à l'environ du dit pillier, pour soutenir le jubé* (6).

---

le 8 octobre 1700, perça la voûte et écrasa trois ouvriers. Voyez la *Lettre d'un ecclésiastique de Troyes à un de ses amis, sur l'incendie de la cathédrale arrivé le 8 octobre* 1700. Troyes, Charles Briden et Jacques Oudot.

(1) Le peintre.

(2) Registre 356.

(3) Peut-être Etienne de Refuge, chanoine de la cathédrale et cellerier de l'église collégiale de Saint-Etienne, mort le 19 novembre 1519, et enterré à la cathédrale près la porte du trésor.

(4) Registres 356, 357,

(5) Registre 353.

(6) Registre 353.

IV.

Dépense relative aux statues.

Jean le tailleur répare et assied, à l'entrée de l'église, les *ymaiges* (1) des apôtres S. Pierre et S. Paul, qui étaient depuis longtemps en la chambre de la plomberie de l'église. 1427-28.

Jacquet le paintre *taille* quatre *ymaiges* de *Cayn* et *Abel*, en l'une des pierres du *biau portail* (2). 1462-63.

Des pierres de Tonnerre sont transportées à Troyes la même année, pour faire un *S. Nicolas* (3), un *S. Etienne*, un *S. Clément*, un *S. Barnabé*, le *grand Dieu* et *deux prophètes* (4).

Jean de la *Bouticle*, et Jean, son cousin, de Malines, font un *S. Chrystophe* pour le dit portail, et reçoivent dix livres.

V.

Dépense pour hucherie.

Jean Oudot fait les huit ailes des quatre anges du maître-autel, 1413.

Un *huis* est posé par lui au jubé « pour empescher les enfants de gaster les cleres voyes. » 1416.

La *chayre episcopal* est dressée dans le chœur ; Jean Oudot l'orne de sculptures délicates, 1427.

L'année suivante, le chapitre donne quelques livres à *l'huchier* pour la *chayre à prescher*.

---

(1) *Ymaiges* : statues.

(2) Registre 350. *Biau portail* : portail septentrional.

(3) Donné par Nicolas Tetel.

(4) Registre 350.

Onze ans après, en 1439, Jean Oudot fait avec ses fils Thevenin et Jean Oudot « le tabernacle à mettre les chasses (1). »

VI.

Dépense pour les orgues.

Jean le tailleur fait l'ange au-dessus des orgues avec le bois fourni par Jean Oudot, 1420. Rosset *le paintre* est chargé de le peindre.

Les orgues sont réparées et mises en bon état par Me Bernard de Montigny (2).

Poncelet Barbette, *maistre et ouvrier d'orgues*, travaille plus tard en présence de Messire *Jehan le Chenriat*, organiste, et *repareille* les orgues, 1433.

Le 5 novembre 1484, le chapitre conclut un marché avec Jean Robelin, organiste, qui démonte « les orgues tant petites que grosses et les refait en tout pour la somme de cent soixante livres. » Le peintre Jacques Cordonnier, les peint pour 60 livres 7 sous 6 deniers. La dépense totale s'élève à 344 livres 4 sous 1 denier, sur laquelle l'évêque Louis Raguier donne 50 livres (3).

VII.

Dépense pour les livres.

Droyn Ogier, relieur de livres, relie un *Catholicon*, un *Décret* et un *Speculum juris* avec un cuir de vache que

(1) Registres 345, 346.

(2) Registre 345. Les comptes du XIVe siècle contiennent de curieuses dépenses relatives aux orgues.

(3) Registre 353.

lui fournissent Messieurs les proviseurs ; Pierre de Villemor, serrurier, enchaîne les dits livres, 1415.

Droyn Ogier relie l'année suivante le *texte des festes*, « esquelx sont figurés les IIII évangélistes », et reçoit 20 sous.

Frère Philippe de la Trinité écrit pour 100 sous le petit pontifical contenant « les Capitules, Oraisons des festes annuelles et autres plusieurs choses. » Guillelme l'enlumineur reçoit 100 sous « pour l'enluminure. » Jean de Mussy note « ce qui est nécessaire, et Droyn relie le dit pontifical qui ne coûte pas moins de 14 livres 4 sous 2 deniers, 1419 (1).

Guion l'écrivain relie *l'Antiphonier* « où apreignent les enfans de cuer. »

Pierre Lemoigne écrit le tableau placé sur le tronc de l'église ; l'enlumineur met une lettre d'or et une vignette audit tableau.

Lionnet Houssey, relieur de livres, relie le *Messel* de la messe du pardon, et écrit la messe de S. Pierre ; Me Anthoine Gaulcher relie « ung collectaire du coste senestre, » 1492-5.

Frère Nicole, religieux de l'Isle, relie « les psaultiers glosez du cuer et les collectaires. »

Un religieux de Montier-la-Celle écrit en trois petits cahiers de parchemin la vie de Madame S. Marguerite ; Jean Dubois les enlumine, Lyonnet Houssey les relie, 1499 (2).

La même année, Nicolas Chenu ferre 120 « grans vo-

(1) Registre 345.

(2) Registre 357.

lumes de livres tant de la librairie du cueur que du revestiaire (1), et 5 petits livres de pareilles matières (2). »

VIII.

Dépense pour ornements et vêtements.

Jean le Vachat, *ymagier*, refait « les deux couronnes et le sceptre de S. Louis en sa chapelle » et « la ferrure de deux ymaiges, une de Nostre-Dame et l'autre de S. Héleine, mis à l'ostel S. Sébastien. »

Raoul, chasublier, redouble « la chappe de feu M. Pierre d'Arcyes (3), et rassied les orfrays qui ont été renouvelez. »

Jean le chasublier assemble les pièces de la nouvelle bannière, Simon l'enlumineur peint le visage de l'image, Jehannette fait les franges, 1422.

Guillaume Mosle, marchand, vend, en 1497, l'étoffe d'une bannière que fait le chasublier Nicolas Godefroy. Cette bannière est ornée de 66 fleurs de lis.

L'année suivante, Nicolas Facin, tapissier, « remet à point le crucifiement, la Notre-Dame, deux pièces des évesques et le *Radix Jesse*.... (4)

---

(1) *Revestiaire* : sacristie.

(2) J'espérais trouver dans les registres de la fin du XVe siècle quelques livres imprimés et peut-être le bréviaire de Pierre Le Rouge; mes recherches ont été sans résultat.

(3) Evêque de Troyes, mort le 18 avril 1395. *Pierre d'Arcyes* posa la première pierre du jubé de l'église, et la bénit le 22 avril 1383.

(4) Registre 357. Les deux pièces de tapisserie, représentant les évêques canonisés de Troyes, avaient été données à l'église par l'évêque Louis Raguier.

IX.

Dépense pour l'horloge, pour la peinture, et pour l'orfévrerie.

Lopin, peintre, répare les anges et fait « un ymaige de S. Pierre au pillier de la nef dessoubs le tronc neuf, » 1413.

Jean de la Rotière, orfèvre, « rapareille, en 1414, le tableau des reliques, le texte des festes et la bonne croix; » deux ans après, il répare le chef de S. Philippe et refait le bâton de la crosse de l'évêque aux frais de l'église (1).

Nicolas Cordonnier peint les clefs de cinq voûtes, et reçoit 28 livres en 1497.

Thibaut gouverne le gros horloge, et Nicolas Bernier, le petit (2); le chapitre leur donne 50 sous pour leur salaire d'une année.

Des cloches sont fondues par Jacques de la Bouticle et par Robinet Reguin. Les chanoines leur font présent « de harengs, de carpes et d'autres choses pour les animer. » Me Jean de la Hache (3) leur donne en outre 10 pintes de vin. Les vicaires de l'église visitent les ouvriers, chantent le *Te Deum* et assistent à la bénédiction des cloches, 1475.

---

(1) Registre 345.

(2) Dès le XIVe siècle, une petite horloge, placée au-dessus de la porte du trésor, servait à régler l'office. Cette horloge, mise en 1479 sous une arcade du bas-côté du chœur, au nord-est, avait un cercle sur lequel étaient placées les figures des douze apôtres, qui frappaient les heures sur le timbre avec un marteau dont ils étaient armés.

(3) *De la Hache* : demeurant à l'enseigne *de la Hache*.

X.

Dépense pour les verrières.

Guiot-Brisetout (1), verrier, remet des verres neufs « en plusieurs formes de *l'osteau devers le chapitre* rapareillé par Thomas Michelin, » et gagne 7 livres 2 sous 6 deniers, 1416.

Jean du Pins, *alias* la barbe, verrier, répare quelques verrières endommagées par la grêle, en 1417.

Hennequin du Pins, *alias* la barbe, « remet à point les verrières des chapelles S.-Jacques et S.-Michel.

Jean Brisetout (2) et Jean Blanc-Mantel, travaillent à la chapelle de la Conception, et pose « des verres jaunes et de plusieurs couleurs. » Bon buef (3) ferre les verrières, 1420.

Jean de Vertus pose des verrières en 1421, et gagne 5 sous par jour. L'année suivante, il fournit le verre pour la *librairie.*

Jean de Bar-sur-Aube, appelé quelquefois maître Jean le verrier (4), lève « deux des *fenestres* de la chapelle S.-Nicolas, refait les bordures, et met en l'une le verre des couleurs, » 1426. L'année suivante, il répare les ver-

---

(1) Les comptes du XIVe siècle citent un verrier du même nom, *maistre Guillaume Brisetout.* Guillaume exerçait sa profession vers l'an 1380.

(2) Peut-être le frére de Guiot, et tous deux de la famille de Guillaume.

(3) *Buef :* bœuf.

(4) Jean de Bar-sur-Aube dut exercer bien jeune sa profession ; les registres de Sainte-Madeleine le citent encore en l'année 1470.

rières de la chapelle Notre-Dame, et retient, en 1433, toutes celles de l'église.

Jean de Bar-sur-Aube travaille plus tard à la chapelle des Apôtres, et refait une « *verrière* en la salle basse de la maison de la rue des Lorgnes, où demeure M. Jacques, clerc de la Magdeleine. » (1)

Jean Symon (2), verrier, pose « des verres de couleur » dès l'an 1439. Il est chargé par le chapitre de plusieurs réparations. Dès 1450, Jean de Bar-sur-Aube n'est plus cité dans les registres que dans ceux de 1462 et de 1472.

Henryet, verrier, et son *varlet*, reçoivent 33 sous et 3 deniers en 1451, « pour avoir mis à point les verrières au pignon en tournant par la chapelle de la Conception N.-D. » Hermant, verrier, est chargé d'autres réparations.

Tirement, verrier, succède à Henryet, et gagne quelques sous avec Girard le Nognat.

Vincent Marcassin, verrier, refait les huit verrières *au pignon de la nef*, et répare les verrières que Mgr Louis Raguier a fait faire, 1491 (3).

Me Jacques Robelin, organiste de S.-Etienne, donne le *pourtraict* d'une verrière de l'église des Carmes d'Orléans, qu'il a fait faire par un verrier, et reçoit 8 sous 4 deniers.

Girard le Nognat pose des verres aux chapelles de Ste-Marguerite, des Apôtres, de Notre-Dame, de S.-Nicolas, du Sauveur, de Ste-Mathie, de S.-Michel, de S.-Fiacre, de la Conception et aux fonts. Plus tard, il fournit 72 pieds de verre « pour les verrières d'en bas du pignon de la ramée de la nef; Monseig. l'évêque (4) en paie huit.

---

(1) Registres 345, 346. Cette maison appartenait au Chapitre qui la louait.

(2) De Bar-sur-Aube, *Registres de Sainte-Madeleine*, 1470.

(3) Registres 336, 337.

(4) Jacques Raguier.

Le chapitre fait poser la *transfiguration* « dans la ramée de la nef. » Girard exécute la dite verrière, et fournit 317 pieds de verre ; il fait encore la même année la verrière « où sont *les anges, le crucifiement* et *l'annunciation.* »

L'année suivante, Girard pose la verrière « où sont *les prophéties de l'advènement* et *Passion de N.-S.*, et reçoit 61 livres 16 sous 8 deniers. Cette somme lui paraît trop modique, il se plaint des pertes qu'il a éprouvées ; le chapitre, satisfait des couleurs qu'il a employées, lui donne 100 sous (1).

Girard fait encore les verrières « des deux côtés du haut de la nef neuve, et fournit 480 pieds de verre. »

Nicolas le verrier met « un panneau de verrière en la chapelle S.-Louys, auquel est l'ymage S. Estienne, et met des lozanges neufs à xvi panneaulx, » 1495.

Colas Macon, verrier, remet « des panneaulx en la chapelle de la Nativité N.-D., selon les couleurs. »

Jean Verrat et Balthazar, verriers, font la verrière de M. Ladvocat, 1499.

Lyenin, verrier, exécute avec un art si merveilleux celle du *Radix Jessé* (2), que les proviseurs donnent « ung escu d'or à sa femme pour ung chapperon. »

---

(1) Registres 356, 357.

(2) Jean Verrat et Balthazar Gondon, verriers, passèrent un marché avec le chapitre de l'église de Sens pour faire toutes les verrières de la *croisée.* Lyénin-Varin et son neveu Jean Macrade travaillent avec eux et conduisent à Sens, en 1502, plus de mille pieds de *verre mis en œuvre.* — *Notice historique sur la construction de la cathédrale de Sens*, par M. Quantin, archiviste du département de l'Yonne. La *généalogie de la Vierge*, donnée par *François de Marisy* et *damoiselle Guillemette Phelippe, sa femme,* occupe toute l'étendue de la quatrième fenêtre de la nef, à droite.

Pierre le verrier fait la verrière de *l'enfant prodigue* (1) pour Guillaume Moslé; les proviseurs, satisfaits, donnent également à sa femme « ung escu d'or pour ung chapperon.

XI.

Dépense commune et pour frais et salaire.

Pour papier et parchemin à faire les présents comptes, 15 sous. 1414.

Pour l'écriture des comptes, 40 sous.

Pour l'audition des comptes, 20 sous.

Pour le *gret*, 5 sous.

A Ancellet, « pour nettoyer la hucherie hault et bas du jubé où sont les corps saincts, tous les siéges du cueur, la grande chasse, la chaire de Monseig. l'évesque... » 1498.

Pour un présent de 8 pintes de vin fait par l'ordonnance de MM. au chancelier, au trésorier, au secrétaire et à plusieurs autres officiers du roi de Navarre, le 21e jour de décembre, lequel jour le roi de Navarre donna à l'église 40 chênes de son bois pour le grand clocher....

A Jean Bonjour, huilier, pour une pinte d'huile pour laver le *beau portail*, afin que les oiseaux n'y viennent plus, « pour ce que les gens du Roy tiroient contre le dict portail et gastoient l'ouvrage.... »

A Jean Bonjour, huilier, pour avoir chargé et oté plu-

---

(1) La parabole de l'*Enfant prodigue*, donnée par *Guillaume Moslé*, est représentée en seize tableaux disposés sur trois rangs superposés, troisième fenêtre de la nef, à droite. Les deux premières fenêtres du même côté sont consacrées à l'histoire de Daniel et à celle de Joseph; les verrières ont été posées vers l'an 1498. La cinquième fenêtre est consacrée aux saints honorés à Troyes et à quelques autres saints.

sieurs terres qui étoient devant la loge des maçons *pour la venue du Roy* (1), 1486.

Pour écrire et faire la table de Pâques, qui est pendue au cierge bénit.

Au prêtre qui garde les reliques (2) pendant l'année.

Pour la *station* faite chaque jour sur la tombe de feu Jean de Champigny (3), par les prêtre, diacre, sous-diacre et enfants, à l'issue de la grande messe.

A Thibaut, pour avoir balayé l'église aux fêtes qui suivent : à la Toussaint, à Noël, à Pâques, à la Pentecôte, au S.-Sacrement, à S.-Pierre et S.-Paul et à l'Assomption.

A Thibaut, pour avoir sonné la procession qu'on fit le 14 octobre pour le recouvrement du duché de Normandie, 1453.

Pour l'achat de 26 boites pour donner aux curés au senne (4).

---

(1) Charles VIII.

(2) Le *custos*, ou gardien du trésor, avait une petite chambre éclairée par plusieurs petites fenêtres carrées. Une petite ouverture, percée sur le chœur, lui facilitait la surveillance. La chambre du *custos* était construite sur la voûte de la sacristie ou chapelle Drouin.

(3) Jean de Champigny, chanoine de Saint-Pierre, de Saint-Etienne, de Saint-Urbain, chanoine de Lille, de Reims et de Cambray, curé de Saint-Remi, de la Madeleine et de Saint-Frobert de Troyes, était encore collecteur des deniers de la chambre apostolique dans la province de Reims. Il mourut à Cambray, le 25 février 1399; son corps, apporté à Troyes, fut inhumé devant l'autel de sa chapelle (abside du bas-côté méridional devant la sacristie du chœur). Le *Dictionnaire des Arrêts* cite Jean de Champigny comme un exemple notable de la pluralité des bénéfices.

(4) *Senne :* assemblée ecclésiastique qui se tenait chaque année à jour fixe.

Aux ouvriers de l'église, pour mettre, allumer et éteindre les cierges le jour de la Dédicace.

Aux ouvriers qui ont porté aux processions le corps de S. Savinien et celui de Ste Hélène le jour de leur fête, et aux processions de *Pasques flories* (1).

A Jacques Charmillet, organiste, pour une année, 100 s. 1499.

Pour ustensiles de ménage pour les enfants de chœur, lits, couvertures, écuelles d'étain, draps, nappes, table.

INDULGENCES ET PARDONS

POUR LA CONSTRUCTION DE L'ÉGLISE.

Un légat du S.-Siége accorde des indulgences, en 1415, à ceux qui coopéreront à l'œuvre de l'église.

Eugène IV en accorde, en 1433, à ceux qui assisteront aux offices de la fête du S.-Sacrement et à la procession....

Nicolas V donne, en 1441, une bulle portant indulgences à ceux qui donneront pour *le parachèvement* de la nef, et, en 1451, une autre bulle portant indulgences à ceux qui visiteront dévotement l'église de Troyes pendant l'Octave de Pâques, et qui contribueront de leurs biens à l'achèvement de la dite église (2).

(1) *Pasques flories* : le dimanche des Rameaux. Les maîtres maçons ou architectes de l'église portaient eux-mêmes la châsse de Saint-Savinien.

(2) Dans la bulle de 1451, le pape mentionne la fondation de cinq gros pilliers, et proroge de trois ans le terme fixé pour acquérir les pardons.

L'évêque Louis Raguier publie des lettres latines le samedi avant la Toussaint, 1457, portant que différents ecclésiastiques transféraient les reliques et les châsses de Ste Marguerite et de Ste Hélène par toutes les villes du diocèse, où ils étaient reçus au son des cloches en vertu du mandement de Mons. l'évêque. Des indulgences sont accordées à ceux qui honoreront les reliques, et qui donneront une partie de leurs biens pour achever de bâtir la nef.

A cette pièce sont jointes des lettres latines du même jour, portant que les marguilliers prêtres de la fabrique certifient que les porteurs des lettres sont proviseurs de MM. de Saint-Pierre.

Pie II accorde des indulgences en 1461 à ceux qui assisteront l'église, et permet à MM. de Saint-Pierre d'élire 26 confesseurs de leur corps, auxquels il donne le pouvoir d'absoudre de tous les cas, même de ceux qui sont réservés au saint-siège, excepté les vœux des religieux (1). Les troncs sont ouverts en présence des commis à la recette des deniers de la chambre apostolique; le pape reçoit le tiers des offrandes.

Les *pardons* généraux procuraient au chapitre des sommes considérables que les proviseurs appellent *recepte extraordinaire*. Celui de l'année 1452 produisit plus de 1000 livres. Des copies en latin et en français étaient portées dans les provinces; des religieux prêchaient en Lorraine, en Picardie, aux diocèses de Nevers, de Reims, de Soissons et en Bourgogne; des milliers de pélerins visitaient la cathédrale de Troyes. Jean Belin, *miraclier*, fournissait des grosses de *miracles à mirouer* (2) qui étaient envoyés aux pieux donateurs. Jour et nuit, des confes-

(1) *Archives de l'Aube*, liasse 37, carton 25.

(2) *Miracles à mirouer* : médailles à miroir.

seurs et des prêcheurs remplissaient leur saint ministère; les *miracliers* vendaient des *miracles* grands et petits, des *enseignes* dorées de Saint-Pierre. Les prêcheurs recevaient en présent du vin de *Beaulne;* les gardiens et les miracliers étaient nourris en *pain, vin* et *chair* aux dépens de la fabrique. Des présents sont offerts en 1462 « au serviteur et familier de N. T. S. P. le Pape qui venait d'Allemagne le XXIII aoust; » le collecteur reçoit « ung brochet pour son disner et soupper », et « VI chappons à plusieurs foiz; » ses gens et ses chevaux sont nourris. M. le doyen de Chartres, revenant de Rome, apporte la bulle du Pape; le pardon est transcrit et enluminé. Jacques le tailleur est chargé de faire le tableau et les *panonceaux.* L'évêque de Langres, venant de Paris, loge à *l'ostel* du Dauphin, prêche à Saint-Pierre et reçoit en présent du vin de *Beaulne* (1).

ÉVÊQUES DE TROYES.

1400-1500.

Etienne de Givry, né dans le diocèse de Reims, au village de Givry, parvient, par ses talents et à l'aide de la famille des Dormans, à être *conseiller-clerc* au parlement de Paris. Préconisé à Rome le 24 juillet 1395, il prend possession solennelle du siége épiscopal de Troyes, le 2 octobre de la même année, en présence de l'archevêque de Sens et des officiers qui tenaient alors les Grands-Jours. Ce prélat remplit avec zèle plusieurs missions im-

(1) Registres 349, 350, 351.

portantes, accorde une prébende aux enfants de chœur de la cathédrale, visite les reliques de plusieurs saints qu'il appelait *ses saints protecteurs*, et meurt après un épiscopat de 31 ans, le 26 avril 1426. Il lègue à ses successeurs ses maisons de Paris, et 20 livres pour le paiement des ouvrages de la cathédrale. Sous son épiscopat, le 2 juin 1420, Henri de Savoisy, archevêque de Sens, bénit dans l'église de Saint-Jean de Troyes le mariage de Henri V, roi d'Angleterre, et de Catherine de France, fille de Charles VI.

La tombe d'Etienne de Givry, 74e évêque de Troyes, se voyait encore en 1779 dans le chœur, près de celle de Jean d'Auxois, comme il l'avait demandé. On y avait gravé l'inscription suivante :

Hic jacet excellentis memoriæ Stephanus de Givriaco Rhemensis quondam Trecensis episcopus qui postquam ann. 20. *Parisiis in regio parlamento sedit et in episcopali cathedra* 31 *gregem suum laudabiliter rexit, ætatis an.* 92 *spiritum reddidit Domino, an. dom.* 1426 *die april.* 26. *R. I. P.* (1).

Cet évêque portait pour armes d'argent à trois têtes de lion arrachées d'azur et lampassées de gueules (2).

Jean Léguisé, né à Troyes, devint de simple clerc chanoine et évêque. Il reçoit Jeanne d'Arc en 1429, après avoir fait rentrer le peuple sous l'obéissance de Charles VII, approuve et renouvelle les statuts recueillis par Jean Braque, en 1370, et rétablit l'abbaye de Larivour qui tombait en ruines. Le 9 juillet 1429, l'église cathé-

---

(1) *Voyage archéologique*, p. 171. — *Topographie historique du diocèse et de la ville de Troyes*, par Courtalon, t. I, p. 382.

(2) Le portail septentrional porte un écusson aux armes d'Etienne de Givry.

drale de Troyes est dédiée par Jean Léguisé sous les noms des apôtres saint Pierre et saint Paul. Le clocher s'élève, les chanoines et l'évêque donnent pour *l'euvre*. Jean Léguisé meurt à Paris le 3 août 1450, après avoir obtenu des lettres de noblesse du roi Charles VII, et après avoir puissamment contribué à l'abolition de la fête des *Fous* et de celle de l'*Ane* (1). Le corps de cet illustre prélat fut déposé dans la chapelle du Sauveur, sous une grande pierre recouverte d'une lame de cuivre. L'épitaphe était ainsi conçue :

Cy gist le corps de feu tres prudent et tres noble sieur monsieur M. I. Lesguisé, jadis evesque et né à Troyes, laquelle evesché il govverna honorablement par 24 *ans jusqu'au* 3 *aoust* 1450 *qu'il trespassa à Paris, dont le corps fut amene tout entier cy dessous inhume* (2).

Jean Léguisé portait pour armes d'argent, à la face de gueules, ainsi qu'on le voit à la vitre de la rose du nord (3).

Le chapitre permit à Nicolas Léguisé, marchand, demeurant à Troyes, de faire construire un caveau dans la chapelle du Sauveur, proche la tombe de son père. Tous les membres de cette famille y furent inhumés depuis 1480.

Louis Raguier, chanoine de Paris, conseiller au parle-

---

(1) *Topographie historique*, p. 387.

Chassée de l'église en 1435 et en 1439, la fête des Fous y rentra cinq ans après ; Mgr l'évêque et quelques chanoines ne furent pas même épargnés dans le joyeux spectacle qui la suivit. Le roi Charles VII, par ses lettres-patentes, supprima toutes ces fêtes vraiment profanes. *Collection Sémillard*, bibliothèque de Troyes.

(2) *Voyage archéologique*, p. 175.

(3) Et au portail septentrional.

ment, doyen d'Auxerre, abbé de Montier-la-Celle, succède à Jean Léguisé et fait, peu de temps après, la translation des reliques de saint Lupien, de saint Frobert et de sainte Syre. Il continue les travaux de la nef, les pousse jusqu'à la troisième chapelle, et fait construire près de la porte méridionale la *librairie* ou bibliothèque. L'église de Troyes doit à sa munificence plusieurs verrières, un orgue et quatre grandes pièces de tapisserie qui représentaient plusieurs sujets de la vie de saint Pierre et les figures des évêques canonisés de Troyes (1). Louis Raguier abdique en 1483 en faveur de son neveu; mais Jean Verne, trésorier de l'église de Lisieux, obtient le titre de coadjuteur de l'évêché de Troyes. Louis Raguier s'y oppose et ne meurt qu'en 1488, après avoir vu Jacques Raguier sur le trône épiscopal. Il fut inhumé dans le chœur, proche du grand autel, sous une grande tombe de cuivre, avec cette épitaphe :

Cy git R. P. en Dieu noble sieur Messire Louys Raguier, evesque de ceste eglise, du temps du tres chrestien et victorieux prince Charles, roy de France, 8e de ce nom, fut son conseiller en sa cour de parlement et depuis fut président en la chambre de la justice des aides a Paris, lequel trespassa le dix neufviesme d'aoust 1488. *Dieu en ait l'ame.*

Les Raguier portaient pour armes, d'argent au sautoir de sable cantonné de 4 perdrix de gueules.

Jacques Raguier, neveu de Louis, gouverne son église avec le zèle d'un bon pasteur, et poursuit avec ardeur les

(1) Ces quatre pièces furent données à l'église en 1463 pour décorer le chœur. Le nom du donateur se lisait au bas de chaque tapisserie en lettres d'azur; le millésime était écrit en lettres rouges. La négligence des hommes a détruit ces beaux ornements en 1765.

travaux de la cathédrale. Il fait placer, le 17 mai 1492, une statue colossale de saint Michel sur le sommet du pignon de l'église. A cette époque, la cathédrale ne s'étendait pas au-delà : un grand mur, dans lequel était ménagée une porte, servait de clôture à l'occident. Le puits, proche du quatrième pillier, sous le premier bas-côté, à droite, ne fut creusé qu'en 1506, par ordre du chapitre, pour le service des ouvriers qui devaient travailler au grand portail (1). Pierre le Rouge imprime pour la première fois, en 1483, le *Bréviaire* à l'usage du diocèse de Troyes. Nicolas Ludot, papetier, fait imprimer à Paris, en 1497, le *Missel Troyen*. Pigouchet publie, trois ans après, les *Heures à l'usaige de Troyes* (2).

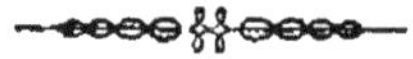

DOYENS DU CHAPITRE

DE L'ÉGLISE CATHÉDRALE DE TROYES.

1400-1500.

Martin Héliot, 1395, abdique en 1416, et meurt en 1421.

Guillaume I de Neufchâteau, 1416-1427.

Jean III de Foissy, 1427-1430.

---

(1) L'évêque Jacques Raguier prolongea la nef d'une fenêtre en faisant construire le portail occidental.

(2) *Archives curieuses de la Champagne et de la Brie*, 1853, p. 96.

Jean IV de Pougeoise, 1430-1448, inhumé à la cathédrale.

Jean V Crassi, 1448-1449.

Etienne II Plaisance, 1449-1450, professeur en droit dans l'université d'Orléans.

Nicolas I de la Place, 1450-1488, abbé de Montier-la-Celle, inhumé à la cathédrale.

Nicolas Coiffart, 1488-1494, inhumé dans la nef de la cathédrale.

Nicolas III le Bacle, 1494.

DONATEURS ET BIENFAITEURS.

Les registres de l'œuvre de l'église de Troyes citent un nombre vraiment prodigieux de noms de donateurs et de bienfaiteurs. Au xve siècle, la foi pouvait encore créer ces merveilles de l'architecture dont nous ne serons plus que les admirateurs. Les riches et les pauvres, les bourgeois et les pauvres *servantes* donnaient de beaux deniers et laissaient toujours en mourant quelques sous et même quelques vêtements. Ces âmes candides croyaient par leurs aumônes attirer sur elles la miséricorde de celui qui ouvre les cieux aux hommes bienfaisants. Les verrières portent encore des inscriptions qui rappellent cet heureux temps où la maison de Dieu se trouvait splendidement décorée par les pieux fidèles du diocèse.

Au bas de la quatrième fenêtre de la nef, à droite, on lit :

François de Marisy et damoyselle Guillemette Phelipe, sa femme, ont donné ceste verriere en l'honneur de Dieu et de sainct Pierre lan mil CCCC IIII[xx] et XVIII.

Cette verrière, de la plus grande magnificence, représente l'*Arbre de Jessé*. Les donateurs y sont avec leur famille et leur écu armoirié.

Plus loin, au bas du vitrail de la cinquième fenêtre, on lit :

Maistre Jehan Huyard, chanoine de ceste église (1), *et Guillaume Huyard, avocat du roi à Troyes, escuyer, maire de ceste dicte ville et mareglier de ceste dicte église, ont fait mettre ceste verrière lan mil IIII*^{c} *IIII*^{xx} *et XVIII.*

Le peintre-verrier a représenté sur cette verrière les saints honorés à Troyes et plusieurs personnages de l'Ancien Testament. Jean Huyard fit encore faire plusieurs verrières à ses frais, et laissa une somme considérable pour la *décoration de l'église*. Son exemple fut suivi par plusieurs membres de sa famille.

Au bas du vitrail de la première fenêtre, on lit :

Jehan Avart, marchant, demourant à Troyes, et Marguerite, sa femme, ont donné ceste verriere... lequel trespassa le XIIIe *iour de septembre, lan mil IIII*^{c} *IIII*^{xx} *et XIX. Priez Dieu pour eulx.*

Les donateurs occupent les deux derniers panneaux et sont représentés agenouillés devant un prie-Dieu. La verrière est consacrée à l'*Histoire de Daniel.*

Au bas de la deuxième fenêtre, on lit :

Agine de F..... femme de Jehan Thevenot, en son vivant escuyer et notaire royal à Troyes, a donné ceste verriere lan mil IIII^{c} *IIII*^{xx} *et XIX. Priez Dieu pour elle.*

Agine est représentée à genoux, les mains jointes, avec

---

(1) Et curé de Saint-Nizier. — Duhalle, *Mémoires historiques*, t. II. (Archives de l'Hôtel-de-Ville.)

un gros chapelet d'or pendu à sa ceinture. Cette verrière est consacrée à l'histoire touchante de Joseph (1).

Les vitres de la quatrième fenêtre ont été données à la cathédrale par Jean Fréminet, marchand et bourgeois de Troyes, et par *Denisette*, sa femme, qui y ont fait peindre toute l'*Histoire de Tobie*. Au bas de la fenêtre on lit :

Jehan Fréminet, marchand et bourgeois de Troyes, et Denisette, sa femme, ont donne ceste verriere en lan mil CCCCC. Priez Dieu pour les trespassez.

Parmi les autres donateurs, on peut surtout citer les évêques Etienne de Givry, Jean Léguisé, Louis Raguier et son neveu. Le *beau portail* du nord porte des écussons aux armes des deux premiers évêques, et ceux des Raguïer se distinguaient surtout dans les cinq chapelles de la nef, comprises entre le portail méridional et la tour Saint-Paul (2).

La ville, quoique chargée d'impôts, voulut aussi contribuer à l'*achèvement* de la cathédrale; elle donna 120 livres pour l'*érection de la deuxième volte*, dont la clef fut ornée de ses armes. M. le grand archidiacre de Refuge, le roi et monseigneur l'évêque versèrent de beaux deniers pour trois autres voûtes. Longtemps avant ces grands travaux, N. Tetel avait fait tailler *ung ymaige* (3) de saint Nicolas pour l'ornement du beau portail. De pieux marchands avaient payé la statue de saint Michel (4).

---

(1) *Voyage archéologique*, p. 142.

(2) *Voyage archéologique*, p. 135.

(3) *Ymaige :* statue.

(4) Registres 350, 356.

PRINCIPAUX FAITS DE L'HISTOIRE DE TROYES.

1400-1500.

1409. Plusieurs bourgeois de Troyes intentent un procès à leurs curés coupables d'exactions.

1412. Le jour de la Chandeleur, quelques notables font jouer à sainte Madeleine le *jeu et les fraudes de saint Siméon* (1).

1417. Henri V, roi d'Angleterre, triomphe à Azincourt; le duc de Bourgogne, s'empare de la ville de Troyes et y amène l'odieuse reine, Isabeau de Bavière. Celle-ci crée un nouveau parlement dont Eustache Delaistre devient le chancelier.

1419. Quelques jours après la fête de Pâques, des échafauds sont dressés dans la cour de l'évêché *pour les jeux de personnaiges de la Résurrection de Notre Seigneur devant la royne et M. de Bourgoigne* (2).

1420. Le 28 mars, le nouveau duc de Bourgogne arrive à Troyes avec une suite nombreuse et prète au roi foi et hommage pour tous ses Etats.

Le 9 avril, le faible Charles VI signe les préliminaires d'une paix honteuse qui exclut son fils du trône.

Le 20 mai, Henri V, roi d'Angleterre, arrive à Troyes, accompagné des ducs de Glocester et de Clarence, ses frères, et suivi d'une armée de sept mille hommes d'armes. Le duc de Bourgogne le conduit à l'hôtel qui lui est destiné, *audessoubs de l'esglise sainct Jehan*.

---

(1) Registres de Sainte-Madeleine.

(2) Registre 345.

Le jour même de la Trinité, le 2 juin, Henri épouse *madame* Catherine dans l'église *parochiale*. Henri de Savoisy, archevêque de Sens, leur donne la bénédiction et met sur le livre treize nobles pour treize deniers. A l'offrande, avec le cierge, les nouveaux époux offrent chacun trois nobles et en donnent à l'église deux cents. A la suite de cette cérémonie *feurent les soupes au vin faictes en la magniere accoustumee et le lit beni*. Le fameux traité de Troyes, par lequel l'imbécile Charles VI rendait la France sujette du roi d'Angleterre, avait été signé le 21 mai (1).

1422. Le duc de Bedfort épouse à Troyes Anne, sœur du duc de Bourgogne, et « célèbre des fêtes magnifiques. »

1429. Charles VII, vainqueur des Anglais, et se rendant à Reims, se présente devant la ville de Troyes, accompagné de Jeanne d'Arc. Les partisans des Anglais veulent résister, mais l'évêque Jean Léguisé fait rentrer les habitants sous l'obéissance de leur roi légitime. Charles VII entre à Troyes par la porte du *Belfroy*, le 8 juillet (2).

1431. Le duc de Bourgogne veut surprendre la ville pour la livrer aux Anglais; son confident, Pierre d'Aroncières, est arrêté et mis à mort.

1437. La peste, la famine et les incursions des soldats mécontents et indisciplinés, connus sous le nom d'*écorcheurs*, désolent la ville de Troyes et les villages qui l'environnent.

1444. Le dauphin se rend à Troyes pour rejoindre

(1) *Topographie historique du diocèse de Troyes*, par Courtalon, t. I, p. 83.

(2) *Archives curieuses de la Champagne et de la Brie*, p. 59.

une armée de 30,000 hommes qui marche contre les Suisses.

1452. La ville de Troyes fait représenter une *moralité à personnaiges* pour le succès des armes de Charles VII en Guienne (1).

1458. L'official de Troyes prononce une sentence d'excommunication contre les *Hurebecs* (2).

1461. Charles le Téméraire passe à Troyes à son retour du sacre de Louis XI. Les chanoines montent à cheval pour accompagner le cortège.

1470. Troyes commence à jouir de l'établissement de la commune et de l'échevinage (3).

1479. Jean de Salazar, venu de l'Espagne pour offrir son épée au roi Louis XI, meurt à Troyes. Son corps est transporté au couvent de Macheret, près Saint-Just. Son frère Tristan de Salazar, archevêque de Sens, passe l'année suivante à Troyes, à son retour de la Suisse, où il remplissait les fonctions d'ambassadeur. Les habitants le reçoivent avec magnificence.

1482. La ville entière assiste au glorieux *Mystère de la Passion* de N. S. J. C. Des hommes gardent les portes de Beffroy, de Croncels, de Saint-Jacques, de la Madeleine et de Comporté (4).

---

(1) Archives de l'Hôtel-de-Ville.

(2) *Hurebecs :* sorte d'insectes, chenilles de vigne. *Archives de l'Aube*, Manuscr. 33.

(3) Archives de l'Hôtel-de-Ville.

(4) *Sainctelé chrestienne*, par N. Desguerrois, p. 397. — *Recherches sur le Théâtre à Troyes au* XV*e siècle*, par Théophile Boutiot.

1483. Pierre Lerouge imprime à Troyes un *Bréviaire à l'usage du diocèse.*

— Jean Laffiley, roi des *arbalestriers,* reçoit 100 sous du voyeur pour avoir abattu l'oiseau appelé le *Papeguay* (1).

1485. Des religieux et des bourgeois jouent le mystère de la vie de Monseigneur saint Loup. Cinq ans après, le manuscrit de la Passion est acheté par Messieurs de la ville, moyennant 50 livres. Pierre Clerembault relie les trois précieux volumes et les met en ordre (2).

1486. Charles VIII entre à Troyes le 13 mai « au son des clairons et des trompettes », sous un dais de drap d'or, dont les coins étaient portés par les échevins en robe d'écarlate. La recepte du *compte pour la venue du roy* s'élève à 6970 livres 13 sous 11 deniers; les *jeux, misteres* et *esbattemens* coûtèrent 284 livres 15 sous. Vingt-cinq hommes vêtus en sauvages jetaient de *l'erbe* devant le roi; les vins de *Beaulne,* de *Bourgongne,* de *Bar-sur-Aulbe,* de *Bar-sur-Seine* furent présentés à MM. les princes du sang et à MM. du conseil du roi.

Le roi Charles, satisfait de l'affection de ses sujets, exempte la ville de toutes tailles et accorde de grands privilèges pour les deux foires. Le tabellion de la cour ecclésiastique *translate de françois en latin les lettres d'octroy des deux foires pour les envoyer es allemaines.* Le compte de Jehan Hennequin constate l'établissement d'une imprimerie.

« A l'imprimeur pour ses peines d'avoir imprime v[c] copies des dictes lettres comprins cinq sols pour le vin de

(1) Archives de l'Hôtel-de-Ville.

(2) Idem.

la marchandise par marche fait a luy » (1) vi[l] xi[s] viii[d].

1492. Guillaume Lerouge imprime les *Postilles et expositions des espitres et euvangilles dominicales*, et quatre ans après *Privilegia et indulgentie fratrum minorum et predicatorum* (2).

1498. Messire Jehan Royer, prêtre, reçoit 12 livres pour faire *cors et tuyaux pour jeter vin par les playes dung Dieu pour servir au mystère* de l'entrée de Louis XII. Huit ans auparavant, frère Nicole Molu, prêtre jacobin, avait reçu 20 livres pour avoir joué pendant sept ans le *personnaige de Jésus* (3).

---

(1) Archives de l'Hôtel-de-Ville. Quel était le nom de cet imprimeur? Je l'ignore, mais ce compte prouve l'existence d'une imprimerie dès l'année 1486.

(2) *Archives curieuses de la Champagne et de la Brie*, p. 96.

(3) Archives de l'Hôtel-de-Ville. — *Recherches sur le Théâtre à Troyes au* XV*e* *siècle*.

TABLE DES MATIÈRES.

II.

TYP. BOUQUOT. — TROYES.

COMPTES

DE LA

FABRIQUE DE L'ÉGLISE SAINT-JEAN

DE TROYES.

COMPTES

DE LA

FABRIQUE DE L'ÉGLISE SAINT-JEAN

DE TROYES,

SUIVIS

DE PIÈCES CURIEUSES ET INÉDITES

et d'une

NOTICE SUR LES MÉMOIRES HISTORIQUES DES ANTIQUITÉS
DE LA VILLE DE TROYES PAR LOUIS DUHALLE.

TROYES.

BOUQUOT, LIBRAIRE-ÉDITEUR, RUE NOTRE-DAME, 43.

MDCCCLV.

Tiré à 102 exemplaires numérotés :

96 sur papier vergé,
6 sur papier de couleur.

N° 52

A MONSIEUR L'ABBÉ BEAUSSIRE,

Vicaire de Saint-Jean,

EN TÉMOIGNAGE

DE MON AMITIÉ RESPECTUEUSE.

ALEXANDRE ASSIER.

AVERTISSEMENT.

En publiant ces fragments de pièces curieuses conservées aux archives de l'Aube, je ne me suis point proposé de donner la monographie de l'antique église de Saint-Jean. Dans une ville dont les bibliothèques se sont enrichies de splendides ouvrages archéologiques, ne serait-il pas téméraire d'entreprendre un travail sur nos belles églises? Et pourtant ces monuments religieux, dont l'histoire semble écrite par Courtalon, dont les beautés ont été reproduites par la lithographie, n'ont pas encore toute la célébrité qu'ils méritent. Il faut avoir fouillé les registres des marguilliers pour comprendre ce que c'était qu'une église au XVIe siècle, et ce que pouvait alors enfanter la foi de nos pères. Tout jeune archéologue qui visitera nos églises, n'ayant pour guides que Louis Duhalle et Courtalon, ne pourra que se fourvoyer. Qu'il consulte les registres que je signale, il lui sera facile de relever les graves erreurs de nos historiens et d'écrire une toute nouvelle histoire.

Pour moi, je me contenterai de lui donner quelques

notes extraites des comptes d'une église célèbre par son importance historique et par la magnificence de sa décoration. Ces petits fragments pourront l'initier aux recettes et aux dépenses des marguilliers, lui révéler les noms de quelques peintres-verriers et ceux de quelques autres artistes dont les chefs-d'œuvre méritèrent, à la vieille capitale des Thibaut, le glorieux surnom de *Rome des Gaules*. Un *discours* de M. Louis Duhalle lui prouvera que l'église de Saint-Jean fut de bonne heure la paroisse des bourgeois, des changeurs et des marchands, et qu'elle doit beaucoup à leur munificence. Ses *joyaux* sont moins nombreux et moins riches que ceux de Sainte-Madeleine; mais son maître-autel a été construit avec les offrandes des paroissiens, Girardon a sculpté les ornements du tabernacle, Mignard a peint le *Baptême de Notre Seigneur* et le *Père éternel*. Ses vénérables curés, presque tous docteurs en théologie, siégeant quelquefois au parlement de Paris, « étaient tenus d'avoir toujours dix prêtres à leur service. »

Je termine en remerciant M. D'Arbois de Jubainville, de m'avoir prêté le guide précieux de ses lumières, et en me recommandant à l'indulgence du lecteur dans les termes employés par un imprimeur dijonnais au XVIe siècle : *Tu prendras en grey, s'il te plaît, et à Dieu.*

ALEXANDRE ASSIER.

Troyes, 29 août 1854.

COMPTES

DE LA

FABRIQUE DE L'ÉGLISE SAINT-JEAN DE TROYES.

XVe SIÈCLE.

1441.

Lan mil quatre cens quarente et ung, le mercredi IIIe *jour de may, en la presence de venerable et discrete personne maistre Estienne Grappin, cure de leglise parochiale de Sainct Jehan au marche de Troyes, et de honnorables hommes et saiges Jehan le Tartrier, Guillemin de Pleurre, Colin Pricart et Pierre le Beufz, tous parrochiens de la dicte eglise, furent presens Colot Juilliot et Jehan Huet, marregliers de la dicte eglise, lesquelz ont monstre au susdit venerable et parrochiens, par declaracion, les biens appartenans a la fabrique de la dicte eglise, en la maniere qui sensuit* (1) :

Premiers :

En soixante escus dor viez au poix de trante solz tournois la piece, montent a xc l.

---

(1) Archives de l'Aube, registre 517.

Item trante six escus dor neufz a XXVII s. VI d. la piece, montent a XLIX l. X s.

Item deux nobles dAngleterre a deux escus dor la piece, montent a CX s.

Item deux viez moutons dor au pris de LXV s.

Item trois frans dor viez, deux a cheval, et ung a pie, au pris de IV l. V s.

Item ung ducat, au pris de XXVI s. VIII d.

Item ung escu dor de Tournay, au pris de XXIII s. IV d.

Item ung pietre dor, au pris de XX s.

Item ung bichelet dor, au pris de XI s. VIII d.

Item en monnaie courant blanche, XVIII l. XV s.

Item deux mars et demi dargent brise fin achette par les dits marregliers, XVIII l. V s.

Item douze mars dargent appartenans a la dicte fabrique, lesquelz ont ete laissez par le testament de feu Me Jehan Chappelier, pour employer a faire deux ymaiges, lung de saint Jehan, et lautre de Notre Dame, et a este delibere de ne faire quung saint Jehan, et a este marchande a Jehan Garnier, orfebvre, pour la facon, sans lor qui convient pour le dorer, la somme de quarente livres.

Suivent des *draps de lit, des nappes de chanvre, des oreillers, des chaudrons, des tasses, des robes, des chapperons* et autres objets laissés à la fabrique par les paroissiens, pour subvenir aux frais de l'eglise.

Receptes *faictes a cause de la dicte fabrique, depuis le mercredy* IIIe *iour de may mil quatre cens quarente et ung, tant pour les dimenches comme aux festes annuez, confrairies et autres festes, en la maniere qui sensuit :*

Premiers :

Le dimenche ensemble le VIIe jour du dit mois, de la

femme Perrin Truchot et ses voisines, qui ont quis le pain benoist, xx s. x d.

Item receu le jeudy ensemble xxv du dit mois, jour de lAscension, a la table des reliques, v s. x d.

Item le dimenche IV juing, jour de la Panthecouste, par la femme Regnart et ses voisines, XXII s. VI d.

Item receu le dit jour a la table des reliques XIII s. IV d.

Item receu le mardi jour de la S. Claude, fut prins par les confreres de la *confrairie* du dit *S. Claude*, XXI cierges a XV d. la piece, valent XXVI s. III d.

Item receu pour la moitie de lofferande du bastonnier, v d.

Item receu le jeudi de la Feste Dieu a la table des reliques, VI s. VIII d.

Item receu le dit jour de lofferande des bastonniers de la *confrairie de Jhesus* et de la *confrairie des bouchers*, XIV s. II d.

Item receu le samedi XXIV du dit mois, jour de feste de S. Jehan, a la table des reliques, XXXVI s. VIII d.

Item receu le dit jour la moitie de lofferande du bastonnier des *tanneurs*, VI s. x d.

Item le jour de la feste S. Eloy fut la *confrairie des marechaux*, et a offert le bastonnier une torche.

Item receu des cierges des dites confrairies des *tanneurs* et des *marechaux*, XII l. de cire.

Item receu le mercredi XV du dit mois, jour de lAssumption N. D., my aoust, a la table des reliques, XI s. III d.

Item receu le jour de la feste de la decolation de mons. S. Jehan a la table des reliques, II s. IV d.

Item receu pour les cierges de la *confrairie de la dite decolation*, XXX s. x d.

Item receu pour lofferande du bastonnier le dit jour, x d.

Item receu le dimenche x septembre, de la femme Pierre le Beufz et ses voisines, XXXVII s. VI d.

Item receu le mercredi jour de Toussains a la table des reliques, XXXIII s. IV d.

Item receu le dimenche XII du dit novembre, par la femme de M. le lieutenant et ses voisines, XIX s. II d.

Item receu le lundi jour de la dedicace de la dite eglise a la table des reliques, VII s. XI d.

Item receu le lundi jour et feste de Noël a la table des reliques, XL s. X d.

Item receu le mardi jour de S. Estienne, de la bonne femme qui quiert la torche a commenier, XXV s. X d.

Item receu le lundi XV jour de janvier, jour de feste de *S. Mor*, a la table des reliques, V s.

Item receu le dit jour de lofferande du bastonnier de la *confrairie du dit S. Mor*, IV s. II d.

Item receu le vendredi jour du grant vendredi, tant a la table des reliques comme au paradis, XLVI s. VIII d.

Receu le dimenche I jour davril et feste de Pasques mil IIII^{c} XLII, a la table des reliques, IV l. V s.

Item receu le dimenche VIII du dit mois, par la femme qui quiert la torche a commenier les malades, XVI s. VIII d.

Aultre recepte faicte par les dits marregliers pour la dicte fabrique, depuis le* III *may mil* IIII^{c} XLI, *tant a cause des enterraiges, comme des nos et des laiz, en la maniere qui sensuit :

Premiers :

Receu de Jacquinot Berthier, pour ung enffent mis en leglise le IV du dit mois, III s. IV d.

Item receu de Huguenin Fouacier, pour ung enffent mis en leglise le VI du dit mois, III s. IV d.

Item pour ung no pour le filz Robin Louys, le XI du dit mois, x d.

Item receu dung coustellier de la rue Moyenne, pour ung enffent qui este mis en leglise, II s. VI d.

Item receu de Adam Lesguilette, pour ung no a une poure femme, XV d.

Item receu de la robe feu Jehan le Tartrier, laquelle a ete vendue a leglise au plus offrant et dernier enchereur, XIII l. XV s.

Item receu de Jehan le Clerc, pour ung enffent mis en leglise le jour du XVII novembre, III s. IV d.

Pierre le Beufz a este mis en leglise a tout ung no, et a laisse a leuvre pour son inhumation ung *messe* en quayers non enlumine, parmi ce que la dicte euvre sera tenue de faire dire et chanter IV anniversaires seulement pour le remede de son ame quant il plaira aux parens des executeurs du dict deffunt.

Item receu de Pierre Oudot, escripvain, pour ung enffent mis en leglise le XXI de decembre, II s. VI d.

Item receu du jeune Boyau, boutonnier, pour pareille cause, II s. VI d.

Item receu de Rolet le barbier, pour pareille cause, le XV[e] jour de janvier, II s. VI d.

Item receu pour la vendue dung chapperon rouge, x s.

Item receu de Jehan de Ricey, pour ung enffent mis en leglise le x daoust, II s. VI d.

Item receu pour le lais faict a la torche a commenier, VI d.

Rentes et censives dehuez a la fabrique de la dicte eglise, a cause des* IV *anniversaires qui se chantent pour feux Jehan Bonnot, escuier, et pour damoiselle Babelon la bonnette sa femme.

Jehan de Creney, boucher, doit au jour et feste de S. Loup et S. Gile, pour demi-arpent de vigne, x s. II d.

Pour demi-arpent de vigne, x s.

Pour quartier de vigne, v s. i d.

La femme et les heritiers de feu Colot dAubeterre donnent le jour et feste de S. Loup et S. Gile, pour demi-arpent de vigne, x s. ii d.

Jehan dAsnieres doit au jour et feste S. Loup et S. Gile, pour demi-arpent de vigne, x s. ii d.

Jehan dEssoyes, tanneur, pour demi-arpent de vigne et trois quartiers, xxv s. ii d.

Jacquinot Arnoul, courtepointier, doit pour demi-arpent de vigne, x s. ii d.

Despences. ***Argent paye pour la despense de lymaige de S. Jehan.***

Premiers :

Paye a maistre Pierre Trubert, pour avoir faict trois patrons pour faire le dict ymaige, deux en pappier, et ung de bois, et daccord fait a luy pour ce, lx s.

Item paye a Jehan Garnier, pour avoir fait le dit ymaige de S. Jehan, xxxvi l.

Item pour despens fait en lostel du dit Jehan Garnier, par luy, Nicolas Cherny et les dits marregliers, pour lespasse de deux journees a dorer le dict ymaige, xx s.

Item pour xiiii tresiaux et iii quars dor fin pour dorer le dict ymaige a xxx s. le tresiau, montent a xxii l. ii s. vi d.

Despences et mises faictes a cause de la dicte fabrique, par les dits marregliers.

Premiers :

Paye le lundi viii de may, pour deux faiz *derbe*, a cause des processions en la dicte eglise, v d.

Item paye le jeudi de lAscension, pour *glais* semez aval leglise, v d.

Item paye pour le jour de la Panthecouste, pour glais mis aval la dite eglise, et pour IV chappiaulx pour le coulon, II s. VI d.

Item paye pour XXI chappiaulx, le jour de la Feste-Dieu, X s. II d.

Pour glais, IV d.

Pour le menestrier de la confrairie de Jhesus, II s. VI d.

Item paye pour une torche a commenier pesant II l. de cire, VIII s. II d.

Item le samedi XXIV juing, jour de feste S. Jehan, pour *herbe*, VIII d.

Item paye a Felisot le Clerc, pour demye-annee davoir tendu la tapisserie.

Item pour II quartes de vin envoyees au prescheur qui fist le sermon de la dicte feste, III s. IV d.

Item paye pour une quarte de vin envoyee au prescheur de la decollation du dit S. Jehan, XX d.

Item paye a Jehan Oudot, huchier, pour trois grands *nos* neufs, XXX s.

Item paye a Michelet le verrier, le II jour doctobre, pour avoir oste VI panneaux des verrieres et les appareillees, et les avoir remis en leur place, XXX s.

Item pour le XIX du dit mois, aux chappelains et clercs, pour avoir dit un anniversaire pour feu Pierre le Beufz, XXV s. VIII d.

Item a Jacquin Lecointe, pour XII l. de cordes pour la grosse cloche et lune des moyennes, et une corde pour le poix, X s.

Item paye pour estrain pour la veille de Noël, pour semer aval leglise, XX d.

Item paye le jour des brandons, aux clercs, pour boucher les saints, x s.

Item paye a Michelet le verrier, pour avoir remis a point III penes et rebouche plusieurs pertuis es verrieres en la dicte eglise, le jeudi apres les brandons, xxx s.

Item pour le disner faict en quaresme a M. le cure, les chappelains, clercs et aultres frequentans leglise, tant en poisson, comme en pain et vin, LVI s. VIII d.

Item paye pour le grant jeudy, pour clos, espingles, pour faire le paradis, xv d.

Item paye a Jehan le chasublier, pour avoir fait tout a neuf les diacre et sous-diacre de la messe S. Jehan, et aussy les diacre et sous-diacre de *Requiem* et la chasuble, et tous doublez de sa toille neufve, IV l. x s.

Item paye a maistre Pierre Trubert, pour avoir vacque pour plusieurs fois a mettre a point les orgues de leglise et avoir faict plusieurs ymaiges dor moulu au pie de lymaige S. Jehan, XXII s. VI d.

Item paye a Me Gile Colerne, pour une annee davoir joue des orgues, C s.

Item paye a lescripvain, pour avoir escript deux prosez et notteez, v s.

XVIe SIÈCLE.

1508-1509.

Compte de leuvre de leglise parrochiale de Mons. Sainct Jehan au marche de Troyes, rendu par nous Denis Bellault, Pierre le Be et Christofle Chevalier, marregliers, commis et esleuz en assemblee generale faicte au son de la cloche, par venerables et discretes personnes messires Jaques Colet, maistre Nicole Chifforey, Nicole Angelot, Pierre Gousteau, prebtres, mons. lesleu Saulnier, Jehan le Tartrier, Nicolas le Peleterat, Francois Perrignon, Jehan Menisson, et plusieurs autres paroissiens de la dicte parroisse, pour ung an commancant le lendemain de feste S. Remy chef doctobre mil cinq cens et huit, et finissant a pareil jour lan revolu mil cinq cens et neuf.

Et premiers :

RECEPTE *des remanenses et debtz a recevoir des annees precedentes.*

Receu de Jehan, marchant, la somme de sept livres tournois quil devoit a la dicte eglise pour le loyage de la maison, ou pend pour enseigne *lautre monde,* seant en la rue des Buchettes, appartenant a la dicte eglise, VII l.

. . . .

Autre Recepte touchant la Messe de la Croix.

. . . .

Autre Recepte faicte touchant les censives et coustumes dues a la dicte eglise au jour de feste S. Martin diver es lieux de Droup Saincte Marie, Droup Sainct Basle, Sainct Oulf et Chastres.

. . . .

Sensuivent autres remanenses qui deues estoient du temps de Jehan le Tartrier, Jehan Bury et Nicolas Bouillerot, jadiz marregliers.

Et premiers :

Rue Notre Dame.

Receu de Nicolas Journee, pour le nod de sa femme inhumee aux Jacobins, quelle emporta, et pour deux de ses enfans inhumez en la dicte eglise Sainct Jehan, devant Notre Dame de pitie pour tout, xx s.

Item receu de Perrin de la porte pelletier, pour ung enfant inhume a S. Jehan, II s.

La Grant Rue.

Item receu de Pierre Potier, libraire, pour ung enfant inhume a Sainct Jehan, II s.

Item receu de la vefve Estienne Ladvocat, pour le nod de son dit mary inhume a Notre Dame, xx d.

La rue Moyenne.

Item receu de Christofle Darrentieres, bourcier, pour ung enfant inhume en la dicte eglise, II s.

Item receu des heritiers de la mere de la vefve Colin le Coq, inhumee a Notre Dame, pour le nod, xx d.

La rue du Temple.

Item receu de Denis la tresse, peletier, pour deux enfans inhumez en la dicte eglise, pres lautel des merciers, x s.

Item receu de Jehan de Bar sur Aulbe, pour le nod de son serviteur inhume a Notre Dame, xx d.

La Corderie (rue du Sauvage).

Item receu de Jehan Rolant, espinglier, pour ung enfant inhume en la dicte eglise, II s. VI d.

Item receu de Girard de Serceul, basannier, pour ung enfant inhume en la dicte eglise, II s. VI d.

La Grant Tannerie.

Item receu de Petit Jehan Jaquetet, servoisier, pour ung enfant, II s. VI d.

Les Massecreries (rues de la Pie et des Bons-Enfants).

Item receu de Pierre Cassemiche, pour ung enfant, II s. VI s.

Item receu de Jehan la ratte, pour ung enfant, II s. VI d.

Torvoye.

Item receu de Francois Oudot, parcheminier, pour deux enfans, V s.

Item receu de Didier Ysambert, papetier, pour ung enfant, II s. VI d.

Sensuivent ceulx qui ne sont point de la paroisse.

Sensuivent autres remanences du temps de Claude Bury, Jehan Bury dit Leschicault, et Jehan Alard dit de Grantmont, jadiz marregliers.

Item receu de Lyonnet Houssey, libraire, pour ung enfant, V s. [Grant Rue.]

Item receu dEstienne dAuxerre, orfebvre, pour le nod de sa femme quelle emporta, et pour le laiz, inhumee en la dicte eglise pres lautel de Toussaints, XLV s.

Item receu de Jehannet Pince-beuf, pour ung enfant, II s. VI d.

Autre recepte faicte en lan present commancant le lendemain sainct Remy chef doctobre mil cinq cens et huit, et finissant au jour de la Dedicasse de la dicte eglise mil cinq cens et neuf.

Et premiers :

[Loyages de maisons, preys.]

Autre *recepte* touchant les *cinq arpens des vignes* du champ de la potence.

Autre *recepte.*

Receu de Lambert Robert, boucher, pour le loyaige dun estal a vendre chair, estant en la seconde rangee de la boucherie de Troyes, et faisant le premier estal du costel de la rue N. D., pour ung an, VI l.

Item receu de Huguotte la chandeliere, la somme de X liv.

quelle doit chascun an a leuvre de la dicte eglise, a cause de son office de chandeliere, pour ce pour une annee au jour de Pasques, x l.

Autre recepte faicte chacun dimanche et festes solennelles de lan pour la dicte euvre, par les femmes qui quierent la dicte euvre.

Item receu le XXIII du mois doctobre, a este queste aux nopces dune espouzee, III s.

Item receu le mercredy jour de Toussains, premier jour de novembre, de la fille Jehan de Mesgrigny, XXII s.

Item le dit jour, au bureau, la somme de XXXI s. IIII d.

Item receu le jour S. Jehan levangeliste aux relicques, X s.

Autre *recepte* touchant la *messe des trespassez*, dicte en la dicte eglise chacun mardi de lan, et se queste par une bonne femme chacun dimanche, les bons jours et le jour des ames.

Autre *recepte* touchant la *messe S. Sebastien*, dicte en la dicte eglise chacun samedi de lan, laquelle se quiert par une bonne femme, chacun dimanche, les bons jours et le jour de S. Sebastien.

Autre recepte touchant les confrairies de la dicte eglise.

Et premiers :

Receu des cierges des confreres de la confrairie M. S. Edme, qui fut le XV[e] novembre, IIII l. VIII s.

Item receu des confreres de la confrairie N. D. Saincte Barbe, et pour lofferende du bastonnier, une nappe dautel, VI l. II s.

Item receu de Jehan Mauroy, qui a este bastonnier de la confrairie de la conception N. D., deux torches pesans trois livres.

Item receu des confreres de la confrairie Mons. S. Maur, IX l. III d.

Et pour lofferende du bastonnier, une nappe dautel.

Item receu des confreres de la confrairie Mons. S. Sebastien, LXXV s. III d.

Et pour lofferende du bastonnier, une aubbe et ung amy de chanvre.

Item receu des confreres de la confrairie Mons. S. Claude, VII l. IIII s. VIII d.

Item receu des confreres de la confrairie de Jhesus, CXVII s. V d.

Et pour lofferende du bastonnier des bouchers, VII s. VI d.

Item receu des confreres de la confrairie M. S. Jehan Baptiste, VII l. XII s. II d.

Pour lofferende du bastonnier des tanneurs, VIII s. IX d.

Item receu des confreres de la confrairie S. Eloy.

Item receu des confreres de la confraire de lAssumption N. D., LXXVI s. VIII d.

Item receu des confreres de la confrairie M. S. Roch, XI l.

Item receu des confreres de la confrairie M. S. Jehan Decollace, LXX s.

Item receu des confreres de la confrairie M. S. Fiacre, VIII l. X s.

Item receu des confreres de la confrairie Nativite N. D., XVIII s. IX d.

Autre *recepte* faicte touchant la *torche a communier les malades.*

Somme, II s.

Autre *recepte* touchant aucuns deniers que bailloient aucuns paroissiens, pour leur permettre faire sieges et marches en la dicte eglise.

Somme, CLXXXV s.

Autre recepte faicte pour la dicte euvre, a cause des beaulx abbiz de damas noir et autres baillez aux anniversaires et autrement.

Item receu de Perrecin, pour avoir les beaulx abbiz le jour de ses nopces, x s.

Autre *recepte* touchant les *laiz* faiz par ceulx qui ne sont de la parroisse.

Autre recepte touchant les mortuaires tant grans que petitz pour lannee de ce present compte.

La Grant Rue.

Item receu de Nicolas Fagot, verrier, pour ung enfant, II s. VI d.

Item receu de Pierre Marchegny, pour ung enfant, II s. VI d.

La Corderie.

Item receu de Girard le Beuf, boucher, pour ung enfant, II s. VI d.

Item receu de Claude Camusat, boucher, pour ung enfant, II s. VI d.

Les Massequeries, comprins les rues de la Pye et du Cheval Blanc.

Item receu de Jehan Gros, papetier, II s. VI d.

Somme totale de la recepte : MDLXXI l. XIX s. III d.

Despence faicte par nous Pierre le Be, Denis Bellaud et Christophe Chevalier, marregliers devant nommez durant la dicte annee commancant audit jour de la Dedicasse de la dicte eglise mil cinq cens et dix, et finissant a pareil jour lan revolu mil cinq cens et unze.

Et premiers,

Item paye a Jacques lorganiste pour avoir joue des orgues

lan de ce present compte eschu au jour S. Remy, IX l.

Item paye a Perrin Thorey, pour avoir tendu le paradis et pare icelluy le jour du grant jeudy, la somme de III s. IIII d.

Item aux freres myneurs en chair, pain et vin a eulx envoye pour six sermons faiz en la dicte eglise, XV s.

Item paye au docteur de S. Pierre qui a presche le caresme en la dicte eglise lan de ce present compte, CX s.

Item paye a la femme Richard Gailde, pour quatre douzainnes de chappeaulx pour les jours de Penthecouste et feste Dieu, XXIII s. IIII d.

Item paye pour le may de lan de ce present compte pour parer la dicte eglise, VIII s. IIII d.

Item paye a Lyenin, verrier, pour ses gaiges acoustumez pour ung an, davoir ouvert et ferme les verrieres de leglise, XV s.

Paye a Pierre Prieur, huchier, demourant audit Troyes, pour avoir fait une chaire a prescher eslevee par personnaiges, assise et mise contre le pillier de lautel de Toussaints, LX l.

Paye a Jacques Julyot, tailleur dymaiges, pour avoir retaille ladicte table [de lautel N. D.] et enrichie de brodures et autre ouvraige, et avoir fait deux parquectz de pierre a plusieurs ymaiges eslevez mis par hault aux deux boutz de ladicte table, et fait ung entrepied soubz la grande N. D. et anges estans audessus de la dicte table, la somme de LXIX l. XV s.

Item paye a Lyenin, verrier, et a son nepveu, pour avoir leve et rassiz plusieurs formes de verrieres au cueur, XXI l. XVIII s.

Item paye audit Foulon, pour avoir demonste la viz servant a monter au jube,

Item paye le XII du mois de may a Jehan Bailly et Jehancon, macons, pour avoir visite les quatre pilliers du cueur en presence de plusieurs des parrochiens pour veoir ce qui estoit bon a faire touchant la reedification desdits pilliers, pour ce, X s.

Item paye au dit maistre grand Jehan et deux autres maçons, pour pareille cause, v s.

Item le XIIII jour de juillet, paye a Jehan de Soissons, son oncle, et Jehan Bailly, maçons, Jehan Oudot, Pierre de la Caille et Simon Mauroy, charpentiers, pour avoir visite leglise tant haut que bas a cause que ledit maistre grand Jehan, macon, disoit que besoing estoit de abbattre le petit clocher, les haultes et basses voltes, pour ce a chacun diceulx pour leurs peines et salaires cinq solz, et pour le disner diceulx en *lostel de lhomme sauvaige* II s. III d., qui est en somme XXXII s. III d.

Item paye a maistre Jehan le macon, pour avoir repavey sur quatre grans fosses, III s. IX d. (1).

A Mace Panthoul, pour ce present livre et pour le livre des receptes, VIII s. IIII d.

Pour Guillelme Gaillard, dit Chaudot, patissier, qui a este esprove ladre, qui fut le mardi appres S. Luc mil v[c] XIIII, pour la commission XIII s. IIII d., pour mestre Jaques David et pour Gracien le barbier XXX s., pour la sentence XIII s. IIII d., pour linformation III s., pour le prometeur III s., pour le clerc du prometeur XX d., et pour le greffier XX d., qui est en somme, LXV s. **1514** (2).

Pour ung portrait des cheres aux prestres, qui fut apporte de Paris par Jehan Largentier, XVII s. VI d.

Audit Colinet de Laubressel, pour avoir refaict la petite crois dargent ou est la vraye croys, pour y avoir mis demy once dargent et la redore, pour ce, XX s. **1514**.

---

(1) Registres 519, 520.

(2) Liasse 76, carton 58.

1583-1584.

Livre de recepte pour messieurs les marregliers de leglise monseigneur S. Jehan au marche de Troyes, a scavoir Jehan Fauveau et Claude Olive, Nicolas Hennequin et Jehan Dard.

La table de ce present manuel est 1° :

Recepte de la chandeliere.

Recepte des questes ordinaires des dimanches et festes.

— de la queste de la messe des Trepassez.

— de la queste de la messe monsieur sainct Sebastien.

— de la queste de la messe monsieur sainct Roch.

— de la sepulture des petits enfants, — *la rue Notre-Dame et Jargondie et Tanerye.*

Receu pour lenfant de Nicolas Oudot, du 23 septembre 1586, II s. VI d.

La Grant Rue,

Receu pour lenfant de Jehan Semilliard, le 17 aoust 1586, II s. VI d.

La rue Moyenne,

A lobit de lenfant de Louis Perrin, menuisier, II s. VI d.

La rue du Temple et autres,

La Corderie,

La Grant Tannerie,

Les Massequeries,

La rue de la Pie et autres rues adjacentes,

Le bas et le hault Tourvoyes et Gaigne Petit.

Recepte des sonneries, des obits, anniversaires, droict de terre, nodz, fosses et repavage dicelles.

A lobyt de Pierre Patrois, menuisier, rue Moyenne, laisse aux moyennes cloches, V s.

Fosse et pavage, X s.

A lanniversaire commande pour M. le maire et sonne a toutes les cloches, xv s.

Pour les parements, v s.

A lobit de Jehan Paquier, portefaix, sonne une laisse a toutes les cloches, fosse et pavage, xxv s.

A lobyt de la dame du dauphin, sonne cinq laisses a toutes les cloches, I l. xv s., fosse et pavage, x s.

Parements, v s., pour lanciau dargent, x s.

Pour lanniversaire commande pour *Jehan le Coq*, sonne aux grosses cloches, x s.

A lobyt de M. Amelot, advocat en la court de parlement a Paris, lequel est decede en ceste ville durant que les grands jours y estoient, sonne sept lesses a tout, v l. v s.

Pour lanniversaire commande pour la servante de M. le cure de S. Jehan, sonne aux moyennes cloches, v s.

A lobit de la niepce *Jehan Duriau*, imprimeur, sonne une laisse aux grosses cloches, fosse et pavaige, xx s.

Pour lanniversaire pour la femme *Jehan Domino*, sonne a tout et parements, xvII s.

Recepte des confrairies et cierges, fondation du temporel et les maisons.

La maison de la Grande Tannerie,

La maison des Massequeries,

La maison ou pend pour enseigne le *monde renverse*, rue des Buchettes,

La maison du Griffon, Grand Rue,

La maison attenant de leglise en la Grand Rue,

Les x etaulx de la rue Neusve en la boucherie,

Ung estail en la boucherie,

Le gangnage de Chastres, de Mery, de Droup S. Marie,

Celui de S. Memer [*S. Mesmin*].

Le prey de la Vau dict Dangarin,

Celui des Escuyers,
Celui de S. Parre,
Celui de la Vignette,
Celui de S. Maure,
La place du presbytaire,
La fondation du charbon pour les pauvres,
La fondation de la premiere messe,
Les dismes de Fere-Champenoise,
Rente et censive du champ de la Potence,
Recepte du bureau des reliques et pardons,
— du vin de la table Dieu que lon a coustume dadministrer aux bons jours,
Recepte pour la predication de ladvent (1),

LIVRE DE DESPENCE.

Achapt de pierres de Tonnerre.

La despence du couvreur.

Les pierres de croye, pavey, chaulx et aultres matieres avec le pavage de la dite eglise.

La despence du masson [*Remy Mauvoisin*] pour les massonneries.

La despence du charpentier.

— du serrurier [Pierre Bolori, serrurier et conducteur dhorloge].

La despence du menuysier [Anthoine Fournier].

— de lorganiste [Francois Nyvelle].

Le salaire du sacriste ou custos de la dicte eglise.

Les evangilles et epistres.

Le salut ordinaire qui se dit chacun jour a cinq heures du soir.

Les sermons que paie loeuvre.

---

(1) Registre 518.

Paye pour une fillette de vin de *Beaulne* qui a este donnee a maistre Richardi, plus une demye corde de boys et un cent de fagot, VIII l. X s., pour ladvent de 1583.

Le salaire du sonneur.

Les mises et despens des proces.

Despence pour les cierges des confrairies.

— pour voiller les ymages en caresme, tendre la grande tapisserye au jour de la feste.

Despence en reparation de linge.

Despence extraordinaire.

Paye a Camus, pelletier, pour des queues de renard que lon a achete de luy pour epousseter les ymages, X s.

Paye a M. Jehan Collet, libraire, pour avoir repare et relie plusieurs livres et mettre des fermoirs et recoller les dits livres, IV l. XV s.

Paye a Jacques Dupuis, pastissier, pour deux milliers doublyes quil a livre le grand jeudy, a six sols le cent, VI l.

Paye a Jehan Thierry, pour le dyner des prebtres du jour des cendres.

Paye a Jehan Collet, libraire, pour avoir fourni deulx livres neufs couverts de peau verte pour la dicte annee escrire la recepte et despense, XLV s.

Despence pour le brodeur.

— pour le verrier [Jehan Macadre].

— pour le vin a la table Dieu, pour ceux qui se veullent ordonner aux bons jours.

Despence pour le loyage de la maison ou est demourant M. le cure et les chappellains (1).

---

(1) Registre 594.

EXTRAIT

des

COMPTES DE LA FABRIQUE DE L'ÉGLISE SAINT-JEAN,

POUR SERVIR A L'HISTOIRE DES BEAUX-ARTS A TROYES AU XVIe SIÈCLE.

I.

Despenses pour les macons, les painctres et les tailleurs dymaiges.

Paye a Jehan Bailly, macon et son compaignon, pour avoir visite les quatre pilliers du cueur de la dicte eglise attenant des chaires des pretres et les voltes tant bas que hault, x s.

Paye pour bricque et dorure pour refaire les astres de la maison de leuvre, ou pend pour enseigne *lautre monde*, 1508.

A Nicolas, le painctre, pour avoir dore la table de lautel N. D., et a Jacques Julyot, tailleur dymaiges, pour avoir retaille la dicte table et lavoir enrichye de bordures et dymaiges, LXXVIII l. XV s. 1511.

Huguenin Bailly, Me Grant Jehan, Jehan Bailly, visitent les travaux avec Jehan Oudot, et recoivent x s.

Quelques mois après, Jehan de Soissons travaille avec Jehan Bailly et Jehan Oudot. Le petit clocher est terminé ; dans la croix qui le surmonte, sont déposées des reliques du S. Sépulcre, de Ste Agnès et de Ste Cécile.

Paye a Pierre Compains, pour avoir repainct et racoustre les ymaiges S. Maur et S. Lye, II s. VI d.

Me Martin et Jehan Bailly visitent l'église, les ouvriers travaillent aux *vostes*, **1521**.

Paye a un nomme Claudin, couvreur, pour avoir faict la croix du grant portail, lecusson et mis lardoise, IV l. **1526**.

Pour le salaire dicelluy, lequel a conduit les pauvres mendiants hors et aux portes de ceste eglise pour les dangiers des maladies qui eussent pu advenir aux paroissiens dicelle pour lan, XXV s. **1527**.

Paye a Papillon, pour avoir fait un patron pour boutter la sainte epine, X s.

Paye a Jehan de Vaux, pour avoir repare les deux pilliers de devant le beau portail et pour les journees de ses ouvriers, XV l. X s. **1558**.

Paye a Pierre Potier, painctre, pour avoir painct et escript les commandements de Dieu et de leglise, IV l.

Paye le VI avril **1558**, a M. Martin de Vaux, pour avoir vacque a mettre et asseoir la cloture du cueur, VI s.

Paye a M. Martin de Vaulx, pour II journees davoir faict les feuillures aux hautes verrieres, pour mettre des chassis, XI s.

Paye a Jehan Potier, painctre, pour avoir painct les deux S. Jehan, le tout dor, estant sur le grant autel, XX l. XV s.

Paye a Jehan Potier, painctre, pour avoir painct ung tableau de N. D. des sept douleurs estant sur le grant portail, une petite saincte Marguerite estant audessus de lhuis du tresor, et ung petit baptesme pres des fons, et ung S. Laurent pres le ciboire, IV l.

Paye a Francois Gentils, tailleur dymaiges, pour avoir faict ung ymaige de S. Jehan levangeliste, pour mettre sur le grant autel, V l. **1559**.

Paye a Pierre Collet, maitre macon, pour ung jour, X s. **1561**.

Guillaume Lebe donne en aulmosne du papier pour les registres, 1560.

Paye a Plancon ponr avoir painct le crucify et le baptesme de N. S. et les autres ymaiges qui sont la tout dessus leaubenoistier de leglise, XIX l.

Paye a luy pour avoir painct toutes les clefs des haultes et basses voltes, ensemble toutes les croix des pilliers de la vieille nef, XXXII l. 1567.

Remi Mauvoisin est qualifié de maître-maçon en 1568.

Paye audict Planson, pour avoir painct ung tableau de lymaige Mons. S. Jehan, pour attacher a larbre de la nef, XXXV s.

Paye a luy pour avoir releve et nestoye lymaige de lAnnunciation N. D., estant sous le grant portail, XV s.

Paye a Gustave Potier, painctre, pour II pourtraicts du baptesme de N. S., ensemble trois aultres pourtraicts pour remplir la cloison du cueur, VII l. 1570.

Paye a Francois Gentils, pour un crucifix quil a faict, qui est audessus de leaubenoistier, VI l. 1571.

Paye a Gustave Potier, pour avoir dore et painct le crucifiement qui est devant le petit portail, et pour les hystoires du preschement de S. Jehan, qui est audessous, VII l.

Paye a Nicolas Cordonnier, painctre, pour avoir painct et dore le ciel de la chaire du predicateur, et y avoir mis le bapteme de S. Jehan et un Jesus et Marye, III escus. 1593.

Paye a luy, pour avoir painct la chaire du predicateur de couleur de boys a lhuile doree dor fin, X escus.

II.

Despense pour les livres.

Paye a lescripvain, pour avoir escript deux prosez et motteez, V s.

Paye a Albain Domy, escripvain, pour avoir faict et escript ung cayer en parchemin au livre de la messe N. D., pour sa peine et le parchemin, xx s. 1508.

Paye a Lyonnet Houssey, libraire, pour son salaire davoir racoustre le haut messel de leglise, xx s. 1517.

Paye chez le Coq, imprimeur, pour avoir imprime trois rames de papier des pardons impetres, par Mons. le cure de S. Jehan, le jour du vendredy sainct et le jour de la S. Jehan Baptiste, xx s. 1558.

Paye au sieur Jehan Moreau, la somme de ung escu pour avoir faict et imprime les pardons pour le jour du grant vendredy et le jour de la S. Jehan, 1581.

III.

Despense pour le verrier.

Paye aux heritiers de Lyenin, verrier, pour avoir mis a point les panneaux de la verriere de dessus la chapelle N. D., ou est *lymaige S. Chrystophe,* v s. 1512.

Paye a Jehan Cornuat, verrier, pour avoir mis ung verre devant lepitaphe de feu Jehan la Ruelle, le xviii april 1518, iii s. iv d.

Paye au verrier, pour avoir leve *larbre Jesse* et la verriere *S. Sebastien,* et faict les verrieres de la cloison de la chapelle neufve, xlvii s. vi d. 1533.

Paye a Francois Potier, verrier, demourant a Troyes, la somme de cv s. pour avoir racoustre une verriere estant en la chapelle des tanneurs, cv s. 1540.

Paye a Jehan Macadre, verrier, pour avoir refaict, le xxvi decembre, les verrieres de la chapelle de la couronne, et avoir fourny le verre, viii s.

Paye a Pierre Soudain, verrier, pour ce quil a faict en leglise au mois de juin, iv l. 1558.

Paye a luy, pour avoir leve, netoye et racoustre les deux verrieres ou sont les *hystoires de Daniel* et la *vie de S. Barbe*, IX l.

Paye a luy, pour avoir faict quatre panneaux de verre neuf sur la croisee du grant portail, pour avoir refaict la verriere *du baptesme* et *du jugement de Salomon;* pour ce, VI l. XV s.

Paye a luy, pour avoir repare la verriere de *lAnnunciation*, VI l.

Paye a luy, pour avoir racoustre la verriere de Jehan Claudin, XL s. **1559.**

A luy, pour avoir mis plusieurs pieces tant blanches que painctes, et pour avoir releve et rassis toutes les verrieres de la maison du *monde renverse*, LXX s.

Paye a luy, pour avoir faict un grant panneau en la verriere *S. Jehan*, pres les fonts, III l. VIII s. **1560.**

Paye a Jehan Macadre, pour avoir racoustre la verriere de la chapelle ou est lhystoire de *lapocalypse*, XX l. **1568.**

Paye a Francois Potier, pour avoir rabile en trois pagnotz de verre, pour haute verriere de la nef, III l. **1577.**

Paye a Jehan Macadre, verrier, pour avoir demonste ung panneau de la verriere de feu M. Gaudec pour y mettre de grandes pieces de verre, II l. XV s. **1585.**

Paye a luy, pour avoir repare la verriere de *la Vierge*, audessus de lautel N. D., XXXV s. **1592.**

Paye, le XVI juillet, a Maistre Nicolas Maquadez, verrier, pour avoir fait pour la plus grant part la verriere dedessus le petit portail de la rue Moyenne, et avoir releve la verriere de dessus les orgues, X l. V s.

Paye, le VII fevrier, au dict Macadrez, verrier, pour avoir releve et racoustre la verriere de derriere les orgues de *lhistoire S. Croix*, I l. X s. **1593.**

Paye a M. Jehan Macardez, pour avoir leve deux panneaulx en la verriere *S. Julien*, xxx s. 1604.

Paye a Timothee Pisset, pour avoir repare les verrieres, xv l. xii s. 1619.

Paye a Linard Gontier, lxi l. 1627.

Paye a luy, pour avoir faict des panneaux de la verriere de *S. Sebastien*, iv l. 1628.

Paye a luy, pour reparations tant de la maison du presbytaire que dans cette eglise, cxxii l. iv s.

Linard Gontier reçoit encore 119 livres en 1636, 35 en 1640, pour la verriere du S. Ciboire; 104 avec Jean Gonthier, en 1642, et 36 en 1648.

Jacques Clement l'ainé et Jacques Clement le jeune, peintres et vitriers, demeurant à Troyes, refont à neuf « de verre de Lorraine blanc a lozange, trois vitres du cote de la grand rue, en lune desquelles etait representee la *Nativite de Notre Seigneur*, et en une autre *Attila*, peinte en grisaille. Les dits peintres ont fourni tout le verre et garni les vitres de bordures peintes, pour la somme de 1100 livres. » 1685 (1).

IV.

Despense pour lorganiste.

Paye a Me Jacques, lorganiste, pour sa pension davoir joue des orgues pour lannee presente, ix l. 1508.

Paye a Maistre Nicolas Huguet et Nicolas Devert le jeune, organiste, pour avoir leve tous les tuyaux des orgues de leglise S. Jean, les avoir nettoyez, raccordez et refaicts ensemble les soufflets des dictes orgues, plus le remblant, le rossignol et

(1) Registres de S. Jean.

le tambour, avec le couronnement et les deux bazes mises en couleur de bois dore, pris faict avec les dicts Huguet et Devert, pour leur peine et salaire, x escus. 1601.

Paye a Daniel Coulin, organiste, pour ses gaiges pendant les mois doctobre, novembre, decembre, la somme de III escus.

V.

Despense pour les sermons.

Paye a un docteur en theologie, maistre et principal du college de Praesles, a Paris, lequel a presche durant le Caresme, x l. 1510.

Paye a IV hommes qui ont porte et reporte la chere des Jacobins pour prescher au cueur le jour du grant vendredy, II s.

Pour salaire davoir apporte la chaire a prescher de leglise S. Madeleine jusques en leglise, pour prescher le jour du grand vendredy, II s. VI d. 1525 (1).

---

(1) Registres de S. Jean, 522-697.

DISCOURS

SUR

L'ANTIQUITÉ ET FONDATION DE L'ÉGLISE SAINT-JEAN

DE TROYES.

L'eglise de S. Jean de Troyes estant l'une des plus anciennes de la dicte ville, on ne peut assurer précisement le temps de sa fondation, ny qui en est le veritable fondateur. Les autheurs qui ont ecrit des antiquites de la meme ville en disent peu de chose, quoyque cette eglise soit tres considerable par son ancienneté, sa magnificence, sa grandeur, l'étendue de sa parroisse, la richesse de ses paroissiens, et les deux eglises qui lui servent de secours.

Ce que l'on peut conjecturer du temps de sa premiere fondation, c'est qu'il y a lieu de croire quelle a este bastie au moins dès le cinquieme siecle, parce que dans ce temps là les chretiens estoient en repos, et rendoient en France, et particulierement dans Troyes, le culte qu'ils devoient à Jesus Christ avec une entiere liberté, puisque Clovis, roy de France, plus de cent cinquante ans après le grand Constantin, empereur, avoit embrassé le christianisme; il est vray que auparavant ce temps Jesus Christ étoit adoré dans Troyes, et qu'il y avoit des eglises qui luy estoient consacrées, puisque dès l'an de grace 50, S. Pottantian et S. Serotin avaient dédié au Sauveur, sous l'invocation de S. Pierre et S. Paul, une chapelle ou eglise que l'on nommoit anciennement du Sauveur, qui a este depuis agrandie et appellee S. Pierre; mais cette chapelle estoit dans la cité, parce que dès le cinquieme siecle, et même auparavant, Troyes estoit composé de ville et cité, et la cité estoit fermée de plusieurs portes et murailles, et la ville ne l'estoit pas à cause de sa vaste étendue.

On pouroit même dire que l'eglise de S. Jean est fondee auparavant le cinquiesme siecle, parce que dès le temps de S. Loup, evesque, qui vivoit en 451, la ville de Troyes estoit fort grande, et son commerce considerable par les foires qui y estoient déja établies, et on auroit peine de s'imaginer que dans l'endroit d'une grande ville où se tiennent ordinairement les foires et marchés, il n'y eust point d'église, ce qui donne lieu de croire que l'eglise S. Jean pouvoit estre bastie dès ce temps là, d'autant plus qu'on la nommoit comme il ce fait encore, *Saint Jean au marche de Troyes.*

On pourroit objecter que l'abbaye de Notre Dame aux Nonnains de Troyes est plus ancienne que l'eglise et paroisse de Notre Dame, que l'on nomme presentement S. Jacques, et que S. Jean au marché de Troyes, parce que les cures de l'une et de l'autre desdites eglises, appartiennent à l'abbesse de Notre-Dame, et qu'ainsy cette abbaye de Notre-Dame n'ayant este bastie qu'en 685 ou environ, ces paroisses de Notre-Dame, autrement de S. Jacques et de S. Jean, n'ont estez qu'apres fondées.

Cette objection se destruit d'elle-meme, parce que si l'abbaye de Notre Dame estoit plus ancienne que S. Jean à cause que la cure appartient à l'abbesse, il faudroit qu'elle en fust la fondatrice, ce qui ne se peut pour les raisons cy apres mentionnees, et si laditte cure de S. Jean appartient à l'abbesse de Notre Dame de toute ancienneté, et dès le moment de la fondation de son abbaye, ce ne peut estre que par cequelle luy a este donnee, soit par le pape, l'evesque de

Troyes ou quelques princes en estat de ce faire. Ainsy, la chose donnee subsistant lorsqu'on la donne, il faut de necessite que la chose donnee soit plus ancienne que le temps auquel elle est donnée, comme par exemple l'eglise de S. Savine au fauxbourg, fondée par Ragnegisile, 17e evesque de Troyes, environ l'an 660, est plus ancienne que Montier la Celle, abbaye fondee par S. Frobert, dont l'eglise ne fut dédiée que le jour de son deceds, arrive le 1 janvier 710. Cependant cette eglise et cure de S. Savine appartient à Montier la Celle, pour luy avoir este donnée par Thibaut, comte de Champagne, en 1067, et cette donation approuvée par Philippes, roy de France, en 1071, comme on le peut voir, ensemble plusieurs autres pareilles donations dans les livres de M. Camusat et Des Guerrois, autheurs celebres qui ont écrit des antiquitez de Troyes, et il n'en peut estre autrement à l'egard de l'abbesse de Notre Dame, au respect de S. Jean; il est vray que l'abbaye de Notre Dame est la premiere maison religieuse de filles de la ville de Troyes, à laquelle on a donné, dès le commencement, l'eglise de Notre Dame, autrement S. Jacques, pour y faire leur office et service, et que par la suitte cette abbaye a este appellee Notre Dame, si vray que la paroisse et l'abbaye n'ont qu'une meme eglise.

Ainsy, il y a lieu de croire que l'eglise de S. Pierre ayant este la premiere bastie et fondée dans la cité de Troyes, les eglises et paroisses de Notre-Dame, autrement S. Jacques et S. Jean sont aussy les deux premieres eglises dediées a Dieu dans la ville, ce qui justifie cette vérité, c'est que les sieurs curez de ces deux paroisses, sont les deux premiers de la ville; il y a encore une chose à observer en faveur du cure de S. Jean : c'est qu'il est prestre-cardinal, titre qui n'est accorde qu'aux plus anciens curez du diocese, qui sont au nombre de treize nommez au rituel manuscrit de l'eglise de Troyes, qui doivent assister l'evesque le jeudy saint, quand il consacre le Cresme; et l'ancien Pontifical qui servoit aux evesques de Troyes, il y a près de 500 ans, fait foy que de tout temps l'evesque de Troyes avoit des prestres cardinaux; de là on peut juger de l'antiquite de la cure de S. Jean, et par consequent de la primitive fondation de son église.

On ne peut pareillement assurer qui sont les veritables fondateurs de l'eglise S. Jean, et s'il est permis d'en former quelques conjectures comme on a fait du temps de sa fondation, on pouroit dire que ce ne peut estre que les riches marchands et bourgeois paroissiens de cette eglise, qui en sont les veritables fondateurs pour plusieurs raisons.

1° Parce que cette eglise est située comme elle a esté de tout temps, au milieu des marchez et places publiques où se tenoient les anciennes foires, environnee des demeures des plus riches marchands et notables bourgeois de la ditte ville, lesquels ont toujours esté en estat de faire une grande despence pour se faire bastir une magnifique eglise, laquelle ils ont fait plusieurs fois réediffier, aiant esté bruslée et ruinée par les Normans, sur la fin du huitième siècle ou au commencement du neufviesme, et apres avoir este rebastie, fut le chœur et chapelles estant de coste et dautre dicelluy brusles en 1188, et retablis entierement en 1392, et fut encore la ditte eglise beaucoup endommagee par le feu en 1524, cependant a este toujours bien reparee aux despens de ses paroissiens, sans aucun secours estranger, ce qui donne sujet de croire qu'ils en sont les fondateurs.

2° De dire que ce soit quelques evesques de Troyes qui soient fondateurs de cette eglise S. Jean, il se trouveroit des titres qui en feroient mention, et M. Camusat et Des Guerrois, qui ont fait de grandes recherches de tout ce qui s'est fait et passe dans le temps de chascun evesque, n'auroient pas manqué d'en faire mention dans leurs écrits, ce qui donne lieu de croire que cela ne peut être.

3° D'alleguer aussy que ce soit quelques comtes de Champagne qui eust fait cette fondation, cela est impossible, l'eglise de S. Jean étant plus ancienne que ces comtes, puisque

Robert, qui est le 1er comte qui s'est emparé de Troyes, ne la fait qu'en l'an 958 ou environ.

4° D'avancer pareillement que ce fust quelque roy de France, il n'y a pas lieu de le croire, parce que l'eglise S. Jean avoit este bastie dès le temps de Clovis, premier roy chrestien, ou auparavant, et sy cela avoit esté, l'histoire de France en auroit fait mention, ainsy que des autres fondations royalles.

5° Finallement on ne doit s'imaginer que ce puisse estre une abbesse de Notre-Dame qui soit fondatrice de cette église S. Jean, à cause que la cure luy appartient, et quelle en est collatrice, parce que l'eglise de S. Jean est plus ancienne que son abbaye, comme il est dit cy devant, d'ailleurs si les abbesses et religieuses de Notre Dame avoient este en estat de fonder une église dans leur commancement, sauroit este celle de leur abbaye, ou bien agrandir la paroisse de Notre Dame ou de S. Jacques, qui y est contigue, et dont les deux églises n'en faisoient autres fois qu'une, estant séparée depuis quelque temps par une simple muraille, et n'aiant qu'une meme ramée, outre que la ditte paroisse S. Jacques estant tout petite, et au dedans de laquelle la ditte dame abbesse a justice et quantite d'autres droits qu'elle n'a pas dans la paroisse S. Jean, qui est d'une tres grande estendue, et laquelle elle n'auroit pas fondée, crainte de diminuer la paroisse S. Jacques et les droits et autres privileges qu'elle a en icelle.

Ainsy, on peut repeter avec justice qu'il n'y a point d'autres fondateurs de l'eglise S. Jean que les riches marchands et bourgeois dudit Troyes, ses paroissiens, qui ont tousjours par succession de temps donné de leurs biens pour l'entretenir et la soutenir, y aiant meme fondé quantite de services et autres prieres, comme il se voit dans les titres invantoriez.

Quant à la grandeur de cette eglise S. Jean, on peut dire

qu'elle est la plus grande eglise de Troyes pour une paroisse estant considérable encore par deux autres eglises, qui sont S. Pantaleon et S. Nicolas, ses secours.

Si l'on considere la grande estendue de sa paroisse, il se trouve qu'elle a plus de deux lieues de tour, en sorte que dans le temps que l'on a commence à fermer la ville de murailles, qui fut dans le neufiesme siecle, apres que les Normands se furent retirez, aiant réduit la ville en cendres, on ne put renfermer dans la ville qu'une portion de cette paroisse, la plus grande partie estant hors la ville, qui est moitie du faubourg Croncels, les hault et bas Trevois, ou se font les blanchitures des toilles, et cette eglise est si nombreuse en paroissiens, qu'ils n'y peuvent tenir tous ensemble, quoique tres-grande, pourquoy on est obligé tous les dimanches de dire deux grandes messes, l'une pour les paroissiens de la ville, et l'autre pour ceux du dehors.

Si l'eglise et paroisse S. Jean est grande, on la peut considerer comme la plus magnifique, ayant eu pour curez beaucoup de personnes de mérite, docteurs de Sorbonne, grands predicateurs, et meme un conseiller au parlement de Paris, remplie de quantité de paroissiens de qualité, riches bourgeois et marchands, en sorte que l'on peut dire qu'elle n'a pas sa pareille dans la ville.

Ce n'est pas d'aujourdhuy que cette eglise S. Jean est considérée, ny sans sujet que son clocher porte une couronne, puisqu'on estime que Louis II dit le Bègue, roy de France, y a esté couronne le 7 septembre 878, par les mains du pape Jean VIII estant lors a Troyes ou il tint un concile; quelques autheurs disent que le dit couronnement fut fait à S. Pierre; cependant il est plus probable de croire que le dit concile ou assemblee d'evesques fut effectivement tenu en l'hotel episcopal de S. Pierre de Troyes, et le dit couronnement fait à S. Jean, parce que si le dit couronnement avoit été fait à S. Pierre, ceux qui ont écrit ce qui s'est passé sous chacun des evesques en auroient fait mention; de plus l'eglise

S. Pierre n'etoit pas en etat pour y faire cette cérémonie, puisque peu de temps auparavant on avoit commence à edifier de nouveau la dite eglise, et qu'elle estoit tres peu advancee, au lieu qu'a S. Jean il y a des marques évidantes de ce couronnement; car, outre la couronne qui est au clocher, que les paroissiens ont toujours entretenue et réparée quand il en a este besoin, c'est qu'il se conserve encore aujourdhuy une couronne au trésor de la dite église, semblable a celle que le dit Louis le Begue y fit présent, qui estoit extremement riche et remplie de pierres précieuses, laquelle fut donnee par les paroissiens pour contribuer à payer la rançon de Francois I, roy de France, prisonnier en Espagne, en l'année 1525; de plus il y a une vitre en la nef de cette eglise, a costé droit en entrant et attenant les orgues ou le dit couronnement est représenté et peint, sans neantmoins aucune inscription qui est perdue a cause de son ancienneté, et laquelle vitre les paroissiens ont toujours conservée et entretenue (1).

Une autre cérémonie considérable qui s'est faite en ceste eglise, c'est le mariage de Henri V, roy d'Angleterre, et de Catherine de France, le 2 juin 1420, comme on le peut voir en l'histoire de France, ce qui fait connoistre l'estime que faisoient les princes en tout temps de l'eglise S. Jean, qui la choisissoient entre plusieurs autres de la dite ville pour ses augustes cérémonies; cependant, quoy qu'icelle eglise soit tres ancienne, les titres primitifs sont perdus.

Registre 514. *Mémoires hist. et chronol. des antiquités de la ville de Troyes,* 1753, par Duhalle, tome II, p, 353, archiv. de l'Hôtel-de-Ville.

---

(1) Cette vitre a esté transportée en 1722, lors du gratage de l'église, vis-à-vis l'œuvre, afin qu'elle soit plus en vue. Registre 514.

FONDATIONS, DONATIONS ET LEGS

FAITS A L'ÉGLISE SAINT-JEAN.

1353-1599.

EXTRAIT.

Marie la Calvignate attache un chapelain à l'autel S. Maur, 1353.

Nicolas le Mercier laisse ses biens à la fabrique, 1397.

Nicolas de Chichéré laisse 4 livres de rente pour chauffer les pauvres de Dieu, 1403.

Demoiselle Babelon Bonnotte laisse 5 arpens de vigne situés à Croncels, lieu dit *champ de la potance*, pour 4 anniversaires, 1409.

Pierre Menuisier laisse tous ses biens, 1425.

Jean de la Ruelle, écuyer, laisse plusieurs pièces de pré, avec trois chappes et trois chasubles de la valeur de 80 écus, un calice d'argent, un livre et autres ornemens, à la charge de la fabrique de faire dire, chanter et célébrer, par chaque jour, à perpétuité, une messe et service, à huit heures, à l'autel de tous les saints ou de S. Eloi, et d'acheter du charbon pour chauffer les paroissiens aux portes de l'église, 1464.

Jeanne de la Garmoisse laisse un étal à vendre chair en la boucherie de Troyes, pour un obit solennel chaque année, savoir : vigiles la veille et le lendemain, une grande messe à diacre, sous-diacre et choristes, 1478.

Laurette, v^{e} de Jean de Bourgogne, laisse ses jardins,

vergers, masures et ses terres, à S. Mesmin, S. Pierre au Breuil, pour être inhumée après son décès, et pour une messe haute de *Requiem*, chaque année, pendant 19 ans, 1501.

Maître Etienne Seguin, notaire et tabellion ecclésiastique, laisse 40 sous de rente pour quelques prières sur sa sépulture, dites par le prêtre qui dira la première messe, 1504.

Simeon Griveau laisse 25 livres de rente à prendre sur un hôtel où pend le Griffon, 1512.

François Hennequin, bourgeois de Troyes, laisse 45 livres sur un accin, plus les ornemens pour dire la messe, à la charge de faire dire à perpétuité la première messe en la dite église, 1512.

Edmonne de Mesgrigny, femme de Simeon Griveau, laisse vingt cinq livres de rente, 1521.

Maitre Thomas Lambert, prêtre, laisse 2 arpens et demi de pré, pour faire dire, par chaque année, deux fois la semaine, le samedi, une messe en l'honneur de la Vierge, et le dimanche, une messe du jour à l'autel de S. Jacques et de S. Christophe, 1521.

Lambert d'Assantières et Jeanne de Longchamp, sa femme, laissent 25 sous de rente et deux setiers de blé pour faire dire par chaque année, le mercredi après la Pentecote, à l'autel de Toussaint, le *salve regina* à chant et à notes, 1524.

Etienne Rousseau, tondeur, laisse une maison, rue de la Grande Masquerie, et 12 livres, pour être inhumé, 1529.

Révérend père en Dieu messire Odard Hennequin, évêque de Troyes, maître Nicole d'Origny, cûré de S. Jean, et Claude Berthier, bourgeois de Troyes, laissent, en 1532, 800 livres, à la charge de faire dire, par chaque dimanche et fête de l'année, par le prêtre qui célébrera la grande messe, au prône ou au premier lavabo, *à l'autel, soy retournant*, ces mots : *Mrs, s'il vous plaist, priez Dieu pour les ames de Mrs Odard Hennequin, evesque de cette ville et diocèse de Troyes, Nicole Dorigny, curé de cette eglise, et Claude Berthier, marchand bourgeois de cette ville, et Isabeau, sa femme, direz* PATER NOSTER *et* AVE MARIA *pour leurs ames, les ames de leurs parents et paroissiens de cette eglise trepassez;* ce fait, le dit prêtre dira à basse voix un *de profundis* et les *collectes.*

Claude Berthier, bourgeois de Troyes, laisse, en 1551, sept livres dix sous de rente pour faire faire la prédication annuellement et par chaque jour des avents de Noël.

Marguerite de Corberon, veuve de Pierre Aubry, laisse, en 1575, un arpent trois quartiers de pré, pour faire dire et célébrer, par chaque année, à perpétuité, le I janvier avant vêpres, vigiles à neuf leçons, et le lendemain, une messe haute des trépassés, à diacre et à sous-diacre, et après les vêpres du dit jour premier janvier, un *gaude Maria* à notes et orgues.

Marguerite Vigneron, veuve de Nicolas Longuale, laisse, en 1577, 8 livres de rente pour messe des trépassés, à diacre, sous-diacre, le lendemain de la fête de l'annonciation N. D., 25 mars.

Pierre Clément, marchand, laisse, en 1585, 5 livres de rente pour messe haute de *requiem,* le lendemain de la fête S. Pierre et S. Paul, en juin.

Bonaventure Lebey laisse, en 1586, 15 livres de rente pour un service avec vigiles, et la messe par chaque année, le jour de son décès.

François Girardin laisse, en 1588, 300 livres payées comptant, pour un *gaude* et un service solennel.

Catherine Camus, femme Claude Huot, laisse, en 1590, 600 livres payées comptant pour faire dire les vêpres du S. Sacrement, avec procession, chaque jour de l'octave de la Fête-Dieu.

Nicolas d'Autruy, bourgeois de Troyes, laisse, en 1597, 100 livres en argent pour un service, le 2 août.

LISTE DES BIENFAITEURS DE LA FABRIQUE.

1600-1649.

Maître Pierre d'Autruy, chanoine de S. Etienne de Troyes, 1605.

Jean Thevignon, abbé de S. Martin ès Aires, 1614.

Marie Martin, veuve Nicolas Herault, 1619.

Jeanne Huot, veuve de Henry Camusat, 1619.

Denis Lyon, marchand cardier, 1620.

François Laurent, bourgeois de Troyes, 1620.

Nicolas Largentier, 1621.

Marie Girardin, veuve Simon Nivelle, et Anne Nivelle, sa fille, 1623, 1635, 1656.

Hélène Colin, femme de Nicolas Tartier le jeune, 1624.

Demoiselle Marie Lebey, épouse de M. Dorieu, 1625.

Nicolas le Tartier le jeune, bourgeois de Troyes, 1625.

Claude Barat, Marguerite Copois, sa femme, et Vincent Copois, leur frère, 1629.

Marie le Marguenat, veuve de Jean le jeune, 1629.

Demoiselle Marie de Pleurs, veuve de noble homme François Laurent, 1629.

Elisabeth Perrignon, veuve de François Denis, 1632.

Demoiselle Jeanne Daniel, veuve de Jean Vestier, marchand bourgeois de Troyes, 1633.

Noble homme Vincent d'Autruy, bourgeois de Troyes, 1633.

Isabeau Darras, femme de Paul Mottet, 1633.

Jeanne Clément, veuve de Sébastien Thevignon, marchand chandelier, 1633.

Vincent d'Autruy, bourgeois et ancien maire de Troyes, 1634.

Jeanne Herault, veuve Jean Soeura, 1635.

Guillemette Failly, veuve de Claude le Jeune, 1639.

Marie Boissonnot, femme de Nicolas Maureau, bourgeois, 1645.

Frère Jacques Laurent, religieux chartreux, 1646.

Nicolas Herault, bourgeois de Troyes, 1649.

Maitre Robert Gloton, prêtre, vicaire de S. Jean.

M. Nicolas le Tartrier l'ainé, bourgeois de Troyes, et dame Claude Félix, sa femme.

Bonaventure Millet, marchand orfèvre, et dame Marie Gallois, sa femme.

1650-1699.

Maître René Chevallier, prêtre, sacristain de l'église S. Jean, 1658.

Rochée Boissonnot, veuve, et Nicolas Champeaux, 1659.

François Jolly, et Simonne Gentil, sa veuve, 1659.

Claude Bourgeois, apothicaire, 1665.

Nicolas Jolly, 1666.

Noble homme Pierre Laurent, conseiller en la chambre de l'échevinage, 1666.

Jeanne Godier fille, demeurant à Troyes, 1667.

Pi. re Aubrun le jeune, marchand à Troyes, 1668.

Nicole Masson, veuve Pierre Jeanson, marchande à Troyes, 1668.

François Dumont, marchand, 1669.

Jeanne Collet, veuve de Sebastien Gouault, bourgeois, de Troyes, 1670.

Nicolle Cornet, veuve de Pierre Desmolins, 1670.

M. Victor le Bel, vicaire de S. Jean, 1670.

Marie Fauveau, femme de Pierre Noël, orfèvre, 1670.

Anne Navier, veuve de Nicolas Mauveau, 1675.

Edmée Aubrun, veuve de Anthoine Corps, bourgeois de Troyes, 1677.

Elisabeth le Jeune, veuve de Nicolas Denise, 1677.

Marie Lesprivier fille, 1677.

Jeanne le Cœur fille, 1679.

Bonaventure Huot, veuve de Simon le Jeune, 1679.

Anne Sansonnot fille, 1679.

Anne Nevelet, veuve Claude Perruchot, marchand à Troyes, 1680.

Anne Andry, veuve de Pierre Maillet, marchand, 1681.

Claude Sorel, veuve Innocent Poupot, marchand, 1682.

Claude Vestier, bourgeois de Paris, 1683.

Nicolas le Rouge, marchand, 1684.

Henry Camusat et Marie Denise, sa femme, 1685.

Maitre Pierre Morel, prêtre, vicaire de S. Jean, 1686.

Charles Dieure, marchand, 1686.

Sœur Marie Journée, religieuse de la Visitation, 1686.

Christophe Mathieu, pâtissier, 1687.

Pierre Boilletot, bourgeois de Troyes, 1687.

Catherine Reinet fille, 1688.

François Maillet, marchand, 1690.

Jean-Baptiste Menegault et Marie Moussey, sa femme, 1690.

Maître François Tassin, prêtre, demeurant à Paris, 1691.

Etienne Vallours, marchand orfèvre, 1691.

Sire le Jeune, veuve de Innocent Barat, notaire royal à Troyes, 1696.

Christophe Guiard, m^e^ cuisinier, 1697.

Marie Anne et Marguerite Largentier filles.

Nicolas Beuve, marchand tisserand.

Maître Claude Aubry, prêtre, chanoine de S. Urbain.

Marie Thevenin, veuve de François Semillárd.

Barbe Petit, veuve d'André Breuché, marchand.

Jacques la Fiche, marchand.

M. Edme Germain, vicaire de cette église.

M. Edme Jouault, confrère de l'Oratoire.

1700.

Berthelemine Lombart fille, 1700.

Jean Lebé l'ainé, bourgeois de Troyes, Marie Breyer, son épouse, 1701.

Pierre Sémillard, marchand bourgeois de Troyes, 1703.

Jeanne Louise, veuve de Toussaint le Clerc, cossonnier, demeurant à Troyes, 1702.

Françoise Maillet fille, demeurant à Troyes, 1704.

M. Nicolas de Marisy, cons. en l'hôtel de ville de Troyes, 1705.

Anne Dorigny fille, demeurant à Troyes, 1706.

Marguerite Masson, épouse de M. Claude Maillet, officier chez le roi, 1710.

Catherine Perruchot, veuve de M. Nicolas Paillot, cons. du roi, lieutenant, 1711.

Edmée le Muet, veuve Brice Petit, marchand épicier à Troyes, 1711.

Marguerite Gobin fille, 1713.

Catherine et Etiennette Gombault, sœurs, filles, demeurant à Troyes, 1713.

Dame Anne Marceau, épouse de M. Armand de Riaulx de Villeroy, 1713.

M. Jacques Boilletot, conseiller en la chambre de l'échevinage de Troyes, 1713.

M. Pierre Boilletot, bourgeois de Paris, 1714.

Dame Jeanne de Mauroy, 1715.

Marguerite et Françoise Dumay, sœurs, filles, demeurant à Troyes, 1717.

Louis Moreau, marchand à Troyes, et demoiselle Marguerite Bourgeois, sa femme, 1718.

M. Jean Vigneron, président, au bureau des finances, à Paris, 1721.

Barbe Lejeune, veuve d'Edme Gorrier, marchand tanneur, 1722.

Antoine Philippe Fauvel, marchand, 1722.

Marie Gaulthier, veuve de M. Pierre Morel, cons. en la chambre de l'échevinage, 1725.

M. Edme Rolin, prêtre, sacristain de cette église, 1725.

Jean Clément, garçon, demeurant à Troyes, 1726.

Pierre Boussard, marchand bourgeois de Troyes, 1726 (1).

---

(1) Archives de l'Aube, registre 514.

INVENTAIRE

DES

RELIQUES ET JOYAUX APPARTENANT A L'ÉGLISE SAINT-JEAN,

FAIT LE 9 OCTOBRE 1562.

Ung ymage Monsieur sainct Jean Baptiste, lequel ymage est dargent dore (1).

Une petite croix dargent dore pesant quatre marcs....

Ung ymage sainct Hyerosme dargent dore....

Deux croix de bois, lune couverte dargent dore, avec le plombeau garny de six ymages dargent, et laultre couverte dargent....

Ung ensencier dargent sans doreure....

Ung soleil dargent dore a porter le corps de N. S. le jour de la Feste Dieu et aultres bons jours quand on fait la procession....

Ung vaisseau dargent dore a porter lextreme unction....

Quatre verges doz de balaines a garnitures de fil dargent servant a porter par les marguilliers....

---

(1) Cette figure, faite par l'orfèvre Jean Garnier, renfermait une dent de S. Jean, donnée en 1392 par Jean de Chaumont.

Une ymaige Notre Dame dargent dorey, tenant son enffant....

Une piece de tapisserie de verdure a deux licornes, a fontaine au milieu....

Trois grandes pieces de tapisserie servant a mettre audessus des chezes des prestres venues des Chatorups....

Une aultre piece au milieu de laquelle y a une *annonciation*....

Ung poisle de drap noir a quatre agneaulx, sainct Jehan et une croix au millieu de boccassin blanc....

Une chappe de drap dor a orfroi de broderie, appellee la *chappe de feu Monsieur le cure dOrigny*....

Ung livre couvert de velours rouge servant aux evangilles, garni de deux feuilletz dargent dore....

Ung messel servant au grant hostel de tous les jours....

Ung petit livre en parchemin servant a fere leaue benoiste.

Ung livre en parchemin appelle *anthiphone,* commencant *alleluya*, et finissant a une collecte *exulta.*

Ung *messel* en papier couvert de quesles, donne par feu Claude Berthier.

Plus cinq vielz *messelz* en parchemin.

Ung livre en parchemin, appelle *anthiphone*, commencant au premier samedy de ladvent, et se commence a *missus est*.

Ung aultre livre en parchemin, intitule le *commung des sainctz,* commencant *sancti Andree.*

Ung livre appelle ung *Gree* (1) des dimanches de lannee, commencant *ad te levavi oculos,* et finissant *vitam venturi seculi*.

(1) Graduel.

Ung aultre livre en parchemin servant aux messes ordinaires.

Ung aultre livre servant a chanter les epistres des festes et dimanches.

Ung aultre petit livre en parchemin a chanter vigilles.

Deux gros livres en parchemin servant a chanter les leçons aux bons jours, appelle *legendaire*.

Ung livre appelle le *commung des sainctz*.

Ung gros livre de parchemin appelle *Breviaire*, commençant le premier samedy de ladvent, avec trois aultres livres en parchemin de diverses sortes, lun appelle *legendaire*.

Huict *psaultiers* servans a dire les heures, en parchemin.

Cinq *antiphoniers* : le tout relye a quesles.

Quatre *processionnaulx* en parchemin, et quatre en papier.

Ung livre en papier ou sont escriptz les *passions*.

Ung gros *messel* en parchemin a boutz de fermilletz dargent, inscript par ces lettres : *Jehan de la Ruelle*.

Ung aultre *messel* en parchemin, historie et enlumine, aussy garny de boutz de fermillets dargent (1).

. . . .

---

(1) Archives de l'Aube, liasse 76, carton 58. Cet inventaire est incomplet. Beaucoup de feuillets ont été enlevés. L'église S.-Jean possédait, au XVIIe siècle, un grand nombre de reliquaires donnés par ses notables paroissiens. Courtalon cite surtout celui que fit l'orfèvre Papillon pour mettre la relique de la sainte Épine.

LE MAITRE-AUTEL DE L'ÉGLISE SAINT-JEAN.

Au mois de mars 1665, les marguilliers de S.-Jean font une quête pour la construction du maître-autel. Je ne citerai que les paroissiens dont l'offrande s'élève à 10 livres :

Quête du 9 mars.

Monsieur le curé,	100 l.
Monsieur Vignier, rue du Temple,	10 l.
M. Dumont le jeune,	10 l.
Madame Masson,	55 l.
M. Maillet, teinturier,	60 l.
M. Corard,	10 l.
Madame Gaulard,	28 l.
M. Jeanson,	11 l.
M. Aubrun,	11 l.
M. Nicolas Jourdain,	28 l. 10 s.
M. Louis Semillard,	12 l.
M. de la Porte,	30 l.
M. Jacques de la Huproye,	100 l.
M. Louis Camusat,	55 l.
M. Louis Paillot,	200 l.
Messieurs Louis Langlois,	50 l.
M. Jacques Maillet,	66 l.
M. Antoine de la Huproye,	22 l.
M. Gabriel Taffignon,	11 l.
M. Jacques Boilletot,	22 l.
M. Henry Camusat,	55 l.
M. Nicolas Denise,	11 l.
M. Nicolas Gillebert,	55 l.
M. Goujon,	57 l.
M. Nicolas Andry,	90 l.

M. Gille Camusat, 90 l.
M. Dumont, 100 l.
Madame Lebey, 11 l.
M. Gambey, 114 l.
Madame Collinet, 22 l.
Madame Daultruy, 11 l.
Madame Boyau, 22 l.
M. Jean Bluey, 11 l.
M. Bourgeois, notaire, 10 l.
D'un particulier de la Magdelaine, 30 l.

La *recepte* monte à 1975 livres. Madame Vignier donne 3000 livres.

Du commandeur du Temple, 44 l.
Des troncs, 6 l. 2 s.
De Madame Despray, 28 l. 10 s.
De M. Beaugrand, 5 l. 10 s.
D'un menuisier, 5 l.
De la servante de M. le commandeur, 1 l. 10 s.
Des troncs, 14 l. 10 s.

Quête du 5 *janvier* 1666.

M. le curé de S. Jean, 50 l.
M. Nicolas Regnier, 10 l.
M. Morandin, 16 l. 14 s. 6 d.
M. Moreil, prêtre et vicaire, 12 l.
M. Victor, prêtre et vicaire, 29 l.
Madame Largentier, 11 l.
M. Isaac Maillet, 107 l. 10 s.
Madame le Maire au louys d'or, 1 l. 9 s.
Madame Blampignon, 30 s.
Monsieur Marceau, 10 l. 15 s.
Madame Tassin, 11 l. 12 s.
M. Hué, à la belle maison, rien.
M. Chevalier, prêtre, sacristain, 82 l. 4 s.
M. Jean Hué, marchand, 22 l. 6 s.

Madame de Monjaut, libraire, 10 l.
Madame Maillet, veuve, 10 l. 15 s.

La *recepte* monte à 1034 l. 10 s. 6 d.; les marguilliers empruntent 2000 livres (1).

Madain et Chabouillet jettent « les fondements pour la construction du maître-autel, » et reçoivent, au mois de mars 1665, la somme de 451 livres 19 sous.

La table de l'ancien maitre-autel est vendue 20 livres; Dieudonné Misson fournit « douze pièces de marbre, pour la somme de 300 livres. » L'ouvrage, poussé avec activité, est terminé le 10 décembre 1667; l'architecte du Mazy visite les travaux, fait retoucher quelques morceaux, et déclare que les marguilliers peuvent recevoir le maître-autel. Madain et Chabouillet réclament 840 livres, qui leur sont comptées quelques jours après (2).

Duhalle et Courtalon prétendent que le maître-autel fut exécuté sur les dessins du célèbre Girardon, et qu'il fut terminé par cet artiste dans ses parties les plus délicates. Une lettre d'un troyen, résidant à Paris, nous apprend que Girardon n'exécuta que les ornements du tabernacle et les deux anges qui accompagnaient l'autel. Les marguilliers de S.-Jean, qui constatèrent le prix et l'envoi des tableaux de Mignard, n'ont pas même rappelé le nom de Girardon. Le maçon Madain et le sculpteur Chabouillet sont seuls désignés comme les entrepreneurs de la construction du maître-autel (3).

---

(1) Archives de l'Aube, registres 724, 5, 6, 7, 8, 9, 30.

(2) Archives de l'Aube, liasse 76, carton 58.

(3) *Archives historiques du département de l'Aube,* par Vallet de Viriville, page 307.

LES TABLEAUX DE PIERRE MIGNARD.

Le célèbre Pierre Mignard, né à Troyes en 1610, sur la paroisse de St-Jean, envoya, pour décorer cette église, les deux tableaux que tous les touristes viennent contempler avec admiration. Ces deux tableaux représentent « le baptême de Jésus-Christ par saint Jean-Baptiste, et le Père éternel, regardant avec complaisance le baptême de son fils. » Tout le monde sait que Mignard a représenté sa femme et sa fille sous la figure des deux anges qui soutiennent Notre Seigneur.

Ces deux tableaux, estimés 1,000 écus, dit Duhalle (1), ne furent payés que 1,500 livres. J'ai découvert aux archives de l'Aube les quittances signées de la main de l'illustre Mignard, et l'acte de réception du baptême de Notre Seigneur.

Nous soussignés, Jean Goujon et Louys Camusat, marchands à Troyes et marguilliers de la fabrique Saint Jean du dit Troyes, confessons que Monsieur Mignard, tres excellent peintre, demeurant à Paris, nous a mis en main ce jourdhuy le grand tableau du baptesme de S. Jean, qu'il a este prie de faire pour la dite eglise, et promettons audit sieur Mignard lui payer la somme de mil livres restant à payer de la somme à luy promise incontinent après qu'il nous aura encore fourny le petit tableau qui se doibt mettre dans la dite eglise, au dessus du dit grand tableau du baptesme, lequel petit tableau il

(1) *Mémoires historiques et chronologiques des antiquités de Troyes*, 1753, tome II, p. 353.

fera suivant l'un des deux desseins qu'ils nous a aussy baillez ce jourdhuy, lequel luy sera renvoye du dit Troyes. Fait a Paris, ce 14 juillet 1667.

Jean GOUJON. Louis CAMUSAT.

Suivent les deux quittances de Mignard :

« Jay receu des sieurs Jean Goujon, Michel Taffignon, Jacques Tassin et Louis Camusat, marguilliers de leuvre et fabrique de leglise S. Jean de Troyes, la somme de *cinq cent livres* a bon compte des deux tableaux que je fait pour la ditte eglise, laquelle somme de cinq cent livres je tiendray compte sur le pris fait des dits tableaux. Fait à Paris, le 21 mars 1667.

» P. MIGNARD.

« Jay receu la somme de *mil livre* en une lettre de change sur Monsieur Papillon, qui est pour le reste du payement des dits deux tableaux, à Paris, le 12e du mois de septembre 1667.

» MIGNARD (1). »

Le registre de l'année 1667 constate cette dépense de 1500 livres, plus 10 livres 12 sous 6 deniers « pour la boitte du grand tableau, l'emballage, le port et le renvoy des deux desseins par le messager. » Des rideaux dérobent aux regards les chefs-d'œuvre du célèbre artiste, qu'il n'est permis de contempler que les jours solennels.

---

(1) *Archives de l'Aube.*

LISTE DES CURÉS DE L'ÉGLISE SAINT-JEAN

ET DE SES DEUX SUCCURSALES St-NICOLAS ET St-PANTALÉON.

XIVe SIÈCLE.

Jean de Ricey, 1319.

Jean de Costenitz, 1394.

XVe SIÈCLE.

Jean Veriat, 1409.

Jean Bernac, 1411.

Guillaume Galeret, 1431.

Jean de Voton, maître ès-arts, licencié en droit, 1432.

Jean Grappin, 1441.

Etienne Plaisance, curé de St-Denis en 1448, et de St-Jean en 1476.

Odard Hennequin, licencié ès lois, grand archidiacre de Troyes, doyen de St-Etienne, 1483.

XVIe SIÈCLE.

Nicolas Dorigny, docteur en décret, conseiller au parlement de Paris, chancelier de l'Université, 1511.

Pierre Dorigny, conseiller au parlement de Paris.

Pierre Beau, 1526.

Nicolas le Tartier, 1564.

Jean le Meignen, doyen de St-Etienne, puis évêque de Digne, 1583, 1597.

XVIIe SIÈCLE.

Anne Bazin, bachelier en théologie, 1618.

Louis Vestier, docteur de Sorbonne, 1631.

Vezon fait abattre le jubé de l'église S. Jean par le maçon Gérard, le 9 novembre 1648.

Pierre Lardot, docteur de Paris, 1669.

Edme Lombard, docteur en théologie, 1685.

Cappé, prêtre de l'Oratoire, 1695.

XVIIIe SIÈCLE.

Les paroisses de St-Pantaléon et de St-Nicolas sont érigées en cures en 1719 et en 1722 par l'évêque Bossuet.

Jean Lefebvre, docteur en théologie, 1725, exilé en 1744.

Guirandy, *desservant* de la paroisse St-Jean.

Julien Girardot, docteur de Sorbonne, nommé le 1er avril 1745, et mort le 16 juin.

Devaveray, *doctrinaire*, 1745.

Muiron, 1763.

David Delille, 1785.

Joseph-François Dret, bachelier en théologie, 1789.

XIXe SIÈCLE.

Nicolas Guerou, 1815.

Paul Sompsois, 1827.

MESSIRE GUILLAUME GALERET,

ARCHIDIACRE DE L'ÉGLISE DE TROYES ET CURÉ DE St-JEAN.

1431.

Messire Guillaume Galeret habitait, au XVe siècle, la maison presbytériale située dans la rue du Temple. Son testament nous apprend qu'il était natif de *Pigney*, et qu'il desservit quelques églises avant sa nomination à l'importante cure de St-Jean. Galeret mourut au mois de janvier de l'année 1431. Deux sœurs de la maison St-Nicolas l'ensevelirent, 28 pauvres portèrent des cierges le jour de ses obsèques. Son corps fut déposé dans l'église de Troyes, où 108 messes furent célébrées par les chanoines et les vicaires. Des distributions de pain et de vin furent faites aux portes de l'église. Le clergé de St-Pierre, de St-Etienne, de St-Urbain, de St-Loup, de St-Martin-ès-Aires, de Notre-Dame-en-l'Isle et de Notre-Dame-aux-Nonnains, assistait à la procession, selon l'usage du XVe siècle. Galeret avait laissé X livres « à l'œuvre de la fabrique du clocher de l'église de Troyes, » quelques sous aux six *Maisons-Dieu*, et quelques livres à sa sœur de *Pigney*, à ses neveux et aux clercs de St-Jean. Il n'avait pas oublié maître Monde qui lui fit sa tombe, sur laquelle Guillaume écrivit le *milliaire*. Parmi les objets possédés par Galeret, je citerai plusieurs anneaux d'or, *ung ymaige de Notre-Dame de pierre d'albustre laissé a l'église de Pigney*, un *reloge*, un *molin à moutarde*, une corne de cerf faisant chandelier, des couteaux à manche d'ivoire, une bourse de drap d'or. Ses livres étaient nombreux; le compte de l'exécution rendu par Jean Blanche, sous-chantre de l'église de Troyes, mentionne une *somme de Goffroy*, *ung speculum juris*, *ung livre appelé Viaticum Constantini*, *ung livre de Loys*, *legenda aurea*, ***Missale ad usum romanum***, et plusieurs autres livres de droit et de médecine (1). C'était donc, dès le XVe siècle, un riche personnage que le curé de St-Jean; ses revenus surpassaient ceux de celui de St-Remi, qui comptait pourtant Ste-Madeleine parmi ses succursales.

(1) ***Archives de l'Aube.***

NOTICE

SUR LES

MÉMOIRES HISTORIQUES ET CHRONOLOGIQUES DES ANTIQUITÉS DE LA VILLE DE TROYES, CAPITALE DE LA PROVINCE DE CHAMPAGNE, PAR LOUIS DUHALLE.

Louis Duhalle, modeste marchand de chanvre du faubourg Saint-Jacques, a laissé beaucoup de manuscrits, parmi lesquels nous citerons surtout ses *Mémoires historiques sur Troyes*. Grosley, qui le connut, et qui lui communiqua, dit-on, ses *collections*, lut son travail uniquement entrepris par un sentiment patriotique, et prétendit que ses mémoires, « faute de citations et de style, ne feraient ni texte ni autorité. » Duhalle, « qui ne voulait point gâter les marges de ses manuscrits, » ne fit aucune rature, aucune addition, et se contenta de conserver précieusement ses élucubrations, sans s'inquiéter du jugement de la postérité. Ses mémoires ont été acquis par l'hôtel-de-ville de Troyes, dans les archives duquel il ne cotoie plus ceux du lieutenant Morel, comme l'indique l'éditeur des *Troyens célèbres* (1).

M. Vallet de Viriville, qui a parcouru les manuscrits de Duhalle, se montre moins sévère que Grosley, et déclare,

---

(1) *Mémoires sur les Troyens célèbres*, t. I, p. 432. Les manuscrits de Morel sont conservés à la bibliothéque de Troyes.

dans ses *Archives historiques*, « qu'une édition critique du modeste écrivain serait un service éminent rendu pour la première fois à la science. » Pour moi, qui ai lu les mémoires du marchand de chanvre, je ne crains point de dire que, pris pour canevas, ils obtiendraient quelque succès dans une ville dont l'histoire n'a pas encore été publiée. Grosley, qui se gardait bien de communiquer son petit projet, le savait parfaitement. Ses ouvrages, et surtout ceux de Courtalon, se sont souvent grossis des recherches de Duhalle, « quoiqu'elles ne dussent point faire autorité. »

Les Mémoires historiques et chronologiques des Antiquités de la ville de Troyes se composent de trois volumes in-4°, dont le premier traite des *affaires civiles*, et les deux autres des *affaires ecclésiastiques*. La partie civile est précédée d'une préface dans laquelle l'auteur répond naïvement à l'objection de Grosley.

« Je n'ay point, il est vray, dit Duhalle, cité mes auteurs dans plusieurs endroits, parce que ces citations auraient été souvent plus longues que les articles que j'empruntais d'eux, ce qui eut trop coupé le discours; mais j'ose dire que j'ay suivi la vérité. »

Duhalle, comme on le voit, avait conçu l'histoire autrement que nous. Il consulte les documents, rassemble des faits, et les raconte avec simplicité, ne croyant pas que tout est perdu s'il oublie les citations, parce qu'un honnête homme doit être cru sur parole. Il imite en cela Thucydide, qui ne mentionne dans toute son histoire que quelques chants populaires. Tacite lui-même n'a que treize citations parmi lesquelles on remarque un vers altéré de Virgile. La société ne demeurait pas alors inconnue, si l'historien se trompait de page dans une citation, ou s'il cotait mal l'édition!

Après avoir imploré l'indulgence du lecteur, Duhalle énumère les trente-huit monuments et communautés de la ville dont il dresse le plan, et commence ses récits. Dans les deux premiers, il traite de la haute *antiquité* de la capitale de la Champagne et de son *étymologie* qu'il appelle un énigme historique. Dans le troisième et le quatrième, il expose la *forme* et la *situation* de Troyes, donne les noms des portes, des tours et des ponts, mentionne les marchés et les boucheries où les mouches ne peuvent entrer, et rappelle « qu'un *fontainier* de Paris reçut 40 livres en 1643, pour un projet de bornes-fontaines. » Au chapitre cinq, Duhalle raconte les *hostilités* et les *séditions populaires*, et n'oublie pas que beaucoup de gens, excités par le R. P. Cotton, devaient *jouer des couteaux* pour l'établissement des Jésuites. Après avoir parlé du *commerce* et des *manufactures*, de la célèbre marquise d'Ancre, qui fit venir de Troyes un habile ouvrier pour établir cent métiers à Ancre, il donne une notice sur les *foires*, et constate que la ville ne comptait, en 1695, que 8,109 hommes et 10,089 femmes. Des *grands* jours il passe successivement à la *capitalité* de Troyes, à sa *noblesse*, à sa *religion*, à ses *conciles*, à ses *hommes illustres*, parmi lesquels il cite le peintre-verrier Jean Macadré, dont le cardinal de Richelieu admirait les œuvres. Les *entrées des rois et des princes* forment le quatorzième chapitre; le quinzième rappelle les *différents accidents*, les *incendies*, les *inondations*, les *chaleurs*, la *cherté des denrées*, la *peste*, les *comètes* et les *éclipses*. A la suite des *publications* de paix, viennent les noms des gouverneurs de la Champagne, ceux des intendants de cette province et des baillis de Troyes. Le vingtième chapitre est consacré à la *mairie* et à l'*eschevinage*. Le premier maire porte nom Edmond Boucherat, et n'est institué qu'en 1493. Aux maires succèdent les *juges* et les *consuls;* le premier juge est Christophe Angenoust, et les premiers consuls s'appellent Jean de Mauroy et Jean Gombault. Des marchés publics l'auteur passe aux rues et ruelles de la ville, qu'il parcourt dans ses quatre quartiers de *Beffroy*, de *Croncels*, de *Comporté* et de *S.-Jacques*. Aucun nom ne lui échappe, pas même celui des 71 puits. Franchissant les portes de la ville, Duhalle compte les moulins, les villages et les paroisses de la banlieue de Troyes, et termine son premier volume par l'énumération des grands officiers des comtes de Champagne et des *fiefs mouvans du roi*, assis au bailliage de sa chère cité.

L'histoire ecclésiastique s'ouvre par l'*ordre* que l'on tenait à l'entrée des évêques. Après avoir rappelé les vertus des prélats et dessiné leurs armoiries, l'auteur nomme les chapitres, les abbayes, les hôpitaux, critique les fêtes burlesques qui se célébraient au xve siècle, vous indique le rang des dix églises paroissiales et des collégiales aux processions générales, et visite les monuments religieux, à l'aide de précieuses notes extraites des registres des marguilliers. Ses descriptions, quoiqu'imparfaites, sont plus intéressantes que celles de Courtalon, son abréviateur. A Saint-Pierre, il vous raconte que l'ouvrier qui entreprit la construction du clocher s'enfuit, désespérant de l'élever. Un ouvrier, passant à Troyes, retire les bois des ondes du moulin de Jaillart : le coq est placé sur le clocher, en 1429.

Le jour de la dédicace de l'église est fixé au 9 juillet de la même année. Un splendide festin de 4 livres 12 sous 6 deniers, non compris un muid de vin, réunit toutes les compagnies au logis épiscopal. Les fondements des tours sont jetés au commencement du xvie siècle par Cambiche, de Beauvais, qui reçoit 8 écus d'or le 24 octobre 1515, pour subvenir aux dépenses des noces de sa fille. De l'église Saint-Pierre, Duhalle se rend aux deux collégiales de Saint Urbain et de Saint-Etienne, et fait un inventaire exact de leurs reliques. Après avoir cité les chapitres du diocèse, il entre dans les églises paroissiales de Saint-Jacques-aux-Nonnains, de Saint-Jean-au-Marché, de Saint-Remi, de Sainte-Madeleine, de Saint-Frobert, de Saint-Nizier, de Saint-Denis, de Saint-Aventin, de Saint-Pantaléon et de Saint-Nicolas. Il admire les tableaux de Mignard, les sculptures de Girardon, le jubé de Guailde, les magnifiques verrières de Jean de Bar-sur-Aube, de Macadré, de Linard Gonthier ; l'hôtel de Vauluisant, les statues de François Gentil, et termine son excursion par une notice historique sur les abbayes de Montier-la-Celle, de Montiéramey et de Nesle.

Le tome troisième des *Mémoires historiques* est consacré aux abbayes et aux autres établissements religieux du diocèse de Troyes. Duhalle donne une notice sur les abbayes de Notre-Dame-aux-Nonnains, de Notre-Dame de Sézanne, du Paraclet, de Larrivour, de la Pitié-lès-Rameru, de Boulancour, de Sellières, du Reclus, de Notre-Dame-des-Prés, de Saint-Loup, de Saint-Martin-ès-Aires, de Chantemerle, de Beaulieu, de Basse-Fontaine et de la Chapelle-aux-Planches. Des abbayes il passe aux prieurés, et des prieurés aux hôpitaux et aux maladreries, sans oublier les couvents des frères prêcheurs, et les grandes et les petites écoles.

Sa longue liste comprend les prieurés de Macheret, de Saint-Quentin, de Saint-Blaize, de Notre-Dame-en-l'Isle, de Saint-Jacques ou les Mathurins, de Saint-Anthoine, les Chartreux, la Commanderie de Malte, les prêtres de l'Oratoire-de-Jésus, le collége, le grand séminaire ou la mission, le petit séminaire, les Jacobins, les Cordeliers, les Capucins, les Minimes, les frères des écoles chrétiennes, l'ermitage de Notre-Dame-du-Hayer, la Congrégation, les Ursulines, Foicy, les Carmélites de la ville et du faubourg, la Visitation, le prieuré de Sainte-Scolastique, les sœurs régentes ou sœurs noires, les Filles-Dieu, les Cordelières, les Orphelines, les sœurs de la Charité; les Hôtels-Dieu-le-Comte, — Saint-Nicolas, — de la Trinité, — Saint-Bernard, — Saint-Esprit, — Saint-Abraham et Saint-Lazare, et les dix-neuf maladreries du diocèse. C'est, comme on le voit, la liste suivie par Courtalon, qui s'est contenté des recherches de Duhalle pour composer sa topographie, en y ajoutant celles du lieutenant Morel sur les bourgs et les villages du diocèse. L'auteur des *Mémoires historiques* compte onze moulins aux environs de Troyes, ceux de Jaillart, de la Tour, de Meldançon ou de la Pelleterie, de Brûlé, de Paresse, « ainsi désigné parce qu'il est à sec dans le temps des eaux basses », de la Pielle, de la Rave, de Notre-Dame, de Pétal et le moulin le Roy. Troyes, au XVIIIe siècle, n'avait pas moins de 71 puits, dont il importe de conserver les noms et de donner l'exacte situation, parce qu'ils seront comblés après l'établissement tardif des bornes-fontaines.

Puits du quartier Belfroy.

1753.

Puits de la porte de Belfroy.
Puits de la rue des Trois-Têtes.
Puits près Saint-Nicolas, aux frais de la fabrique.
Puits du haut du Marché-au-Bled, comblé depuis le repavage en 1726.
Puits du Marché-au-Bled, près de la cour Doé.
Puits du bout d'en haut de la rue de la Pierre.
Puits du bout d'en bas de la rue de la Pierre.
Puits de la rue de la Clef-de-Bois.
Puits de la rue des Forces.
Puits de la Clef-d'Argent, au marché aux Oignons.
Puits de la Charbonnerie.
Puits du marché aux Herbes, fait à neuf en 1726.
Puits de l'Etape-au-Vin, avec un pilori supprimé.
Puits de la rue du Chaperon, avec un pilori supprimé.
Puits de la rue du Bourg-Neuf.
Puits de Brac, ou de la Cour-Château.
Puits du haut de la Corterie-aux-Chevaux.
Puits de la rue du Bois.
Puits de la rue de la Rouarie ou des Filles.
Puits de la Madeleine.

Puits du quartier Croncels.

Puits près la porte de Croncels, devant Saint-Esprit, comblé le 5 juillet 1728.

Puits des Noces, en la rue du Cheval-Rouge.

Puits du Mouilleçon, ou de la rue de l'Eau-Bénite.

Puits de la rue du Dauphin.

Puits du haut de la rue du Temple.

Puits de la Vierge, au bas de la rue du Temple, refait à neuf en 1726.

Puits du Cerf ou de la rue de la Trinité.

Puits de la rue de la Limace.

Puits des Aulx, en la rue de l'Epicerie, vis-à-vis celle de la Beurerie, couvert lors du repavage de 1726.

Puits des Trois-Maries ou de la Chaîne, en la rue du Sauvage.

Puits de la Fannerie, vis-à-vis le Grand-Sauvage, et près de la rue Monnot.

Puits Velu, en la Grande-Tannerie.

Puits de la Croix-Blanche ou du Cornot, en la rue Notre-Dame.

Puits de la Petite-Tannerie.

Puits des places de Notre-Dame.

Puits des Ursules.

Puits de la Tête-Noire.

Puits du quartier Comporté.

Puits de Beaulieu, en la rue du Bois.

Puits de la Folie, en la rue du Bois, proche l'église St-Remy.

Puits du marché des Trapans.

Puits de la rue de l'Ecole.

Puits des Violettes, en la Grande-Rue, vis-à-vis l'église Saint-Urbain.

Puits du Sagittaire ou de la Grenouille, en la rue Moyenne.

Puits de la Samaritaine, au-dessus de la Boucherie.

Puits des Morts, dit de l'Eau-Bénite, tenant à l'église St-Jean.
Puits de la Belle-Croix.
Puits du coin de la rue du Domino, supprimé.
Puits de la rue des Bûchettes.
Puits du Petit-Moyse, en la rue des Lorgnes.
Puits du coin de la rue des Quinze-Vingts.
Puits proche la porte de la Magdelaine.

Puits du quartier de Saint-Jacques.

Puits d'Entre-Deux-Portes.
Puits des Marmotins, au coin de la rue Surgale.
Puits de la rue Surgale.
Puits de la rue du Breucher.
Puits de la rue des Deux-Paroisses.
Puits de la rue du Bœuf-Renouvelé.
Puits des Ménétriers ou du Bourg-l'Evêque.
Puits de la rue Saint-Aventin.
Puits de la rue des Trois-Ormes.
Puits de la rue de la Grande-Courtine.
Puits de la rue Saint-Denis.
Puits près le Palais, aux frais du chapitre de Saint-Etienne.
Puits de la rue du Petit-Cloître.
Puits du Chaudron, en la rue Saint-Loup.
Puits du Chapeau-Blanc, derrière la maison de la Santé.
Puits de Nervaux.
Puits du Cygne ou de la Hache, près Saint-Pierre.
Puits devant l'Hôtel-Dieu-le-Comte, rempli en 1696, par jugement de l'Hôtel-de-Ville.
Puits de la rue de la Vieille-Rome.
Puits de la rue de l'Arche-de-Noé, dit du Paon.
Puits du Petit-Chaillouet, aux frais des voisins.
Puits de l'Eau-Bénite, près Saint-Nizier (1).

---

(1) A l'hôtel de ville on conserve encore un manuscrit inti-

Louis Duhalle était fils d'un homme jovial qui ouvrit à Troyes le premier café, et le seul que cette ville ait eu longtemps. La place de l'Etape-au-Vin avait été choisie pour cet établissement, parce que, voisine du Marché-au-Blé, elle était fréquentée par un bon nombre d'acheteurs et de vendeurs. A la sortie du marché, les habitants de la campagne, prenant le café pour une boutique de barbier, y entraient et se mettaient en place pour être servis. Duhalle, accourant avec empressement, leur mettait la nappe autour du cou et dans les mains son mortier de marbre. Après avoir savonné son homme, le limonadier sortait de sa boutique sous prétexte d'aller chercher ses rasoirs chez le coutelier, et ne rentrait que lorsque le paysan ennuyé d'attendre et fatigué du poids du mortier avait abandonné la place, donnant au diable le barbier et son bassin (1).

L'établissement de ce Duhalle ne s'ouvrit qu'en 1698, dans la maison où existe maintenant le café Battelier. Dans un registre de la fabrique de l'église Saint-Jean, les marguilliers citent un Claude *Duhal*, *marchand caffetier*, habitant une *maison sise à Troyes, rue de l'Etape-au-Vin*. Son successeur, Pierre *Charbonnet*, exerçait dès 1745 la profession de marchand *limonadier*.

Louis Duhalle n'avait pas consacré toutes ses heures à l'histoire de Troyes; en véritable héritier de l'esprit jovial de son père, il fit plusieurs recueils de bons mots et d'anecdotes piquantes. Je possède le *Recueil récréatif qui fut déposé dans la bibliothèque de Troyes du temps que M. Blanchard, parent de l'auteur, en était greffier*. Cet in-8° de 310 pages contient

---

tulé : *Limittes des puys communs de la ville de Troyes, en* 1550. J'en dois la communication à l'obligeance de M. Dubois, secrétaire de la mairie.

(1) *Troyens célèbres*, tome I, p. 432.

des anecdotes et des bons mots, des pensées ingénieuses, des épitaphes et quelques pièces légères. Duhalle, en choisissant ses petits morceaux, ne s'est pas effrayé du jugement de ses lecteurs; car il vous avoue ingénument que s'il n'a pas le don de vous plaire, vous n'êtes point sûr, de votre côté, d'être son ami. Il a donc tout entassé, quelquefois sans ordre, et même en donnant force crocs-en-jambe à cette belle langue française, dont il admirait sans doute les chefs-d'œuvre. Ses pensées ingénieuses méritent qu'on s'y arrête : j'en citerai quelques-unes pour prouver que notre compilateur n'était pas un simple marchand de chanvre :

— Un coffre sans serrure, montre qu'il ne renferme point de trésors; une bouche toujours ouverte, annonce un cerveau vide.

— La beauté sans esprit est un hameçon qui attire les cœurs, mais qui ne les retient pas.

— Quand on conseille la vertu aux autres, on augmente les raisons qu'on a de la pratiquer.

— Les amis sont comme l'ombre d'un cadran qui paraît quand le ciel est serein, et qui se cache quand il est nébuleux.

— Vivre sans amis, c'est mourir sans témoins.

— Celui qui commence un procès, plante un palmier qui ne donne jamais du fruit à celui qui l'a planté.

— Un compliment est un mensonge agréable qui sert de filet pour prendre les dupes.

— Les médecins se portent mal, quand tout le monde se porte bien.

— Le temps est une suspension de l'arrêt de mort que Dieu a prononcé sur nous.

— Les avares sont les fermiers de leurs héritiers.

— Le silence est le masque de l'ignorance.

— Jouer, c'est jeter son bien dans la mer pour l'aller recueillir sur le rivage.

— L'éloquence est dans les discours ce que le sang est dans les veines.

— A quoi sert la réputation après la mort, c'est un bon vent après le naufrage.

— Les fautes des souverains sont d'autant plus remarquables que ce sont des éclipses de soleil.

— Les prières des justes ressemblent aux vapeurs qui montent au ciel, forment des nuées qui se convertissent en des pluies salutaires.

— Il y a des gens qui sont comme des tambours, ils ne rendent aucun service s'ils ne sont battus.

— Vivez avec les hommes comme si Dieu vous voyait, parlez à Dieu comme si les hommes vous écoutaient.

— L'intérêt est le grand maître des cérémonies du monde.

TABLE DES MATIÈRES.

Pages.

TROYES, IMP. BOUQUOT.

Bibliophile

du

Département de l'Aube.

6e Livraison.

ORAISON FVNÈBRE

DE FEV TRES HAVT ET PVISSANT PRINCE

FRANÇOIS DVC DE LVXEMBOVRG ET DE PIGNEY,

PAIR DE FRANCE,

Prononcée à Pougy, le 28 Octobre 1613,

PAR F. PIERRE DANTE;

précédée d'une

NOTICE HISTORIQUE

SUR LA MAISON DE LUXEMBOURG-BRIENNE ET SUR CELLE
DE LUXEMBOURG-PINEY,

et suivie

D'UNE NOTE SUR JEAN DE LUXEMBOURG, ABBÉ DE LARRIVOUR,

ET SUR NICOLAS PARIS, IMPRIMEUR A TROYES,

PAR ALEXANDRE ASSIER.

TROYES.

BOUQUOT, LIBRAIRE-ÉDITEUR, RUE NOTRE-DAME, 86.

MDCCCLIV.

Tiré à 34 exemplaires numérotés :

30 sur papier vergé,
4 sur papier de couleur.

N° 11

NOTICE HISTORIQUE

SUR LA MAISON DE LUXEMBOURG-BRIENNE

ET

SUR CELLE DE LUXEMBOURG-PINEY.

L'histoire de la maison de Luxembourg a été écrite par le célèbre Nicolas Vignier, médecin et historiographe des rois de France. La première édition parut en 1617, à Paris, *chez Samuel Thiboust, au Palais, en la gallerie des Prisonniers;* elle était *nouvellement mise en lumière par André Du Chesne, tourangeau.* La seconde parut en 1619, à Paris, *chez Thomas Blaise, rue Saint-Jaques, au coing de la rue de la Parcheminerie, à l'image Saint-Thomas;* elle était illustrée de notes par Nicolas-George Pavillon, *et contenait les tables généalogiques des princes de cette maison et les blasons de leurs armes.* Ces deux éditions sont rares; la bibliothèque de Troyes en possède un exemplaire, provenant de la bibliothèque de Jacques Hennequin, docteur.

Je ne veux point entreprendre le récit des actions éclatantes de toute la noble lignée de Ricuin, qui obtint le premier, dans son héritage, le château de Luxembourg. Je laisse à M. l'abbé Comus de Ligny la gloire de célébrer cette illustre famille, qui compte tant de grands monarques et de valeureux guerriers, pour donner seulement une notice sur les maisons de Luxembourg-Brienne et de Luxembourg-Piney, qui brillèrent d'un si vif éclat dans nos châteaux. Je ne remonterai donc pas jusqu'à ce Regnier qui devint duc de Lorraine sous le faible Charles-le-Simple; mon récit ne commencera qu'à la mort de

Gauthier VI, comte de Brienne et connétable de France, qui périt à la mémorable bataille de Poitiers, en défendant son roi malheureux, Jean II, dit le Bon.

A la mort de ce connétable, Isabeau, sa sœur, transporte, en 1356, le comté de Brienne dans la maison d'Enghien par son mariage avec Gauthier IV, sire et duc d'Enghien. Siger, leur fils, hérite du comté; mais, à la mort de Gauthier V, tué devant la ville de Gand, son oncle Louis d'Enghien prend le titre de comte de Brienne. Son fils André meurt sans enfants, en 1406; sa sœur Marguerite transporte le comté de Brienne dans la maison de Luxembourg par son mariage avec Jean de Luxembourg, de la branche cadette de cette illustre maison.

Marguerite eut plusieurs enfants : Pierre, Louis et Jean dit le Borgne. Pierre laissa plusieurs enfants qui donnèrent le jour à cette foule de princes et de seigneurs qui portèrent le nom de Luxembourg. Pierre, par suite d'héritages, avait réuni les titres de comte de Brienne, de Saint-Pol et de Conversan, de châtelain de Lille et de seigneur d'Enghien. Son fils aîné Louis, connu sous le nom de connétable de Saint-Pol, fut décapité sur la place de Grève. à Paris, en 1476; Jean de Luxembourg, fils aîné du connétable, s'enrôla dans les armées du duc de Bourgogne et périt à la bataille de Morat.

Pierre II, devenu l'aîné de sa famille par la mort de son frère Jean, laissa le titre de comte de Ligny à son frère Louis et celui de comte de Brienne à son frère Antoine. Antoine I de Luxembourg peut être regardé comme la tige de la maison de Luxembourg-Brienne. Ce comte obtint la charge de connétable de France et succomba glorieusement à la bataille de Marignan, livrée contre les Suisses, en 1515.

Antoine II lui succéda dans son comté de Brienne et prit aussi les titres de comte de Ligny et de Roucy. Un chroniqueur rapporte qu'il s'éleva devant François Ier contre le projet formé par le comte d'Enghien de livrer la bataille de Cérisoles. Le jeune héros triompha, mais il fut tué, deux ans après, par un coffre jeté d'une fenêtre. Antoine mourut en 1557, laissant deux fils : Jean et François. Jean II prit le titre de comte de Brienne et de Ligny, et François celui de baron de Piney et de seigneur de Ramerupt. Le roi de France érigea plus tard, en faveur de ce cadet de famille, la baronnie de Piney en duché-pairie.

Jean II, mort au camp de La Rochelle, fut ramené à Troyes le 30 juin 1573, et déposé dans l'église de Notre-Dame-aux-Nonnains, dont sa tante était abbesse. Son fils Charles de Luxembourg lui succéda et prit le titre de comte de Brienne, de Ligny et de Roucy. Ce Charles de Luxembourg fut le dernier mâle de la branche de Luxembourg-Brienne. Sa sœur Louise de Luxembourg transmit son comté à Louise de Béon-Luxembourg, sa fille, mariée à Henri-Auguste de Loménie. Des descendants de Loménie le château de Brienne passa à Mme de Montbreton, héritière d'Etiennette Fizeaux, épouse de Louis-Marie-Athanase, comte de Brienne, qui mourut victime de la révolution de 93. Depuis quelques années, la famille de Beauffremont occupe le château des Loménie et répand ses dons dans la petite ville de Brienne, si célèbre au XVIIIe siècle par son école militaire, où brilla Bonaparte, et naguère si triste et si déserte.

A quelques lieues de Brienne, le bourg de Piney, simple baronnie, fut érigé, en 1581, en duché-pairie, en faveur de François de Luxembourg, chef de la branche de Luxembourg-Piney. Ce François était second fils d'Antoine de Luxembourg, comte de Brienne, de Ligny et de Roucy. François, dès son bas âge, se destinait à l'état ecclésiastique; l'évêché de Laon lui était même réservé, lorsqu'après le décès de Jean de Luxembourg, il voulut embrasser la profession des armes, *pour ne pas laisser éteindre sa noble race*. Le roi Henri III lui accorda le titre et la dignité du duc et érigea sa petite seigneurie en duché-pairie. François lui rendit des services importants; il se rendit à Rome pour féliciter Sixte V, lors de son avènement au pontificat, et gagna tous les princes de l'Italie à la cause de son maître. Plus tard, il retourne à Rome et assiste au couronnement de Henri IV, dans la cathédrale de Chartres, où il représente le comte de Toulouse. Il avait épousé Diane de Lorraine, fille de Claude de Lorraine, duc d'Aumale, pair et grand veneur de France, et de Louise de Brezé. Cette princesse, mariée le 15 novembre 1576, mourut le 16 mai 1585, *en son chasteau de Pougy*. Son *trespas* a été célébré par un poète de Magnicourt, qui fit imprimer sa *déploration*, à Troyes, chez *Jean Griffard, demourant en la Petite-Tennerie, près le second pont* (1).

Diane eut pour fils Henri de Luxembourg, duc de Piney, et cinq filles, dont une, Louise de Luxembourg, fut abbesse de Notre-Dame de Troyes. Henri reçut le baptême dans l'église de Pougy, le 27 janvier 1585, des mains de Claude de Bauffremont, évêque de Troyes, assisté des abbés de Larrivour et de Bassefontaine. Le roi Henri III et la reine Catherine de Médicis étaient attendus à Pougy pour cette imposante cérémonie, mais des événements les retinrent à Paris. Le roi se fit représenter

(1) *Bibliophile du département de l'Aube*, 2e livraison.

par Henri de Lorraine, comte de Challigny, et Catherine de Médicis par Catherine de Clèves, duchesse de Guise.

François eut pour seconde épouse Marguerite de Lorraine, fille de Nicolas de Lorraine, comte de Vaudemont, et sœur de Louise de Lorraine, épouse du roi Henri III. De Marguerite naquit cette pauvre Françoise qui fut tuée, dès son berceau, *par une pomme de lict en pavillon*. François, duc de Piney, était célèbre par ses exploits et chéri de ses vassaux par ses aimables qualités. Le chanoine Pierre de Larrivey lui dédia les *divers discours de Laurent Capelloni*, imprimés à Troyes, en 1595, pour Jean le Noble. Il mourut en son château de Pougy, le 30 septembre 1613, *chargé d'ans, d'honneurs et de biens*, dit un biographe contemporain. Son oraison funèbre, que nous publions, fut prononcée, le 28 octobre, par frère Pierre Dante, prédicateur ordinaire de Sa Majesté. Son fils Henri, son successeur, épousa, *dans un âge encore tendre*, Madeleine de Montmorency. Il eut l'honneur d'accompagner en Espagne Henri de Lorraine, duc de Mayenne, et reçut un accueil favorable du roi Philippe II. Il mourut, à l'âge de 34 ans, le 23 mai 1616. — « En luy, dit son historien, prit fin la ligne masculine d'une si grande et illustre famille, après avoir subsisté en ce florissant estat plus de 700 ans. « Ses deux filles eurent pour tuteur honoraire *messire Jacques Vigner, conseiller du roi en ses conseils d'Estat et privé*. L'une d'elles, Marguerite-Charlotte, épousa Léon d'Albert, puis Charles-Henri de Clermont-Tonnerre. Sa fille Madeleine-Charlotte-Bonne-Thérèse de Clermont, eut pour époux François-Henri de Montmorency, gouverneur de Champagne, qui se fit reconnaître duc de Piney. Mais, quelque temps après, ce duché lui fut disputé par le marquis de Béon. Le maréchal de Luxembourg triompha et se retira souvent à Piney.

Des ruines seules attestent aujourd'hui le séjour de ces nobles personnages à Pougy, à Piney et dans d'autres bourgs célèbres avant 93. Encore quelques années, et ces ruines auront disparu; alors s'effacera le souvenir des vertus et des bienfaits de ces familles qui brillèrent depuis les croisades jusqu'au jour où la royauté fut renversée par une horde de factieux.

ORAISON FVNEBRE

DE FEV TRES-HAVT, ET PVISSANT PRINCE, FRANÇOIS DVC DE LVXEMBOVRG, & de Pigney, Pair de France, Cheualier des deux Ordres du Roy, Conseiller en ses Conseils d'Estat & priué, Capitaine de cent hommes d'armes de ses Ordonnances, Prince de Tingry, Comte de Ligny, Roussy, & Rounay, Vicomte d'Auranche, Argentan, Yemes, & Saint Siluin en Normandie, Baron de Pougy, Vandeuure, Rameru, la Faulche, Seigneur de S. Martin, d'Ablois, de Vrincourt, Oudincourt, & Vieux-ville, &c.

Prononcée à Pougy le 28. *Octobre* 1613. *en presence de Monseigneur le Duc de Luxembourg et de Pigney, son fils : Comtes, Barons, Seigneurs, et autres Gentils-hommes du pays.*

Par Frere PIERRE DANTE, Predicateur ordinaire de sa Majesté.

•

ENTRE les autres loix (Monseigneur) qui rendoient fameuse et renommée la ville d'Athenes par dessus toutes les citez du monde, il y en auoit vne qui deffendoit de donner la couronne à celuy qui estoit subjet de rendre compte auant qu'il eust satisfait : désirant l'Autheur de ceste Ordonnance que comme les récompenses, qui font resplandir le lustre des vertus, demandent la celebrité et les yeux de tout le monde, qu'aussi ne fussent-elles conferées qu'à ceux dont l'integrité recogneuë, et les actions espluchées meritassent d'en establir vne parfaite foy. Suiuant ceste Loy nous nous presentons icy pour esleuer les trophées, et apposer les couronnes à vn grand Prince, dont le nom triomphant, quand il sera proferé, tirera de regret de nos yeux autant de larmes, comme pour ses vertus incomparables, il allumera des viues flammes d'amour et de reuerence à nos cœurs ; lequel après le compte d'vne vie héroïque, et toute dispensée au seruice de l'honneur (l'vnique element qui l'a soustenuë) exactement et fidellement rendu à la nature et à son Dieu, semble requerir de nous, ou plustost la vertu pour luy, ces iustes et glorieux deuoirs. Les Couronnes que nous luy offrirons comme elles sont voüées au plus illustre et Auguste Chef que le Soleil ayt veu en nos iours commander en la Chrestienté: Race de tant de Roys, Rameau d'vne tige qui ne sçait ietter et produire que des Cesars; Aussi ne seront-elles d'estoffes vulgaires, tirées de l'ordure et de la fange des matieres caducques, mais d'vn pris esleué par dessus la bouë de ce monde terrestre, et pourtrait à l'image des Idées eternelles, qui resident au sein de la Diuinité; sçauoir du recit de ses hauts gestes, et celebres actions, et en suitte d'vn renom immortel, d'vn honneur, d'vne gloire viue à jamais, qui en publiera sans enuie la memoire par tout, et l'imprimera d'âge en âge aux cœurs des plus arrieres nepueux, tant les rayons qui luisent des exploits genereux sont tousiours illustres.

Le subjet est grand, ample, riche, immense, et tel qu'ayant eu à le desirer, mes souhaits luy deuroient du retour. C'est vne plaine moisson de gloire, de lauriers, et de triomphes, qui demanderoit vne bouche à sept tuyaux, comme le Nil, et qui se redoublast en autant d'accents que le porche Eptaphone. C'est vn yuoire vrayement propre à tailler l'effigie d'vn Iupiter Olympien, si la delicate main d'vn Phidias auoit à l'eslabourer, et le mettre en œuure. Car que se peut feindre l'eloquence (toute puissante qu'elle soit) de plus insigne et releué, pour desployer ses maistresses voiles, que l'objet d'vn grand Duc, sorty de l'estoc des plus renommez Empereurs de la terre, et au tres-noble sang duquel le sang des plus souueraines maisons du monde se r'allie et r'assemble; qu'vne vie exercée dés le berceau au maniement et desmeslement des plus grandes et importantes affaires de l'Europe, tant de batailles, tant d'assauts, rencontres, ambassades, accords, et traittez, et dont chaque particularité, pour receuoir vn plain esclat et parfait relief, requerroit vne histoire entiere. Certes il faudroit la plume d'Homere, née pour attaindre à toute fecondité, ou la trompe de ce Triton posée à Rome sur le feste du Temple de Saturne, pour bruire sur vn subjet si excellent et si inoüy. De vray les grandes et sublimes ames du passé n'ont iamais esté fraudées de leurs iustes honneurs, et la posterite vraye arbitre de leur valeur, a combatu à l'enuy pour l'exaltation de leur gloire : elle qui esclairée de l'esplandeur de leurs hautes actions, et aydée par des exemples, des proüesses, et magnanimitez, rendoit possible l'impossible, n'a pas failly d'en surhausser le renom à l'esgal du merite. Mais par quelles bouches, par quelles mains? Les plus illustres hommes s'entr'enuioient ces offices d'honneur, voire les Princes et les Roys estoient recherchez en ces deuoirs. Ce Periclés qui porte la Deesse Python assise sur ses levres, et dont la voix ne s'animoit que de foudres et d'esclairs, voulut estre la trompette qui entonnast le beau renom des braues preux, qui finirent vaillamment leurs iours pour le bien de la Grece. Et la lyre d'Achille ne fredonne chez Homere que les faits heureux des anciens Cheualiers. Car comme le Mercure ne se fait de tout bois, ny le royal unguent des Perses de toute sorte de parfums : aussi ne doit-on bastir la gloire et l'immortalité des grands Princes de toutes sortes de loüanges. Voila pourquoy le grand Fabius : qui auoit enuié Scipion viuant, le voulut loüer et adorer mort aux yeux de tout le peuple de Rome. Et le premier des Empereurs le diuin Iule eust creu que les honneurs funebres de sa mere Aurelia n'eussent esté plainement rendus, si autre que luy en eust exalté la memoire. Suiuant cet exemple il y a bien de l'apparence que sans plus il n'appartenoit qu'à ce généreux Aiglon, qui sans cligner les yeux fait ja teste au Soleil, de loüanger le beau subjet qu'il nous a mis en main. Car qui le pourroit si dignement faire que luy, et qui doit parler des vertus que celuy qui les possede et les cognoist, qui en est abondamment garny, et qui embaume l'air des douces odeurs que continuellement il en respand? Mais l'extreme douleur allant du pair auec la perte qui estouppe sa voix, et les soupirs redoublez qui entrecouppent ses paroles, desrobent à sa pieté les moyens de satisfaire à ce loüable desir· Il faudroit moins d'amour au Fils, ou moins d'excellence au Pere, pour faire qu'en vn dueil moins violent, la langue et l'esprit peussent retenir les facultez ordinaires. Il n'y a que les legeres douleurs qui puissent parler, les grandes sont muettes, elles charment et trancissent la voix. Or son commandement m'ayant icy placé et substitué, à ce que la grandeur de son zele, et le trop d'ardeur de sa charité, ne luy permettent d'executer luy-mesme : et d'ailleurs ne venant à ceste action fretté et equippé comme il est requis, ains seulement fortifié du seul desir de luy rendre vne tres parfaite obeyssance, ie desirerois pour respondre à la grandeur du subiect que i'entreprends, que quelqu'vne de ces intelligences qui president à l'eloquence, m'enleuast vne de ces Yynges, ou langues des Dieux, qui pendent par miracle au trosne du Roy des Perses, et l'attachast dextrement à ma bouche, afin qu'ayant à discourir de l'excellence, de l'honneur, et du mérite de celuy qui extrait de la plus illustre maison du monde, a par la grandeur de ses faits tant au mestier des armes qu'aux arts de la paix, surmonté la gloire de ses fameux Ayeuls, ce me fust vn instrument condigne, et vn organe propre à ietter des esclats, distiller des liqueurs, espandre des fleurettes, et rouller des torrents qui eussent le moyen d'esgaller ses merueilles, et faire dire à tout le monde (rauy d'estonnement et d'admiration) que l'Imperialle maison de Luxembourg ne se peut vanter d'vn germe plus precieux, ny plus glorieuse production, que du tres-hault, tres-puissant, et tres-magnanime François Duc de Luxembourg, et de Pigney, Cheualier des deux Ordres du Roy, Pair de France, et Prince de Tingry. Mais afin de ne rauir en faueur des vains souhaits, le temps qui doit estre employé au recit de ses luisantes actions, nous dirons en vn mot, que tout ce que la fortune et la vertu ont accoustumé de distribuer séparément par parcelles et subdiuisions au reste des humains, s'est comme en vn gros et en vne mer r'amassé au bonheur et prudence de ce Prince, la grandeur de la race, vne souueraine clarté d'entendement, la vaillance, la sage conduite, et vne moderation esgalle à vne grande puissance.

Premierement, pour ce qui est de la superbe origine, personne ne reuocque en doute et tous les Historiens, tant François qu'Allemands, en demeurerent d'accord, qu'elle se tire de la premiere race des Roys de France, sçauoir de Clodion le cheuelu, deuxiesme Roy d'icelle. Mais pour demeurer dans les bornes de la briefueté, et ne foüiller si auant dans le sein des siecles tant reculez, nous nous contenterons d'en faire deriuer la source de Regnier, fils de Sadiguier, surnommé le Pacifique, premier du nom, trentiesme Duc de Loteriq, qu'on dit maintenant Lorraine, comme il appert par vn Epitome des gestes des trente-trois Ducs de Lorraine, composé par frere Iean d'Aucy, Religieux Obseruantin, Ce Regnier appellé le grand Duc de Mozellane, d'Ardene, et Gouuerneur de Lorraine, n'estoit pas seulement Prince, mais comme dit Vvassebourg en la vie d'Atto, Euesque de Verdun, Prince des Princes, c'est à sçauoir le premier de la Lorraine : et fut de telle authorité, que Charles le Chauue et son frere Loüys le choisirent pour arbitre, comme parent commun, pour le partage du Royaume de Lorraine qu'ils firent ensemblement. Il restitua Charles le Simple en son Royaume, luy amena grand secours contre Robert Comte d'Anjou, luy conquist toute la portion de Lorraine, que les Allemands luy auoient vsurpée, et pour la recompense de ses p.oüesses il fut faict Duc, c'est à dire, Gouuerneur de Lorraine. Or de ce grand Prince yssu de Clodion le Cheuelu, et de l'illustre sang de Charlemagne sont sortis Gisilbert et Ricuin, dont l'aisné fut allié à l'Empire, ayant espousé Heberge, fille de Henry de Saxe, Empereur, sœur de l'Empereur Otho, et depuis femme de Loüys d'Outre-mer, Roy de France.

Ricvin deuxiesme fils de Regnier, fut Comte de Luxembourg, s'allia de Loüys d'Outre-mer, Roy de France, et le secourut par armes contre Hugues Comte d'Anjou : duquel sont sortis trois fils, Godefroy, Sigefroy, Otho. Le premier espousa la fille de l'Empereur Othon, deuxiesme du nom, et de ce mariage sortit Goselon Duc de Lorraine, ioint en mariage à Yonce, fille de Beranger Roy des Lombards, de luy vint Godefroy troisiesme du nom, Duc de Lorraine, qui eut pour femme la fille de l'Empereur Conrad, et de ce Godefroy sont yssus en droite ligne Godefroy de Bouillon, Duc de Lorraine, et Roy de Hierusalem, Baldoin Roy de Hierusalem, Theodoric, Duc de Lorraine, duquel par vne suitte continuée, et par l'ordre d'vne succession non interrompüe, sont descendus tous ces puissans Ducs de Lorraine, iusques à celuy qui maintenant tient le gouuernail de ceste belle Prouince.

Tellement que la tige commune de ceste illustre maison de Luxembourg ne se prend pas seulement de Regnier, mais aussi de Ricuin, pere commun de Godefroy Duc de Lorraine, et de Sigefroy premier Comte de Luxembourg, et qui premier en fit eriger la terre en Comté, des descendans duquel comme d'vne riche pepiniere, toutes les plus nobles familles de la Chrestienté ont esté peuplées. Et comme les Romains enuoyoient en la Grece pour auoir Esculape et Iupiter l'Olympien, afin de les amener et consacrer en leur ville, et en retirer profit et commodité pour leur estat : ainsi les Princes de ceste maison tous resplandissans de gloire et de courage, ont esté iustement desirez et demandez pour en auoir du plan, et en gouster les fruicts par tout le monde, l'Empire s'y est voulu allier, voire qu'en fin leur vertu les a esleuez au dessus de l'Empire, et les montant au plus hault feste des choses mortelles, leur auroit mis la boulle du monde entre les mains.

Le premier Cesar de ceste famille fut Henry de Luxembourg, recherché en la desolation de l'Empire, pour en estre le support et l'appuy, chastia et remist en deuoir les plus puissants de l'Allemagne, entr'autres Ebrard Comte de Vvitembergh, et le chassa de toutes ses places, ruïna les Florentins qui s'estoient soustraits de l'obeyssance de l'Empire, qui pour se vanger le firent traistreusement empoisonner. Et ne faut icy oublier la pieté de ce bon Empereur, qui ayant auallé le mortel venin parmy les accidens d'vne Hostie consacrée, ne voulut iamais, voire pour r'achepter la vie, consentir à la rejetter. Les cendres et la memoire de ce grand Prince doiuent estre esgalement cheres et venerables à tout le monde, mais principalement à la France, puis qu'il laissa vn fils qui estoit Iean de Luxembourg, Vicaire de l'Empire, qui en fut tant amoureux, qu'il voulut eschanger son nom à celuy d'vn Monarque qui la gouuernoit, et apres mille glorieuses victoires emportées presque de tous les endroits de l'Europe, il voulut par vn prodige de valeur combattre aueugle pour le secours de la couronne de France, et finir glorieusement sa vie en ceste memorable iournée de Crecy.

Qve les Romains vantent tant qu'ils voudront leur Appius Cœcus, et que les Historiens le chargent de plus superbes tiltres et eloges d'honneur, si ne le releueront-ils iamais tant que de le pouuoir faire aller du pair auec le nostre. Son courage se tint au terme des conseils, et n'embesongna que sa langue, mais celuy de ce grand Vicaire de l'Empire le fit fondre l'espée au poing dessus les ennemis, n'ayant pour guide que le seul desir de conseruer l'honneur de ce Royaume.

En second rang se presente Charles de Luxembourg, quatriesme du nom, et Roy de Boheme, qui par eslection fut esleué à la dignité de l'Empire, l'an mil trois cens quarante-six, contre Loüys de Bauiere. Il fut grandement sollicité par les Potentats d'Italie, signamment des Venitiens, dont il se voit encore vne lettre que Petrarque luy escriuit, par laquelle il l'exhorte de s'acheminer en Italie, pour remettre la cité de Rome en liberté, et s'y estant acheminé auec vne puissante armée, il vainquit les Veronnois, Pisans, Geneuois, Florentins, et toute la Lombardie, et fut en tres-grande estime entre les Allemands. Il fut autheur et continua l'alliance de ses Peres et Ayeuls auec le Roy de France ; il espousa Blanche sœur de Philippe de Valois, Roy de France. Cet Empereur affectionna tellement nostre couronne, que pour moyenner la deliurance du Roy Iean, prisonnier en Angleterre, il vint expressément à Mets, ou Monsieur le Dauphin le fut trouuer, et là fut traicté de la rançon et deliurance de son pere : depuis donna le Royaume d'Arles à Loüys Duc d'Anjou, frere du Roy de France, et à ses successeurs, desmembrant ce Royaume de l'Empire, auquel il auoit tousiours esté vny depuis l'Empereur Otho, et donna encore au Roy de France et à ses successeurs, la Sauoye et le Dauphiné, et de plus il voulut confirmer et emologuer l'acquisition que les predecesseurs Roys auoient faict du Dauphiné, affranchissant ce qu'ils en tenoient en Prouence et Dauphiné, de toute subjection Imperialle. Ce Prince ayma tellement la France, en laquelle il auoit esté nourry, qu'encore qu'il fust fort vsé et caduc, il y voulut reuenir, et mesme en la ville de Paris, et en ce voyage comblant de toutes sortes d'honneurs Monsieur le Dauphin de France, le fit Marquis du S. Empire sa vie durant, et luy donna les cheuaux de pompe.

Vienne apres Vanceslas, et Sigismond de Luxembourg, ce tant redouté Empereur, pere des lettres, aussi bien que des armes, qui entre mil glorieux exploits courageusement executez aux sanglans mestiers de Mars, s'est voulu rendre recommandable aux siecles futurs, par la faueur dont il a assisté les hommes sçauans. C'est luy qui commanda et fit faire la premiere traduction d'Arrianus, de Grec en Latin, et les gestes d'Alexandre par Paulus Vergerius. Il fut receu en ce Royaume par le Roy Charles son cousin, auec toutes les allegresses et magnificences qui se peuuent desirer, et eut seance au lit de Iustice du Roy en son Parlement à Paris, où estant, Paul Emille dit, qu'il fut plaidé vne cause deuant luy pour le gouuernement de Terascon, entre deux Gentils-hommes, dont celuy qui auoit le meilleur droit ne pouuoit estre reçeu, parce qu'il n'estoit Cheualier : l'Empereur en pleine audience luy commanda de monter prés de luy, et sur le champ luy donna l'accolade, le fit Cheualier, et moyennant ce, l'Arrest fut prononcé en sa faueur. Cela sera l'argument de la grande Iustice qui reluisoit en ce Prince.

Apres tant d'alliances Imperialles, et vne si longue suite d'Empereurs, il ne restoit plus pour accomplir l'honneur de ceste souueraine Maison, et la rendre la plus auguste et triomphante de l'vniuers, que l'adjonction du tres-illustre sang de France, sang au pris duquel tout l'autre sang du monde est roturier, et duquel vne seule goutte versée peut comme vn diuin eliexir parfaire ce qui deffault aux plus fameuses extractions de l'Europe : mais le genie de ceste grande race ne voulut point que ce bien luy manquast, ains l'en rendit decorée par le moyen de Bonne de Luxembourg, fille de Iean de Luxembourg Roy de Boheme, qui mourut en la iournée de Crecy, de laquelle sont sortis quatre fils à sçauoir Charles cinquiesme Roy de France, Loüys Duc d'Anjou et Comte du Mayne, Iean Duc de Berry et d'Auuergne, et Philippe le Hardy Duc de Bourgongne, qui eut vn fils nommé Iean, duquel est sorty le bon Duc Philippe, et de luy Charles, qui ne laissa qu'vne fille, nommée Marie, femme de l'Empereur Maximilian, du mariage desquels est sorty Charles, cinquiesme empereur; et encore par le moyen de Marie de Luxembourg, Comtesse de S. Pol, d'Anguien, et de Soissons, femme de François de Bourbon, Comte de Vandosme, duquel est yssu Anthoine de Bourbon Roy de Nauarre, et de luy Henry le Grand, notre feu Roy de tres-heureuse memoire, le plus genereux, magnanime, inuincible Prince qui ayt porté iamais sceptre en France.

Or apres l'alliance d'vn sang si noble et si rare, seroit chose superfluë de vanter et estimer les autres, si est-ce toutesfois que ce qui reste de plus grand et eminent au surplus de la Chrestienté, leur attouche d'alliance et de parenté : l'Angleterre, l'Espagne, la Hongrie, et tout ce qu'il y a de Couronnes et souuerainetez en l'Europe, reputent à grand honneur la part qu'ils y ont, et sont tres-prompts de le demonstrer aux occurrences honorables quand elles arriuent : comme tout recentement il vous fut tesmoigné, Monseigneur, en la celebre Ambassade, faicte vers le Roy d'Espagne, laquelle pour rendre plus illustre, et l'amplifier dauantage, vostre excellence fut choisie pour accompagner et assister Monsieur le Duc du Maine vostre Cousin, où ce grand Roy vous aduoüa et recogneut publiquement pour l'vn de ses plus honorez parens, commandant que les honneurs qui sont deubs à ceux qui sortent de l'amplitude des Maisons souueraines, vous fussent plainement et entierement rendus. Et bien que ce soit chose contre la coustume, de rendre au Fils le comble de ces honneurs, le Pere estant viuant : si est-ce que la supereminence de vostre Imperialle et Royalle famille merita et obtint ce passe-droit : et ainsi l'honneur de ceste excellente Maison s'est espandu par tous les coings de la terre habitable, et les branches de ceste illustre tige ont esté diffuses par tous les lieux qu'esclaire le Soleil, estant comme vn grand arbre qui a ombragé le rond de tout cet vniuers. Mais la terre seule ne se peut vanter de ses royalles colonies, le Ciel en a voulu auoir sa part : et tant de lumieres qui doroient l'azur de ces voutes, n'establissoient sa perfection, si l'astre de ce grand Pierre de Luxembourg Cardinal, Euesqûe de Mets, n'y eust espandu ses rayons, qui pour sa sainctеté de vie et grands miracles qu'il a faits, a merité d'estre canonizé, sa Legende est aux Celestins de Paris, qui porte, *Eum stirpe regia et imperiali natum.*

Voila les semences et les racines qui nous ont porté ce beau fruict, duquel nous auons maintenant à discourir, fruict doux et delicieux que la France a gousté et sauouré tant de fois auec plaisir et profit; desquelles nous aurions beaucoup plus à dire, voire nous consommerions le iour en les racontant, si nous ne nous contentions de parcourir et toucher seulement le sommet des plus hauts Cedres de ceste famille. Il suffira donc de ce que nous en auons discouru; et puis nostre but n'est pas de faire trouuer ce grand Duc admirable, et constituer son seul los à l'extraction qu'il tire de ce grand Colosse d'honneur, et d'vne tige qui a commandé aux plus belliqueuses et fieres nations du monde. Ses propres vertus le rendent triomphant, sont elles qui le releuent, et luy esleuent pour baze vn mont Athos, qui le met en veuë et en mire aux plus grands Princes et Capitaines de l'Europe, sont elles qui le transforment en vn astre de lumiere admirable, qui suspend de crainte et d'estonnement les yeux et les cœurs de tous les mortels : mais elles sont en si grand nombre, et se presentent tout à la fois en telle foulle, que le iugement demeure douteux et comme en incertitude, sur laquelle il se doit premierement arrester : la peine est en l'abondance, et plus encore au choix.

Sa vaillance toute ombragée de lauriers, et dont l'esclat se faict iour entre les plus renommez guerriers, semble vouloir que ie la produise la premiere sur le theatre, puis que luy estant hereditaire, et par elle tant de sceptres ayans esté acquis, il l'a tousiours tenuë comme le plus sainct depost et sacré fideicommis fié en son cœur et en ses mains, par tant de preux de sa race, et restituable de main en main et de bonne foy à son genereux successeur. Sa prudence aux yeux d'aigles, qui voit plus aigu que le Serpent d'Epidore, et qui a tousiours aussi aisément percé dans le futur comme en chose presente, par l'adresse de laquelle comme par vn fil d'Ariadne, nos rois se sont desueloppez de tant de sinueus labyrinthes, me tend la main pour luy donner le premier rang. L'amour et la fidelité de son Prince, et tant de hautes entreprises exploitées et mises a chef pour son seruice, veulent marcher à la teste. Et sa pieté aux aisles d'Anges, par laquelle il s'est entr'ouuert les Cieux, et surhaussé au dessus de toutes choses mortelles, ne peut consentir à paroistre la derniere. Elles auront toutes leur propre honneur, et aucune d'elles ne sera priuée de sa iuste recommandation, mais chacune en leur temps et selon l'ordre qu'elles se sont produictes, et ont esclatté à nos yeux. Tout ce que ie toucheray en ceste belle vie, ne seront que rubis, crisolites, perles, et diamants. Et comme si i'estois transformé en ce Roy de Phrigie, mes mains ne toucheront rien qui ne soit or fin et tres-pur. Ie vai semer vne limure d'or, comme en songeant faisoit ce Roy de Macedoine, de laquelle naistra soudain vne forest d'espics iaunissants, de semblable metail.

Ce grand Prince donc parut au monde, et le Ciel en estrena la terre, enuiron le temps que selon l'ordre des reuolutions et reflus, auquel tout ce qui est soubs ces espaces sublunaires est subjet, ce grand et florissant Estat deuoit sentir de l'alteration en la reuolte de ses propres enfans, qui mutinez par le zele d'vne nouuelle opinion, sembloient en vouloir esbranler les fondements : matiere et champ fertile pour exercer ses exploits Martiaux, et quant et quant faire reluire sa fidelité enuers son Prince legitime. Ainsi le grand Hercule ne vint au monde qu'il ne fust prealablement remply de Monstres, pour auoir de quoy desployer sa valeur, et desserrer les coups de ses robustes bras. Sa naissance fut reçcuë auec l'espoir du bonheur qu'on en a depuis tiré, et auquel auec vsure il a respondu. Les premiers ans de son adolescence furent esgalement employez aux ouurages de Mars et de Minerue, et les Chirons qui eurent le soin de son education, n'appasterent pas seulement son corps de moëlles de lyons, pour le rendre plus fort aux trauaux de Bellone, mais abbreuuerent de bonne heure son ame des preceptes d'vne philosophie Chrestienne, et d'vne tres-solide vertu : et s'estant preparé bien longuement soubs de si fameux maistres, il fit sa premiere sortie au long et memorable siege de la Charité sur Loire, pour la prise de laquelle, son conseil, ses armes, et sa valeur, estants aussi necessaires que celles du grand Achille pour la ruyne de Troye, aussi y estoient-elles autant desirées et souhaitées. Là parurent ses premiers efforts, et ceste ardeur belliqueuse qui boüilloit en son ieune sang : là il commença de faire vne oblation de sa vie au seruice de son Roy, et ce par vn seruice qui a duré autant qu'elle mesme. A peine auoit-il essuyé les sueurs de ses premiers labeurs, qu'vn nouueau besoin et vn nouueau desir d'honneur le r'appellerent au tres-perilleux et sanglant siege d'Issoire en Auuergne, où la bresche estant faicte, et capable de le receuoir, il courut des premiers à l'assaut, s'adjoignant à ce miracle de vaillance le feu Duc de Guise.

Or ce Neoptoleme, ou ieune Pyrrhus, ayant en ses premiers combats representé le courage et la generosité des grands Princes ses Ayeuls, il estoit bien raisonnable, voire la voye publique de la bienseance requeroit, que ses vertus fussent illustrées d'vn tiltre insigne et resplendissant, et que comme sa valeur imitoit celle de ces anciens Paladins et Pairs de nos Roys, qu'aussi fust-il décoré de mesmes dignitez et prerogatiues qu'ils auoient esté : Pour ceste raison le feu Roy Henry troisiesme ne voulant permettre que tant de proüesse et cheuallerie residast en qualité moins que Ducale, le fit Duc et Pair de France, et ayant en mesme temps à recompenser d'autres valeurs de semblables tiltres, voulut que le premier guerdon fust conferé à nostre braue Heros ; tellement que le premier Duc et Pair qu'il crea iamais, ce fut luy : et en suitte fut fait Cheualier des deux Ordres de sa Majesté aussi-tost qu'ils furent establis. Et pour ne laisser ceste vertu ocieuse, et se paissant seulement de l'esclat de ces hauts tiltres et superbes qualitez, le mesme Roy luy donna la charge, et le fit Capitaine de cent hommes d'armes.

La vertu (dit Homere) est vne felicité qui chemine d'vn bien en autre, elle n'est iamais lasse, ny ne dit ce qu'elle a fait, mais ce qu'il faut faire. Il sembloit apres la prise d'Issoire, en laquelle ce Seigneur auoit donné le rond et le plain à sa gloire, qu'il deust pendre l'espée au croc, et se contenter le reste de ses iours en la lueur d'vne action si memorable : mais les hannissemens des cheuaux Allemands, qui faisoient nouuelle descente en ce Royaume, et le son des pistolles des Reistres ne fut si tost entendu de ses oreilles, qui estoient tousiours au guet des occasions d'honneur, que le voila en selle au milieu des plus espais bataillons : le bruit des canons luy estoit ceste chanson de Minerue, τον ὄρθιον νωμόν, laquelle chantant Timothée, se leuoit soudain Alexandre sur pieds, armé de pied en cap. Il se trouua donc apres auoir long-temps costoyé les ennemis, à la rencontre de Dormans, en laquelle feu Monsieur de Guise ayant esté blessé en la face, ceste puissante trouppe des Reistres demy deffaicte et reduicte au poinct de ne se pouuoir sauuer qu'en se rendant, ne voulut iamais fier son salut ny son honneur en autre main, qu'en celle qui portoit encore toutes apparentes les traces du sang des proüesses et magnanimitez de leurs anciens Empereurs : et ores que Monsieur le Mareschal de Byron fut present, ce ne fut à luy qu'ils se rendirent, ains à nostre valeureux Duc. Et pour d'vne suitte enfiller les victoires emportées sur ceux de ceste fiere nation, comme si rien ne se pouuoit executer sans Thésée, il estoit auec le mesme Duc de Guise lors qu'il voulut empescher le passage de la riuiere de Moselle aux Reistres à S. Vincent en Lorraine, Reistres qui se presenterent auec vne armée si effroyable, qu'elle imprima de la terreur au cœur des plus asseurez ; mais qu'est-il impossible à la vertu ? Ce torrent apres auoir bruy quelque peu de temps, et rauagé quelque campagne, s'escoula et s'esuanoüyt en vn tourne-main : Villemorry en seicha la moitié, et la grande charge d'Auneau tarit tout le reste. De quels autres bras estoit lors assisté ce vaillant Guisard, que de ceux de nostre illustre Prince ? Il se trouua par tout, et n'y eut charge, dessein, stratageme, entreprise, où sa valeur et ses conseils ne fussent employez.

Sa reputation prenant vie, et croissant de iour en iour par la renommée de ses hauts faits, le fit choisir par Henry troisiesme, pour faire ceste superbe et magnifique Ambassade vers le Pape Sixte, en laquelle comme il s'estoit parauant monstré vn Achille au milieu des combats, il se fit veoir vn Nestor et vn Cynée parmy les Peres de ce graue et glorieux consistoire. Toute Rome jadis commandée par ses predecesseurs, le receut auec cris d'allegresse, s'esioüyssant que pour visiter et honorer leur Prince, le Roy de France eust faict eslection d'vn si grand Capitaine. Le Sainct Pere le combla de toutes ses benedictions, et pour tesmoigner la ioye qu'il auoit de son arriuée, et donner contentement à ce Duc par la veuë d'vne chose prodigieuse et miraculeuse, il retarda iusques à sa venuë l'erection de la grande et nompareille aguille, en laquelle sont encloses les cendres de Iules Cesar, et ne fut dressée et esleuée que lors que sa presence en peut auoir autant l'admiration que le plaisir. Sa Sainctеté tant qu'il fut contrainct de sejourner à Rome, luy tesmoigna toutes les gratifications et bon visage que l'on pourroit rendre au plus illustre Monarque du monde; et sur les adieux voulut que son retour fust honoré des plus efficaces Indulgences tirées de son sacré trésor, en faueur de la Champagne. Retournant de ceste honorable Ambassade, il fut reconfirmé Gentilhomme Venitien au Senat de ceste Cité magnifique, en suite de Loüys de Luxembourg, Comte de Ligny, qui en auoit ésté honoré pour ses merites en l'an mil quatre cens nonante-neuf : n'ayant ce grand Prince voulu desdaigner ceste qualité d'vne Republique qui est la premiere de la Chrestienté. Et ainsi Alexandre accepta de bon cœur le droict de Bourgeoisie de la ville de Corinthe, luy qui commandoit à la terre et aux mers, sçachant qu'ils n'auoient iamais deferé cét honneur qu'au grand Hercule.

Il faudroit vn grand volume, et non vn simple discours, pour comprendre tous ses gestes, et si nous auions à les esplucher par le menu, vne année ne suffiroit pas, non plus que le brief temps qui nous est prescript pour ceste action. C'est pourquoy touchant simplement le gros des choses, et encore le mettant en abregé, nous dirons que feu Henry troisiesme se trouuant extremement pressé au commencement de ceste derniere faction, ce braue Duc qui a tousiours voulu prester son sentiment aux douleurs de son Prince, fut le premier que le vint trouuer pour l'assister, accompagné d'vne belle et gaillarde trouppe, pour l'ayde et secours de laquelle il receut son reuenu, et les tailles de la Champagne. Aussi ce grand Roy ne mist point en oubly vn seruice tant important et necessaire. Car estant au siege de Paris auec vne puissante et florissante armée de cinquante mille hommes, luy donna charge de commander à son regiment : et peu de iours apres, sa mort lamentable estant surueнuë, et ce miserable Estat semblant pencher vers vne entiere desolation, en l'effroy de ce coup funeste, au desbandement de l'armée, en l'irresolution des plus resolus, chacun tournoit les yeux sur ce grand Prince, tout ainsi qu'aux affaires desplorées les Grecs recouroient à Vlysses : chacun jettant les regards sur luy, comme sur vne derniere ancre, imploroient taisiblement et muettement les effects miraculeux de sa prudence. Ils sçauoient que luy seul estoit capable de fleschir le courroux du Sainct Pere, que ses douces persuasions briseroient ses animositez, et le rendroient autant amy de ceste couronne, comme il sembloit en estre aliené : mais le peril tout eminent qu'il y auoit en telle Ambassade, faisoit qu'ils ne l'en osoient supplier. Ceste ame genereuse cognoissant leurs desirs, et lisans dans leurs faces les pensées plus secrettes de leurs cœurs, les preuient, se presente à eux, s'offre au bien de l'Estat, et s'immole tout à faict au seruice du nouel astre de ce Royaume, le grand Henry quatriesme. Il sçauoit, ce courageux Duc, que les plus belles entreprises sont les plus hazardeuses, et que les palmes qui pour fruict portent la renommée, ne naissent qu'en des champs de peine et de douleur. Il entreprend donc ceste perilleuse Ambassade, et tire droict à Rome. Mais en y allant quels dangers, quelle fortune ne courut-il point? les ennemis du Roy luy auoient dressé des embusches par tout, non seulement en France, mais dans l'Italie mesme, où il faillit d'estre assassiné par les gens du Cardinal Cajetan. Il arriue toute-fois, et l'amour de son Prince, qui le brusloit, luy fit franchir toutes ces difficultez. S'il y a action à laquelle le repos, la paix, et la tranquillité de la France soit deuë, c'est sans doute à celle cy, et celuy qui l'a exploittée se peut à bon droit appeler le reparateur de l'Estat. Vlysse disoit deuant les Princes Grecs, que luy seul auoit pris la ville de Troye, puis que sa dexterité et sage entremise auoit attiré au siege d'icelle la valeur d'Achilles, sans lequel elle ne pouoit estre forcée : et nostre grand Duc peut sans vanité se vanter, que luy seul a donné la paix à ce Royaume, puis que sa sage negotiation a attiré sur iceluy les benedictions du Sainct Pere, sans lesquelles nous ne l'eussions iamais obtenuë. Estant là il diuertit les armées que le Pape enuoyoit au secours de la ligue, et sceut par les charmes d'vne eloquence du tout incomparable, si bien ployer et amollir les rigueurs de sa Sainctеté, que depuis nous l'eusmes tousiours pour fauorable. L'on cogneut lors que tout l'acier du monde n'est pas capable de resister aux traicts de la persuasion, et que tout le miel d'Hymete n'a rien au pris de celuy que cet éloquent Prince distilla aux oreilles du sacré Consistoire, voire qu'en comparaison des odeurs qu'il y versa, ne sentent rien ces liqueurs parfumées qu'vn Othon fit ruisseler par des canaux d'or, au festin magnifique qu'il fit à l'empereur de Rome.

Il n'a suffi à ce Prince de secourir son Roy de son espée et de sa langue, il l'a voulu seruir encore des commoditez de sa bource, et des grandes richesses de sa maison, et s'est tousiours fort franchement et liberalement presenté pour asseurance, lorsque les necessitez des affaires faisoient rechercher au Roy des finances par tout, pour le souldoyement de ses armées. Iamais pendant le desordre de l'Estat, il n'a bougé d'auprès de la personne du Roy, il a tousiours faict ferme à ses costez, au siege de Chartre, au long siege de Roüen, à la rencontre du Duc de Parme à Caudebec, au secours de Guillebœuf, puis à la furieuse rencontre d'Aumale : et eut cet honneur que d'assister en qualité de Duc et de Pair de France, au Couronnement de l'inuincible Henry le Grand. Mais parmy tant d'Heroïques exploits puis-je passer soubs silence l'heureuse reduction de la ville de Troyes à l'obeïssance de son Roy, sans meurtre et sans aucune effusion de sang! sa prudence et son industrie ayant si dextrement et oportunement mesnagé l'occasion, que regaignant la Capitalle de Champagne à son Seigneur legitime, il asseura quant et quant, et pourueut au salut de tous les Citoyens de ceste belle et florissante ville.

Ce ne seroit iamais fait, et nostre discours s'estendroit à l'infiny, s'il falloit dire vn peu de chaque chose qu'il a fait, nous adjousterons sans plus, que lorsqu'il fallut trouuer vn personnage digne pour aller rendre de la part du Roy, l'obedience filialle au Pape Clement huictiesme, ce fut son excellence qu'on rechercha encore : et fut en ceste extraordinaire Ambassade l'espace de vingt-deux mois, en laquelle il commença à negotier l'heureux mariage qui nous a produit ce bel astre et Soleil des Roys Louys treiziesme, traicta, conclud et arresta la paix generalle qui fut faicte à Veruin, entre les deux plus redoutables Monarques de la terre. Sa maison a esté tousiours l'azile des pauures seruiteurs du Roy, affligez et oppressez, et qui estoient exilez du lieu de leur demeure. Ses subjects, et ceux qui ont eu l'honneur de viure soubs sa domination, l'ont tousiours esprouué Seigneur tres-benin et tres-gratieux. Il estoit plustost leur pere que leur Prince, et auoit ordinairement ce bon Duc, ceste douce et memorable parolle en la bouche, qu'il aymoit mieux les noms de piete que de puissance, et se plaisoit plus d'estre appelé leur pere et conseruateur, que leur Duc et Seigneur. Mais en laschant ce seul trait de sa debonnaireté, ie voy ja fondre ses pauures subjects tout en larmes : Ie me contenteray de ce mot, de crainte que la douleur s'augmentant du recit de ses bontez leur desrobe la faculté d'oüyr ce que nous auons à dire en la closture de sa vie.

Tovtesfois auant que d'aborder ceste luctueuse fin et retarder encore quelque peu la narration de ce que nos souhaits voudroient n'estre iamais arriué; nous dirons que le bon-heur, qui a tousiours secondé la vertu de ce Prince, luy fit espouser deux femmes, mais plustost deux Heroines, toutes deux parangons de noblesse, de modestie, de chasteté, et de beauté : toutes deux de la tres-illustre maison de Lorraine, de laquelle il estoit aussi premierement issu. Et tout ainsi comme ces grandes eauës espanduës, bien que de mesme source, és diuers quartiers de l'Ethiopie, qu'elles arrosent, se rassemblent en l'Egypte pour en faire vn Nil : ainsi a-il fallu que deux branches de ceste source Ducale se ioignissent ensemble, et courussent en mesme lict, pour en former l'vnique heritier qui nous reste de tant de grandeurs, de tant d'excellences, et de tant de vertus. La premiere fut fille de ce grand Duc d'Aumale, qui pour la cause de Dieu et de son Roy finit vaillamment ses iours au siege de la Rochelle. Et la deuxiesme, qui sert encore d'ornement à la terre, et la seconde perle de la grandeur de Vaudemont, rameau encore de l'arbre de Lorraine, est la tres digne sœur de ceste diuine et incomparable Loüyse, qui pour les celestes perfections qui reluisoient en elle, fut entre toutes les Princesses de l'Europe choisie par les yeux mesmes du grand Henry troisiesme pour estre sa legitime espouse, et partager les droits de la couche Royalle : sœur qui eust obtenu les mesmes honneurs sans son aisnée, laquelle elle n'estoit surmontée qu'en la prerogatiue de la premiere naissance, mais au deffaut de ceste Royalle alliance, de laquelle elles deux ensemble ne pouoient joüyr, auroit succedé comme la seconde d'apres celle de ce grand Due, comme aussi ce grand Duc n'ayant peu s'allier à celle que le Ciel reseruoit pour vn Roy, en espousa l'image et celle qui en auoit toutes les qualitez. Ainsi ces deux precieuses Marguerites plus excellentes mille fois que les vnions de Cleopatre, furent partagées entre les deux plus grands Princes de l'vnivers.

Mais las ! quels nuages et quelles noires vapeurs voy-ie s'eslever sur l'air serain de mon discours ? quelles obscuritez apperçoy-ie venir couurir les belles clartez de ceste oraison ? Quoy donc ? la cruelle Atropos n'espargnera personne, et les plus heroïques vertus n'auront pouuoir d'affranchir du trespas ? Les tristes Cyprés auront donc à leur tour credit de se placer sur les plus triomphantes testes du monde, sans que l'espesseur de leurs Lauriers les puisse garantir de leur ombre mortelle ? Helas ! oüy, et ceste relation necessaire qu'il y a du berceau au tombeau, les range aussi bien que le gros et commun de la terre, soubs le pouuoir d'vne generalle loy qui n'a falance, reserue, ou exemption aucune, *Omne capax mouet vrna nomen.*

Ce magnifique Duc, qui auoit à tresbuscher soubs la rigueur de ceste fatale ordonnance, auoit mille fois cherché les moyens de ce faire au milieu des plus sanglantes batailles, et parmy les plus horribles carnages de Mars. Mais le grand Roy de l'vnivers qui vouloit glorifier son nom en ses dernieres parolles, le reserua à vne fin plus douce et plus seiche. Apres donc auoir consommé le cours d'vne vie toute regorgeante de benedictions du ciel et de la terre, acheué tant de combats, faict tant de glorieuses Ambassades, et mis à chef tant de hautes et sublimes entreprises : apres auoir rendu tant de seruices à ceste couronne qui la rendent redoutable au reste des nations du monde, bref apres auoir remply le rond de cet vnivers entier de la gloire d'vn beau renom : se sentant approcher de l'heure qui le devait transferer en vne meilleure et celeste vie, et luy donner les couronnes du ciel : il se prepara d'en sortir aussi pieusement et Chrestiennement, que pour le bien de tous il estoit entré, et y auoit sejourné. Il appelle son fils, son fils cher et bien aymé, auquel son plus vnique soucy acquiesçoit, ceste médaille animée, et ce tableau racourcy de ses perfections, et dont la vie en laquelle il reuiuoit l'empeschoit de sentir la dissolution qui se faisoit de sa structure mortelle : et luy dit consolant l'extresme et cruel dueil auquel il s'abandonnoit, et qui sembloit vouloir faire desloger son ame quant et quant celle de son cher geniteur, luy dit ceste saincte et immortelle parole, qui ne doist estre grauée en bronze, en cuiure, ny en or, mais au cœur de toutes les ames Chrestiennes, parole que i'escrirois volontiers dans l'esmail du ciel, si ma plume y pouuoit attaindre : *Mon fils ne vous contristez point, mais souuenez-vous de l'immortalité de l'ame.*

QVE ne puis-je en ce lieu grossir ma voix, redoubler mon haleine, et r'allumer vne double vigueur en mon courage, pour dignement exalter ceste derniere parole, parole qui porte en recueil et en epitome tout ce que toute sorte de Philosophie diuine et humaine s'est efforcé de nous apprendre, parole qui surmonte celle que le Dieu Apollon commanda de grauer au frontispice de son superbe Temple? Moyse mourant tourna son visage vers la terre de Promission : et Dauid à mesme de franchir ce pas, disoit, que son Sainct et son Oinct ne gousteroit point de la corruption. Et ce Duc tres-Chrestien promet à son fils, que son ame ne croupira point dans les cachots d'vn noir sepulchre, mais ioüyra là haut au ciel d'vne immortalité bien-heureuse, qui reside au sein de son Dieu. Sur ce pieux accent l'esprit se desprist de son corps, et alla prendre possession de la felicité qu'il venoit de prescher à son fils. Voilà comme les iustes partent de ce monde, voilà l'adieu qu'ils luy donnent : et comme ils ont eu vne vie distinguée du commun des hommes, ainsi veulent-ils que leurs fins en diffèrent. Vn tel depart doit estre plustost enuié que pleuré, et le discours qui s'en faict doit plustost tenir de l'apotheose que du chant funebre. Que reste-il donc plus, sinon que comme l'oracle consulté de l'estime qu'on deuoit faire d'Hercule apres sa mort, reputé demy-Dieu de son viuant, respondit qu'on ne pouuoit moins faire que le tenir Dieu entier : qu'aussi nous reputions ce grand Prince, qui a tant possedé d'honneur et de gloire icy bas, estre maintenant associé à ces sejours lumineux, aux recompenses eternelles qui se distribuent à la Saincteté de Pierre de Luxembourg son cousin ? Que si la contagion des choses mortelles, et l'air impur que viuant parmy nous il auoit esté contraint de receuoir, auoit laissé quelque crasse et ordure au taint d'vne vie tant excellente : Ie vous conjure tous que joignant l'ardeur de vos prieres auec les miennes, nous taschions d'obtenir vne goutte de ce sang, dont la perfection efface toutes soüilleures, et parfait tous les autres defaulx pour la purgation d'icelle.

FIN.

NOTE

SUR JEAN DE LUXEMBOURG, ABBÉ DE LARRIVOUR,

ET SUR NICOLAS PARIS, IMPRIMEUR A TROYES,

AU XVIe SIÈCLE.

Sur la rive droite de la Barse, s'élevait, à quelque distance de Lusigny, une abbaye fondée par saint Bernard. Cette abbaye, connue sous le nom de Monastère de *Larrivour*, eut pour premier abbé le vertueux Alain qui, de simple religieux, devint évêque d'Auxerre et mourut à Clairvaux, en 1182. L'église de l'abbaye était encore décorée au XVIIIe siècle d'un magnifique rétable, œuvre de Jacques Juliot, *marchand tailleur et sculpteur d'ymaiges*. Plusieurs évêques de Troyes avaient choisi leur sépulture dans l'église de Larrivour, dit une chronique; Courtalon y vit, en 1780, les épitaphes de Guillaume de Villehardouin et les ossements d'une sainte vierge, nommée Jeanne la Recluse.

Parmi les abbés qui gouvernèrent ce monastère fondé par saint Bernard, l'histoire cite surtout Jean de Luxembourg, fils de Charles de Luxembourg, comte de Brienne. Ce jeune seigneur, après avoir étudié sous les maîtres les plus habiles, embrassa de bonne heure la carrière ecclésiastique et fut nommé abbé de Larrivour. Troyes, depuis longtemps, était déjà célèbre par ses belles productions typographiques. Les Lerouge et les Lecoq avaient des établissements largement fondés, lorsque s'établit à Troyes un nouvel imprimeur, nommé Nicolas Paris. Ce *maistre ès arts* demeurait *auprès du chef Saint-Jean, rue de lespisserie*, et avait adopté pour marque un enfant nu suspendu à un palmier, avec cette devise : *et colligam*, ou *ascendam in palmam et apprehendam fructus ejus*. Dès l'année 1546, Nicolas Paris avait imprimé déjà plusieurs ouvrages que nous citerons :

1. *Les Satyres de Perse*, 1542. Nicole Paris.

2. *De re hortensi libellvs vulgaria herbarum, florum ac fruticum qui in hortis conseri solent nomina, latinis uocibus efferre docens ex probatis authoribus, in puerorum gratiam atque utilitatem, Trecis apud Nicolaum Paris*, in-8° de 118 pages, avec une table de 17 pages. A la dernière on lit : *On les vend à Troyes : chez maistre Nicole Paris imprimeur demorant auprès du chef S. Jean : rue de lespisserie*, 1542. Bibliothèque de Troyes.

3. *Breviarium Trecense nuper recognitum et a plerisque quibus dudum scatuit mendis diligenter expurgatum ac mandante Reueredo antistite d. Odardo Hennequin episcopo Trecensi in sacrificorum quorumuis gratiam quam fieri potuit emendatissime cusum in lucem tandem prodit.*

Venale Trecis apud Nicolaum Paris, 1543, 2 vol. in-8°, caractères gothiques. B. T.

4. *Le Voyage de l'Homme riche*, par François Habert, in-8°, 1543. Nicole Paris.

5. *Le second Enfer d'Estienne Dolet*, in-8°, 1544. Nicole Paris.

6. *Antiphonarium de tempore et sanctis per totum anni circulum secundum usum cisterciensis ordinis impressum ordinatione Reuerendi Patris et Domini Domini Johannis abbatis cistercij sacre theologie professoris et sollicitudine Domini Edmundi abbatis clarevallis per magistrum Nicholaum Paris impressorem Trecensem anno Domini 1545 mense aprili.*

Au dernier feuillet on lit :

Excudebat vero suis typis Nicolaus Paris artium professor et typographus Trecis, in-folio, caractères gothiques. B. T.

7. *Statuts synodaux promulgués à Sens en* 1525. Nicolas Paris, 1546.

Jean de Luxembourg, qui aimait et cultivait les lettres, appela Nicolas Paris à Larrivour. Cet imprimeur suivit l'exemple de Pierre Lerouge, dont les presses avaient été transportées à Chablis, pour l'impression du *Livre des Bonnes mœurs*. Les portes de l'abbaye s'ouvrirent au typographe ambulant qui publia dès l'année 1547 cet ouvrage :

8. *De l'Institution du Prince, liure contenant plusieurs histoires, enseignements et saiges dicts des anciens, tant grecs que latins : faict et compose par maistre Guillaume Budé, lors secrétaire et maistre de la librairie, et depuis maistre des Requestes et conseiller du Roy. Reveu, enrichy d'arguments, divisé par chapitres et augmenté de scholies et annotations, par hault et puissant seigneur, missire Jean de Luxembourg, abbé d'Ivry. Imprimé à l'Arrivour abbaye dudict seigneur par maistre Nicole Paris, 1547 auec privilege du Roy pour cinq ans*, in-folio, très-rare, 204 feuillets sans la table. B. T.

La même année, Nicolas Paris imprima les deux oraisons funèbres suivantes :

9. *Loraison et remonstrance de haulte et puissante dame Marie de Cleues, seur de treshault et puissant seigneur le duc de Juilliers, de Cleues et de Gueldres faicte au roi d'Angleterre et à son conseil*. in-8°.

Au dernier feuillet on lit : *Faciebat Joannes a Luxemburgo. Imprimé a la Rivou par maistre Nicole Paris maistre es arts treshumble et tresobeissant seruiteur de hault et puissant seigneur missire Jean de Luxembourg*. B. T.

10. *Oraison funebre contenant les louanges de Henri II de nom, tres chrestien roy de France*, imprime à la Rivou par Nicole Paris, 1547.

Lenglet du Fresnoy, dans sa Bibliothèque des romans, attribue à Jean de Luxembourg ce petit in-4° de 22 feuillets :

11. *La nouvelle dun Reverend Pere en Dieu et bon prélat par Colin Royer* (pseudonyme), imprimé par Nicole Paris, — suivi de *la vie et les actes triomphants dune tresillustre et tresrenommée demoiselle Catherine desbassouhaits par Jean de la Roche baron de Florigny* (pseudonyme).

Duchesne, dans son histoire de la maison de Montmorency, vante les talents de l'abbé de Larrivour, qui composa une vie manuscrite du connétable de Montmorency. La Croix du Maine le place dans sa Bibliothèque française et cite ses doctes écrits. Quoi qu'il en soit, Jean ne termina point ses jours à Larrivour; ses belles qualités et ses talents le firent élever au siége épiscopal de Pamiers, en 1548. Mais lorsqu'il se mit en chemin pour Rome, dit Grosley, la mort le surprit à Avignon.

Nicolas Paris imprima encore plusieurs ouvrages; nous ne connaissons que les deux suivants :

12. *Epitome in Prosodiam Panthaleone Berthelonio Raverino authore*, in-16, 1549. Nicolas Paris.

13. *La Parfaite Amie*, par *Anthoine Heroet*, Nicolas Paris, sans date.

LA COMPLAINTE

DE

LA GROSSE CLOCHE

DE TROYES EN CHAMPAIGNE,

PAR

NICOLAS MAUROY,

IMPRIMÉE CHEZ JEAN LECOQ, VERS 1513;

précédée d'une

NOTICE HISTORIQUE

SUR LA SONNERIE DES ÉGLISES DE TROYES AU MOYEN-AGE,

et suivie

DE LA BIOGRAPHIE DE NICOLAS MAUROY,

PAR ALEXANDRE ASSIER.

Bibliophile du Département de l'Aube.

5e LIVRAISON.

TROYES.

BOUQUOT, LIBRAIRE-ÉDITEUR, RUE NOTRE-DAME, 86.

MDCCCLIV.

Tiré à **51** exemplaires numérotés :

44 sur papier vergé,

7 sur papier de couleur.

N° 1

TROYES, IMP. BOUQUOT.

NOTICE HISTORIQUE

SUR LA

SONNERIE DES ÉGLISES DE TROYES

AU MOYEN-AGE.

D'où viens-tu? — Je viens de Troyes.
Qu'y fait-on? — L'on y sonne.
Proverbes français.

Pour peu qu'on fouille les archives, surtout celles qui concernent les paroisses et les collégiales de Troyes, il est bien rare qu'on ne soit pas surpris du nombre merveilleux de cloches qui sonnaient dans la vieille capitale de la Champagne. C'est que, si vous eussiez contemplé la ville de Troyes, longtemps avant 93, du haut de la plateforme de la tour Saint-Pierre, vous auriez vu s'élever plus de tours et de clochers qu'en 1854. Vers le nord, c'était la tour carrée de *Saint-Nizier,* succursale de Saint-Pierre ; plus loin, la flèche de la chapelle *Saint-Blaise;* puis, en tournant vers l'orient, celles de la paroisse *Saint-Quentin,* de l'abbaye de *Saint-Martin-ès-Aires* et de l'église *Saint-Aventin;* au sud-est, vous aperceviez *Saint-Denis,* le prieuré de *Notre-Dame-en-l'Isle* et l'*Hôtel-Dieu-le-Comte.* Sous vos yeux se dressait, au grand déplaisir de MM. les chanoines de Saint-Pierre, la tour gigantesque de l'abbaye de *Saint-Loup,* de laquelle s'échappait de temps en temps un son quelquefois trop sonore. A quelque distance s'élevait le petit clocher de *Saint-Frobert*, succursale de Saint-Remi. Dans la nouvelle ville, c'était d'abord la tour de *Saint-Etienne*, puis celles de *Saint-Jean-au-Marché* et de *Sainte-Madeleine;* à quelque distance, les flèches et les clochers de *Saint-Nicolas*, de *Saint-Pantaléon*, de *Saint-Remi*, de *Saint-Urbain* et de *Saint-Jacques-au-Beau-Portail*, de sorte que la ville de Troyes pouvait déjà compter plus de soixante cloches, dès le commencement du XVIe siècle. Aussi « étaient-ce des sonneries à tout propos, de longues aubades pour une grand'messe, pour un enterrement, de riches gammes promenées sur les clochettes pour une confrérie, pour un bon jour. Les églises, toutes vibrantes et toutes sonores, étaient dans une perpétuelle joie de cloches. » On y entendait sans cesse la présence d'un esprit de bruit et de caprice qui chantait par toutes les bouches de cuivre, ce qui ravissait tellement les voyageurs, qu'ils vantaient partout l'harmonieux son des cloches de Troyes.

J'ai toujours été loin de croire que l'hideuse face du bossu de *Notre-Dame* se soit jamais rencontrée dans nos clochers, et que les *proviseurs* du bon vieux temps aient élevé de pauvres créatures à l'importante fonction de *sonneur*. Mais, à en juger par les deux portraits qui nous sont restés, par les figures laides et grimaçantes qui semblent chanter la complainte de Nicolas Mauroy, il est permis d'admettre que nos églises étaient servies par de rudes sonneurs. Qu'ils se soient appelés *Michiel Oudin* ou *Jehan Bonhomme*, peu importe ; le type n'en est pas moins là pour nous rappeler la ravissante face de *Quasimodo*, de populaire mémoire. Quoique amoureux de leurs cloches, nos sonneurs n'étaient cependant pas sans cesse perchés dans leurs tours ou dans leurs clochers. Souvent dans la journée, la veille même des fêtes où les cloches sonnent à grande volée, le vicaire de l'église les appelait. Il fallait laisser mourir les belles aubades, pour tendre les tapisseries du chœur, balayer les nefs, nettoyer les voûtes et joncher le pavé de fleurs et de rameaux. Puis, lorsque la besogne était terminée, venaient des chanoines, des prêtres qui célébraient des anniversaires et chantaient des *Salve*, de sorte que les pauvres sonneurs ne pouvaient point caresser les cloches à leur aise.

Soit que tous les registres de la fabrique ne nous aient pas été conservés, soit que les *marregliers* n'eussent pas toujours le soin d'enregistrer les dépenses de l'église, nous ne savons presque rien de la sonnerie primitive de la cathédrale. En 1420, le grand clocher ne contenait guère que cinq cloches, dont trois d'un poids médiocre et deux plus petites encore pour appeler l'évêque et le chapitre. Et pourtant, si l'on en doit juger par les abondantes recettes que les *maistres de l'euvre* déposaient chaque année dans le trésor, c'était, je vous l'assure, bien peu que cinq cloches. Non seulement les fidèles donnaient de beaux deniers au baiser des *reliques*, aux confréries et aux anniversaires, mais ils laissaient encore des chaperons, des ceintures et des houppelandes, pour *mieux trespasser*. Puis, c'étaient les chanoines, le jour de leur entrée au chœur, qui donnaient treize livres six sous huit deniers; les marchands de pains d'épice, qui payaient leurs étaux au parvis de l'église, et les petits boutiquiers, qui apportaient les termes de leur *loiage*. Dans presque toutes les églises du diocèse, les *proviseurs* envoyaient des *boistes*, dans lesquelles les fidèles versaient quelques deniers; les boîtes pleines, venait le grand collecteur, toutes les sommes entraient dans les coffres du chapitre, de sorte que les recettes s'élevaient quelquefois à plusieurs mille livres, somme importante dans un temps où le premier maçon de l'église ne gagnait guère que trois à quatre sous par jour.

Pour rendre justice au chapitre, nous devons dire qu'il voulut débourser de beaux écus, vers l'an 1425, et faire fondre une cloche, dont le son devait *esmerveiller de la banlieue bourgeois et citadins*.

Cette cloche de *grande precellence* fut donc fondue, puis montée dans le clocher sous le nom gracieux de *Marie la Bourgeoise*. Nous ignorons ce qu'elle pesait, mais, à en juger par les expressions poétiques d'un chroniqueur, il est probable qu'une cloche

Qui honnoroit la terre champenoise,

devait peser près de vingt mille livres (1).

Quelques années après, soit que ce bourdon se fendît, soit que le son ne fût pas harmonieux, le chapitre le fit fondre ; de son métal naquit une nouvelle *Marie*. Le bon *Ploton*, concierge du beffroi, s'en alla courir dans les provinces, avec le fidèle *Proco* et *Nicolas Lefevre*, pour s'informer du poids des cloches des métropoles célèbres. Sur leur rapport, du nouveau métal fut jeté dans la fournaise, et la ville de Troyes put se vanter de posséder la plus grosse cloche du royaume de France. Ceci se passait en 1462. Le bourdon pesait *trente mille !*

Les noms des fondeurs furent

Mis en tiltres azurez
De lettres dor enrichiz coulorez
Triumphamment dedans le cronographe (2).

Ces noms étaient ceux de Simon Magret, et de son neveu, natif d'*Haillecourt, avec celui de son fils.*

Cinq ans après, un *estourdy*, un *coquart* s'en vint casser le bourdon; puis, cinq ou six lansquenets se permirent de le rompre, de sorte qu'il valut pis qu'une *vieille arrenee*, et que la banlieue fut privée de ses sons harmonieux. Il y eut quelques fidèles qui demandèrent au chapitre le bourdon, la belle Marie ; mais, cette fois, les chanoines fermèrent leurs oreilles aux cris des importuns et laissèrent le bourdon sans voix. Le bon *Ploton* dut en gémir, car ce brave homme savait que quinze cloches sonnaient à Notre-Dame de Paris, et que

---

(1) *Archives de l'Aube*, Registres 360, 361.

(2) Voir la *Complainte de la grosse Cloche* et le registre 350 aux *Archives de l'Aube*.

les bourdons de Notre-Dame de Chartres excitaient l'enthousiasme des voyageurs. Il vit cette pauvre terre de Champagne privée de sa renommée, désertée par les amateurs du temps. Cela lui fit mal; mais, logeant au *beffroy*, retirant quelques sous en sa qualité de concierge, il se tut.

Lorsque gémissaient de saintes âmes, que faisait le chapitre? Il faisait fondre des cloches d'un poids médiocre, comme si deux ou trois clochettes eussent pu réveiller

Les Bourguignons iusques à Bar-sur-Seine (1).

Ainsi, en 1475 et en 1488, le chapitre s'assemble; les chanoines délibèrent et finissent par enjoindre à *Jacques de la Bouticle* et à Robinet Raguin de leur fondre quatre des petites cloches du grand clocher. Les marguilliers surveillent l'œuvre et enregistrent les dépenses. Les fondeurs reçoivent deux pots de vin, trois pains blancs et leur salaire quotidien. Les cloches sont baptisées; le *thymiana*, la *mirre* et l'*encens* sont largement fournis par un pieux marchand. Longtemps après, en 1514, *Joachim de la Bouticle* fond deux autres cloches pour 63 livres 5 sous; mais le gros bourdon ne sonne plus à grande volée, les petites cloches seules appellent les fidèles aux offices divins. Pour quiconque connaît les sacrifices que faisaient les chanoines, cette indifférence apparente ne doit point paraître étrange. Pour justifier le chapitre, il suffit de savoir que ses ressources diminuèrent et que les constructions et les restaurations dont il se chargeait exigeaient de grosses sommes. Ainsi, non seulement il fallait payer les sonneurs, les vicaires, les organistes et tous les serviteurs de l'église, mais il fallait encore donner de beaux appointements aux *sermoneurs*, à ceux qui portaient les *châsses* et aux *chasubliers*. Puis c'étaient les peintres-verriers, qui ne livraient pas leur verre pour l'amour de Dieu, les tailleurs d'*ymaiges*, qui ne taillaient leurs *hys-*

---

(1) *Complainte de la grosse Cloche.*

toires que pour de beaux deniers comptants; ajoutez à cela les réparations fréquentes du clocher, des voûtes et l'élévation des portails, et vous avouerez que le chapitre se trouvait encore libéral.

C'était, comme on le pense, bien peu que sept ou huit petites cloches pour une cathédrale, surtout lorsqu'au son de ces clochettes ne se mêlait pas la voix grave et majestueuse d'un bourdon. Toutefois, la sonnerie de Troyes n'en était pas moins renommée dans les provinces et citée par les voyageurs; c'est que, si la cathédrale ne possédait pas de belles cloches, de riches gammes s'échappaient des beffrois des autres églises de la ville. Dès l'an 1400, Sainte-Madeleine avait de grosses et de petites cloches. Le 26 septembre 1435, le maître sonneur s'acquittait si joyeusement de ses fonctions, qu'il brisa le battant de la grosse cloche, *à la procession de la paix entre le Roy et Messire le Duc de Bourgogne.* Au commencement du XVIe siècle, lorsque maître Guailde construisait le merveilleux jubé que nous admirons, Nicolas de Longchamps, fondeur à Troyes, fondait deux grosses cloches et une petite. M. le curé, qui bénit les grosses, donna 100 sous; Mlle de Lirey, Mlle Leslue donnèrent chacune un *loys d'or.* Jehan de Pleurs versa 41 sous 6 deniers dans le tronc de l'église. Plus tard, Sauxion, maître-sonneur, *était mis en l'église, sous les cloches,* et deux laisses aux grosses cloches annonçaient son trépas à la paroisse. Saint-Remy, dont le clocher s'élevait majestueusement dans les airs, dès le XIVe siècle, avait six cloches, dont deux grosses et quatre petites. Une femme *cliquottait les petites* de Saint-Frobert, dès le XVIe siècle.

Plus loin, dans la *nouvelle* ville, à Saint-Jean, cette antique paroisse des bourgeois, des changeurs et des riches marchands, deux grosses cloches et quatre petites sonnaient à grande volée, le jour et la veille de ce mariage qui devait bannir de France le faible Charles VII. L'église Saint-Nicolas, petite succursale de Saint-Jean, possédait six *clochettes,* dès 1435; dévorée par les flammes, en 1524, le 24 mai, veille de la Fête-Dieu, elle trouve assez de deniers pour faire fondre trois cloches en 1525. Saint-Pantaléon, dès l'année 1519, avait les quatre cloches *Panthaléon*, *Marie*, *Nicolas* et *Anthoine*. Les *marregliers* nous ont conservé le nom des parrains et des marraines. C'étaient de nobles personnages, tels que Panthaléon Passerat, Guillaume Hennequin, M de Guise, Monseigneur de Saint-Loup, Me Angelot, Pierre Belin et Monseigneur de Montier-la Celle; la fille Jehan Dorigny, la fille Jehan Molé, la femme Nicolas Lemire, la femme Jehan Bonpas et Mme de Crecel (1).

Saint-Jacques, paroisse de Notre-Dame-aux-Nonnains, possédait deux grosses cloches et trois petites. L'église collégiale de Saint-Urbain avait son *marreglier* des cloches dès 1400. L'église Saint-Etienne, plus riche, dotée par les comtes de Champagne, avait sa *grosse* et sa *petite* sonnerie; Sébastien et Françoys les Blanchards, de Chaulmont en Bassigny, fondent, au XVIe siècle, la grosse cloche, appelée *Brey-Hault*, d'accord avec les deux grosses. A Saint-Nizier, les sonneurs *cliquottent* cinq petites cloches, dès 1450, tandis que de joyeux sons s'échappent des beffrois de Saint-Blaise, de Saint-Aventin, de sorte que la veille des fêtes, c'était si grande merveille d'entendre toutes les cloches, que les étrangers se hâtaient d'arriver à la ville, pour *ouïr si belle musique;* de là le proverbe :

D'où viens-tu ? — De Troyes.
Qu'y fait-on ? — L'on y sonne.

Touché du déplorable état de la sonnerie de Saint-Pierre, un poète du pays résolut de faire quelque chose pour réveiller la générosité du chapitre. Il calcula les dépenses, et, remarquant que *mil cinq cens francs* suffiraient pour refondre la pauvre Marie, il composa la *Complainte de la grosse Cloche*. L'an 1513, le petit poème de Nicolas Mauroy sortait des presses de *Jehan Lecoq*, pour exciter la piété des *gens de tous metiers*. Mais, soit que le chapitre n'eût pas d'argent, qu'il attendît l'élévation de

(1) *Archives de l'Aube*, Registre 934.

ses tours commencées par Me Martin Cambiche, de Beauvais, pour y mettre de grosses cloches, soit que les habitants, chargés d'impôts, n'apportassent plus de beaux deniers, la voix du poète ne fut pas entendue, et le bourdon ne servit longtemps encore que pour annoncer les anniversaires par ses lugubres tintements.

L'abbé de Saint-Loup, Pierre Andouillette, avait fait exécuter d'importantes constructions dans son abbaye. Un magnifique clocher s'était élevé dans les airs avec sa flèche sur l'église dédiée le 20 mai 1425; quatre cloches y sonnaient; le peuple de ce temps-là les appelait les *Andouillettes*. Nicolas Forjot, de Plancy, fit construire une tour; de grosses cloches y furent montées. Les chanoines de la cathédrale, auxquels le son des nouveaux bourdons rappelait le mauvais état de la pauvre Marie, prétendirent que les offices étaient troublés par la sonnerie de Saint-Loup. L'abbé fait appeler Joachim de la Bouticle, fondeur de cloches, avec *Jehan Honnel, maistre* des œuvres de charpenterie pour le Roy. Ces messieurs, assistés de Nicolas Fajot, maçon juré du Roy, s'en vont bientôt attester, par devant le bailli de Troyes, que « les cloches nouvellement fondues sont de moindre dimension que les précédentes, et qu'elles ne peuvent nuire aux cérémonies de la cathédrale. » Le 20 juillet 1504, le Parlement de Paris permet aux cloches de Saint-Loup de sonner dans la tour neuve, et aux chanoines de Saint-Pierre d'en faire fondre de plus grosses, s'ils le veulent (1).

---

(1) *Archives de l'Aube*, liasse 276, carton 196.

La Complainte de la grosse cloche de Troyes en Champaigne.

LA COMPLAINTE

DE LA GROSSE CLOCHE DE TROYES

EN CHAMPAIGNE.

Av mois de may que les oiseaux des champs
De tous costez renouuellent leurs chantz
Vng peu apres que iulius mourut
Dedans mon lict vng songe me apparut
Dautre ficton que celuy de patmos
La ou sainct iehan pour le dire a briefz motz
Comme lon scet a fait lapocalipse
Ce fut en lan que se monstra leclipse
Mille cinq cens et treize sans faillir
Que sa fantasme me vint assaillir
Aduis me fut quen ce songe nocturne
Ie apperceuoye vne femme bien brune
Par son maintien aiant triste esperit
Pour son honneur que veoit preterit
Laquelle auoit dune cloche la forme
Lors quant ie vy ce monstre tant difforme
Ie fuz remply de grant solicitude
Dont me conuint mettre la mienne estude

A me esueiller quasi tout en sursault
Car elle vint a moy du premier sault
Plus estourdie que vng vieil verrat qui fume
En me disant leue toy prens ta plume
Puis que tu es vng moderne factiste
Ie ne congnois orateur qui soit mixte
En ceste ville mon cher amy sans faincte
Pour rediger par escript ma complaincte
Laquelle veulx en bref estre imprimee
A celle fin que nen soye blasmee
Sinon toy seul et pourtant prens couraige
Litz par escript mon dit et mon langaige
Car ma douleur ne scauroys plus celer
A la ville de troyes vueil parler
Il est besoing que ores la harie
Ie perceu lors et congneu bien marie
La grosse cloche de troyes en champaigne
Qui longuement cestoit monstree brehaigne
Parler a moy lors pour auoir sa grace
Ie me leuay puis en changeant de place
La ou iestoye couche tout a lenuers
Escripre vins ce qui sensuit par vers.

PAIX OU RIEN

LA CLOCHE PARLE A LA VILLE DE TROYES

Jen vueil a vous troyes cite iolye
Des champenois le seiour pacificque
Ville plaisant gorgiase polye
Ou tout chascun en amours se ralye
Ville de nom ville tresmagnificque
Ville en laquelle tout le peuple se applique
A nourir paix dont on na iamais plainte
Ville ou ne gist trahison ne traficque
Entendez moy escoutez ma complainte

Las ay ie tort se ie me deuilx et plaintz
Considerant ma gloire deperie
Dont a present a vous ie me complains
Gettant souspirs larmes pleurs criz et plains
Pour mon honneur que ie appercoy tarie
Ie suis nommee comme lon scait Marie
Sur toutes cloches digne destre exaulcee
Mais qui pis est cela vous contrarie
Marie suis vne cloche cassee

Dolente moy malheureuse meschante
Toute plongee en source lacrimable
Ie ne sonne ie ne balle ne chante

Ne plus ne moins que vne poure pechante
Dont iay conceu douleur inextimable
Ville de troyes ville tant amiable
Qui iustement tous vices reprimez
Oyez mon pleur et mon cry lamentable
En vostre cueur mes souspirs imprimez

Iay bien raison de gemir et plorer
Incessamment sans me donner confort
Veu que ne puis auec vous implorer
Que me feissez vng petit reparer
Nul de voz gens ne sen met en effort
Se ie men plains certes ie nay pas tort
Car ie apperçoy ma pompe rabaissee
Loue soit dieu mais touteffois au fort
Dire vous vueil ce que iay en pensee

Les estrangiers venans de loing passaige
Disent de moy et ny puis correspondre
Par ce quon ne oyt mon son ne clicotaige
Quant il me voyent certes cest grand dommaige
Que lon ne fait telle cloche refondre
Vng autre dit que dieu si puist confondre
Cil quil premier la cassa et rompit
Oyant ces motz ausquelz ne puis respondre
Ie meurs de dueil ie creue de despit

Et touteffoys ne scay a qui me plaindre
Si non a vous venerable cite
Las ie ne puis mes larmes plus restraindre
Ie men complains et au grant et au maindre
Ayez pitie de mon aduersite
Veue me suis en grant prosperite
Mais ie appercoy quil en est bien decheu
Puis que voyez ma grant perplexite
Secourez moy car il mest trop mescheu

Long temps y a que lon nouyt mon son
Messieurs de troyes cela nest point honneste
Gueres de gens nen prisent la facon
Ie ne scay plus ne note ne chancon
Ains suys icy ainsi que vne muette
Iadis sonnoye tant iour ouurier que feste
Dont ie faisoye par tout mon bruit estendre
Cela mennuye cela fort me moleste
Ville de troyes vous y deussiez entendre

Deusse ie point par la vostre prudence
Aux communs fraiz de tous voz habitans
Sonner si hault que de mon accordance
Armonieuse et doulce resonance
Boys et forestz en fussent retintans
Si que bergiers par le pais estans

Puissent ouyr de sept lieues a lentour
Comme iadis en leurs parcz circonstans
Mon son yssant du hault de ceste tour

Dame atropos auec ses deux deesses
Cest lachesis et cloto la rebelle
Ains que bastir alarmes ne proesses
Sur les humains en suyuant leurs promesses
Souffriront bien quon me refasse belle
Quon y pense quon forge quon martelle
Quon mette auant tous les oultis de fonte
Si que ma gloire en demoure immortelle
Et que de moy par tout soyt bruyt et compte

Ne deussent par orpheus et les dieux
Associez des nymphes et driades
En delaissant tous debatz odieux
Au son de moy descendre des haultz cieulx
Pour faire saulx pannades et gambades
En regardant par attrayans oeillades
De vng quignet de oeil les faunes et satires
Conioinctz aux faees et aux amadriades
Las ce me sont tres douloreux martyres

Mercure mars ensemble saturnus
Deussent laisser colaphizans soufletz

Pour ayder au feure vulcanus
Par le moyen du doulx vent vulturnus
Auec mydas et autres mitoufletz
A redresser leurs forges et soufletz
Si que fusse par fonte resouflee
Mais ie voy bien quilz ne font nulz apprestz
Parquoy ien suis grandement boursouflee

Les oysillons garrulans sur la pree
Deussent ouyr mes sonoreux tintins
Beufz mugissans sur lherbe diapree
Brebis paissans tout du long de la vespree
Deussent laisser leurs repas serotins
Pour aux rayons (de phebus) matutins
Ensemblement vng peu se coniouyr
Et qui plus est tous les corps celestins
Au son de moy se deuroient resiouyr

Biches et serfz et autres creatures
Irraisonnables comme bestes reptilles
Dayns et sangliers serchans leurs aduentures
Deussent laisser les verdoyans pastures
Pour escouter mes sons doulx et fertilles
Que diray plus des autres volatilles
Deuroyent ilz point tant les nuytz que les veilles
Par leurs facons aggrestes et subtilles

Pour mescouter dresser leurs deux oreilles

Brief tous les lieux qui sont circunuoisins
Du hault beffroy ou lon me voit en train
Gens estrangers et mesmes les voisins
De la banlieue bourgeois et citadins
Deussent trembler de ouyr mon son haultain
Et qui plus est cela est tout certain
Les bourguignons iusques a bar sur seine
Oyans mon son deussent crier a plain
Viue le roy de france aussi la royne

Et touteffoys sans ce que me remue
Vous me laissez en vne tour de boys
Ne plus ne moins que se iestoye en mue
Ie ny dy mot ne que vne beste mue
Vous me tenez longuement aux aboys
Entendez y noble ville de troyes
Ne me laissez tousiours en nonchaloir
Pensez pour dieu pensez a ceste foys
Par mon moyen de vous faire valoir

Quant on me orra au trauers de ces champs
Bien hault sonner ce sera vostre honneur
Pareillement des bourgeois et marchans
Qui sont souuent par les pays marchans

Du roy aussi vostre prince et seigneur
Onc ne vous vint vng mal si tres greigneur
Quil aduiendra se ne suis refondue
Lon dit de moy tant le grant que mineur
Et il est vray que suis cloche fendue

Quant vous me aurez refaicte et engrossie
Raison sera que lhonneur en redonde
Du tout a vous et que vous en mercie
Car lon pourra sans grant controuersie
Me ouyr sonner de sept lieues a la ronde
Lon dit de moy quil ny a cloche au monde
A tout le moins en la crestiente
Qui soyt plus grant plus grosse plus parfonde
Lhonneur a vous en demoure exalte

Aucuns ont dit et voulu maintenir
De la cloche du bon george de amboise
Faicte a rouen sil men scait souuenir
Que de grosseur ie ny puis paruenir
Je nen scay riens a eulx en soyt la noise
Mais tant y a se lune et lautre on poise
On trouuera puis quil le conuient dire
Quil ne sen fault la longuer de vne toise
Conclusion il ny a guere a dire

Quant au regard de la cloche de mets
Au pris de moy cest bien petite chose
Et dabondant pour vng autre entremetz
Celles de tours sont assez belles mais
Cest riens ou peu ie suis la passerose
Cloche ny a deca les mons qui ose
Pour sa grosseur largeur ou magnitude
Par dessus moy ainsi que ie suppose
En se exaltant employer son estude

Dedans paris es tours de nostre dame
Deux beaulx vaisseaux cela scay ie trop bien
Y sont trouuez lesquelz point ie ne blasme
Mais ie soustien deuant tout homme et femme
Que au pris de moy cest peu de chose ou rien
Il y en a ie ne scay pas combien
En dautres lieux de cela ne fais doubte
Raison pourquoy car ie ny voys ne vien
Ce neantmoins ie suis la passe route

Il y en a des autres anciennes
Comme a sainct fleur a chartres et a bruges
Pareillement dedans valenciennes
Qui de sonner sont plus praticiennes
Que ie ne suys et font plus gros deluges
Mais au rapport des maistres et des iuges

Bien approuuez en lart de fonderie
Pour tous apuys pour tous autres refuges
Il nest que moi que lon nomme marie

Or pour monstrer mon yssue et naissance
Vous scauez bien sans faire plus grant noise
Que long temps a au beffroy dexcellence
Fut vne cloche de grande precellence
Qui honnoroit la terre champenoise
Celle la fut mon ancestre courtoise
De qui iay prins origine premiere
On la nommoit marie la bourgeoise
Sa fille suys et elle estoit ma mere

Mais pour scauoir comment elle fut faicte
Aucuns ont dit que vne femme la fit
A ses despens qui fut tres grosse emplette
Affin de auoir de vne prison secrette
Le sien mary qui iadis se forfit
Je ne scay se en eustes le proffit
Je ne men vueil mesler ne entremettre
De ce me tais et a tant me suffit
Riens on nen trouue ne par dit ne par lettre

Il est bien vray que certain temps apres
Voz habitans fondirent ce vaisseau

Qui bel estoit plus riche que cypres
Et peu a peu firent tous leurs apprestz
Pour en bastir vng nouuellet trousseau
Puis en faisant ce chef doeuure nouueau
Subtillement lon fondit ceste cloche
Dont suys yssue honorable ioyau
Celle des autres quon nomme sans reproche

Le bon ploton concierge du beffroy
Dedans lequel ie suys sans fiction
Auec proco homme de bonne foy
Et nicolas le feure comme croy
Eurent de vous plaine commission
De circuyr toute la nation
Citramontaine de la crestiente
Affin de veoir par affirmation
Toutes les cloches qui y auoyent este

Ilz furent lors parmy diuers pays
Pour apporter la mesure certaine
De toutes cloches dont gens sont esbahis
Cela fut fait au temps du roy loys
Vnziesme lan second de son regne
Mais pour tout vray ie suis la souueraine
Car en tous sens ie les passe et surmonte
Quil soyt ainsi de quel coste quon viengne

Me visiter lon tient de moy grant compte

Mon ayeulle qui tant fut exaltee
Pour sa grosseur ainsi que lon disoit
Lorsquelle fut la ou ie suis bouttee
Tant seullement de matiere gettee
Peu plus peu mains quinze milliers pesoit
Dont grandement chascun lauctorisoit
Et venoit lon comme lon peult scauoir
En ce beffroy ou quel elle posoit
De toutes pars la visiter et voir

Mais moy quon dit le ioyau de la ville
Par mes raisons ie soustien et concluz
Que ie ne suis si drogue ne si vile
Raison pourquoy ie poise trante mille
Qui est beaucop cest bien la moitie plus
Vingt huit piedz ou trante au surplus
Iay de mon tour cest chose merueilleuse
De la longeur le nombre est superflus
Par quoy ie suis sur autres sumptueuse

Ceulx qui me firent ie croy sont expirez
Dignes de auoir regial epitaphe
Leurs noms sont mis en tiltres azurez
De lettres dor enrichiz coulorez

Triumphamment dedans mon cronographe
Simon magret qui nauoit couleur blafe
Et son nepueu natif de haillecourt
Auec son filz selon mon epitaphe
Eulx troys mont faicte pour le vous faire court

Ce fut en lan se le voulez scauoir
Mil quatre cens auec soixante deux
Que de sonner faisoye grant deuoir
En ce temps la fournistes gros auoir
Pour mettre sus mon estat sumptueux
Voz habitans nobles et vertueux
En sont prisez iusques en tartarie
Mais ce depuis le sort defectueux
En est tumbe sus moy poure marie

Cinq ans apres ou gueres ne sen fault
Par vng dispos comme ie croy fatal
Vng estourdy vng coquart ung brifault
Quant men souuient helas le cueur me fault
Me vint casser pour deshonneur total
Et qui plus est nagueres mon batail
Par cinq ou six lancequenais pietons
Si fut rompu dont il me fait bien mal
Aux malheureux tousiours les viretons

Cinquante ans a et vng que ie suis faicte
A bien compter la date de lannee
Grosse massiue pesante fort replete
La plus puissant que fut iamais de mette
Homme viuant ne creature nee
Mais ie me sens si treffort estonnee
Pour mon hault bruit quon laisse exterminer
Que ie vaulx pis que vne vieille arrenee
Et si ne scay comment me demener

En ce grief mal en ceste passion
Ville de troyes sur toutes opulente
Aurez vous point de moy compassion
Participez a mon affliction
Je vous en prie sans vous monstrer trop lente
Chascun vous dit estre plus vigilante
En voz affaires que nulle autre cite
Resueillez vous ne soyez somnolente
Oyez mon dueil et mon aduersite

Entreprenez ce chef doeuure notable
Ville de troyes quon me face refaire
A tout iamais en gloire pardurable
Vous acquerrez vne grace notable
Se ainsi le faictes nul ne dit du contraire
Vous me oyez plaindre crier et braire

Serez vous point de mon mal compassiue
Trop y mettez ha ie ne men puis taire
Ia ne conuient estre si fort actiue

Ne differez y mettre la despense
Preparez tout et si vous aduancez
Mil cinq cens francs ainsi comme ie pen se
Sans obtenir ne bulle ne dispense
Y souffiront grandement et assez
Si vous auez des deniers amassez
Exposez les en ma refaction
Louenge aurez en ce faisant pensez
Digne de honneur et collaudation

Nobles bourgeois de troyes la cite
Gentilz marchans vous aussi mecanicques
Ne sera point vostre cueur incite
A me bouter en grant felicite
Plus que iamais par voyes autenticques
Gens exercens les ouures politiques
Comme escheuins de ville aussi mayeurs
Deussent penser par leurs haultes pratiques
A me refondre cela disent plusieurs

LA CLOCHE CONCLUD

Conclusion autre chose ne prie
Fors que ie soye refaicte et refondue
Troysiens a tous ie vous supplie
Ayez pitie de la poure marie
Qui est cassee aussi toute fendue
Faictes si bien que ie soye entendue
Et que ie face vng gros et grant effroy
Ia ne sera vostre peine perdue
Quant on me orra sonner en ce beffroy

Vous tisserans et gens de tous mestiers
Vrays citoyens et ceulx des enuirons
Foulons laueurs couturies chaussetiers
Drappiers merciers macons bibelotiers
Amassez potz paesles et chauderons
Casses godetz lumieres lucerons
Mectez metal matiere et aultres metz
Cuiure laton charbons et flamerons
Pour me refaire plus grosse que iamais

Par les premieres lettres des treize vers subsequens lon trouuera le nom et le surnom du compositeur de cest oeuure.

Ne dormez plus troysiens gentilz
Ieunes et vieulx autant grans que petiz
Chascun de vous maintenant se reueille
Ouurez les yeulx dressez vos appetiz
La grosse cloche de ce vous aduertiz
A ce coup cy vous met pulce en loreille
Seigneurs de troyes il conuient quon trauaille
Mieulx que iamais a la fondre et refaire
Assez auez des biens pour la refaire
Vous y deuez sus tous auoir le cueur
Raison le veult qui ne dit du contraire
Or en pensant a ce hault mistere
Ymaginez qua vous en est lhonneur.

PAIX OU RIEN.

FINIS.

Imprime a Troyes en la maison de Jehan Lecoq, imprimeur et libraire
demourant deuant Nostre Dame

BIOGRAPHIE

DE

NICOLAS MAUROY LE JEUNE

DE TROYES.

L'auteur de la *Complainte de la grosse Cloche* n'est pas un de ces hommes médiocres dont le nom n'a point franchi le seuil de l'échoppe de nos libraires; c'est Nicolas Mauroy, fils d'un lieutenant du bailliage de Troyes. Aussi, lorsque parut cette complainte, fut-elle bien accueillie par les habitants de la ville et citée par les amateurs de l'époque. Le libraire *Jehan Le Coq*, qui désirait se créer une nombreuse clientelle, l'attira souvent dans sa maison et ne se montra pas trop exigeant sur le prix de l'impression. C'était alors une noble famille que celle des Mauroy; non point que son nom eût retenti déjà dans les provinces, comme celui des Mesgrigny, mais parce qu'elle était connue depuis plusieurs siècles et qu'elle avait toujours été revêtue de fonctions imposantes. L'aïeul du grand Colbert débitait encore des étoffes et trafiquait à Troyes sur les vins et les blés, que les Mauroy siégeaient depuis longtemps dans les tribunaux et ceignaient l'épée de bailli. Partout on les rencontrait dans les dignités, s'occupant des affaires administratives et de toutes les difficultés qui survenaient dans la province de Champagne. Dans les églises, c'étaient encore eux qui tenaient les registres, qui se voyaient choisis comme experts dans les réparations ou dans les constructions importantes. Aussi finissaient-ils par devenir *marregliers*, et par s'honorer de s'asseoir au banc de la paroisse.

Nicolas Mauroy l'aîné, fils de Jean Mauroy, occupait dès 1485 le rang de lieutenant-général de Troyes. Il avait épousé Mlle Hennequin. Ses armoiries étaient *trois couronnes d'or, avec un chevron brisé d'or sur un champ d'azur*. Son fils Nicolas Mauroy le jeune, notre poète, époux de Mlle Jacquette Perresin, portait le titre de seigneur de *Saint-Etienne-sous-Barbuise* (1).

Si l'on en doit croire les registres de la cathédrale, Nicolas Mauroy n'aurait pas été seulement un homme de lettres, mais encore un *secrétaire de ville*. Troyes lui devrait une police plus régulière et des réformes que M. le Maire se hâta d'adopter. Grosley, qui le cite dans ses *Troyens célèbres*, rapporte qu'il cultiva de bonne heure les muses latines, et qu'il composa plusieurs poëmes. L'auteur des *Ephémérides* possédait un manuscrit *bien peint* et *richement enluminé* de Nicolas Mauroy : c'était un poëme latin de six cents vers, divisés en quatre parties, sur la conquête de Rome par les Sénonais sous la conduite de Brennus. Le jeune poète l'avait offert au valeureux archevêque de Sens, Tristan de Salazar, qui avait accompagné Louis XII dans son expédition contre Gênes. Grosley vante le talent poétique de Nicolas, mais il n'ose point suivre les Gaulois qui s'avancent au son des tambours et font tomber Rome sous

---

(1) Moreri, *Dictionnaire Biographique*.

les coups du canon. L'anachronisme est trop visible ; l'artillerie, cette puissance si formidable, ne datait pourtant pas de deux siècles au temps de Mauroy !

Le 9 janvier 1527, Jean Lecoq vendait les *Hymnes communs de lannee translatez de latin en françoys en rithme : par Nicolas Mauroy le ieune, de Troyes, auec priuilege du Roy pour troys ans.* Un exemplaire, conservé à la bibliothèque communale et provenant de Montier-la-Celle, nous apprend que cet ouvrage se vendait aussi *es hostelz* de Nicolas, et que l'auteur demeurait alors *devant lhostel Dieu le Comte*, Les hymnes forment un in-4° de 110 feuillets, orné de cinquante figures sur bois, représentant les principaux saints et imprimé en caractères gothiques.

Au dernier feuillet l'auteur conclut :

Mauroy voyant leuure complet
Son encre et sa plume a deliure
En concluant dict a son liure
Ce quil sensuyt par ce couplet.

RONDEAU.

Va liure va le grand ambulatoire
De la forest ou langue latratoire
Detractoire
Par son parler plus que lard iaulne infame
Incessamment corrode loz et fame
Dhomme et femme
Pour exalter son faict diffamatoire.

Se les indoctz te font contradictoire
Clercz litterez auras pour adiutoire
Peremptoire
Qui te diront en toy ny a diffame
Qui te infame.

Va liure va.
Craindre ne doibz pene comminatoire
Busches fagotz ne feu fulminatoire
Transitoire
Puis que exempt es de Luthericque blasme

Dire on te peult sans voloir parler de ame
Sieur ne dame
Pour gens deuotz tu es consolatoire
Va liure va.

Duverdier, dans sa *Bibliothèque Française*. cite le *piteux parlement de la croix entre Jésus-Christ et Notre-Dame*. Cet ouvrage, composé par Mauroy, serait sorti des presses de Provins vers la fin du xve siècle. Nicolas avait composé vers le même temps un *Paranymphe*, dans lequel il n'oublie point le vin de Champagne. Mais une fois connu, notre poète tonna contre les misères de son siècle. Dès lors, ses compositions ne furent plus que des *pots-pourris*, dont les expressions scandalisaient le bon Grosley. Jehan Lecoq, qui imprimait les *Indulgences de l'Eglise*, pour les envoyer dans les presbytères, refusa le titre d'éditeur et préféra conserver la clientelle du clergé. *Macey–Panthoul*, qui n'était pas aussi orthodoxe, mais qui vendait de temps en temps quelques livres aux curés, surtout les jours du *sanne*, suivit l'exemple de son confrère, de sorte que Nicolas se contenta de collationner des manuscrits, sans jamais pouvoir les mettre au grand jour. Cette iniquité des libraires le mina sourdement. Dès lors il n'écrivit plus et s'abandonna pour le reste de ses jours à la solitude. Grosley a lu deux des satires de Nicolas : l'une, intitulée *le Coq aux Anes et aux Veaulx*, était écrite contre les Italiens et les Lorrains, qui ravageaient alors les provinces ; l'autre, plus étendue, intitulée *la Grue*, dévoilait les intrigues de la duchesse d'Etampes.

Dans les églises nous le voyons cependant chargé d'examiner la légende du patron et de la copier fidèlement. Les paroissiens de Saint-Nicolas et de Saint-Pantaléon lui donnent vingt sous pour son salaire. A Saint-Pierre et à Saint-Jean, il vérifie les comptes des ouvriers, des peintres-verriers et des *tailleurs d'ymaiges*. Madame l'abbesse de Notre-Dame-aux-Nonnains et Monseigneur l'abbé de Saint-Loup l'appellent en qualité d'*expert*.

Parmi les œuvres qui nous restent de Mauroy, la plus remarquable selon nous est sans contredit la *Complainte de la grosse Cloche de Troyes*. Ce petit poëme est curieux, la versification en est facile. La ville de Troyes est désignée comme une

Cité jolye
Des Champenois le séjour pacificque,

où l'humeur guerrière ne vient pas troubler le règne de la paix. Ce n'est pas une ville où la noblesse domine, la plupart des habitants sont de joyeux marchands. Les bourgeois sont d'anciens nobles qui, ruinés par les croisades, se sont mis au comptoir de bonne grâce pour recouvrer leur fortune, ou de pauvres gens, des serfs, qui, par leur industrie, se sont enrichis et sont devenus les chefs d'une famille honorable. Quoique négociants, ces hommes ne regardent pas à la dépense, lorsque les marguilliers de l'église font un appel à leur générosité. Que Monseigneur le curé veuille élever un jubé, faire poser un jeu d'orgues, des quêtes sont faites par la paroisse ; les tisserands donnent quarante sous.. Une femme fait fondre une grosse cloche *à ses dépens*. Il est vrai que le poète critique ceux qui reçoivent le don de cette femme, parce qu'il fut l'excellent moyen de délivrer son mari de prison ; mais le don n'en est pas moins généreux.

Le nom de la ville n'est pas *Troies;* le poète l'écrit, dès le XVIe siècle, comme nous l'écrivons. Avis à ceux qui seraient tentés de prendre la capitale de la Champagne pour une colonie de *Troie la Grande*.

Plus loin, Nicolas Mauroy désigne les corporations. Les tisserands occupent le premier rang ; puis viennent les foulons, les laveurs, les couturiers, les chaussetiers, les drappiers, les merciers, les maçons, les bimbelotiers. Le poète les invite, en qualité de *vrays citoyens* et de gens riches, à verser quelques sous dans le tronc. Mais, soit que la ville eût été chargée d'impôts pour les fortifications, soit que la piété des fidèles se fût un peu refroidie vers le XVIe siècle, le clocher de la cathédrale fut seulement réparé, la grosse Marie ne recouvra la voix que de longues années après la mort de Nicolas Mauroy.

Telle est cette fameuse complainte, que nous avons cru devoir publier non-seulement comme une de ces pièces curieuses qui peuvent nous révéler quelques faits obscurs d'une cité, mais comme un poëme qui peut initier les amis des lettres au style et à la naïveté d'une époque reculée.

Grosley nous a conservé la devise de l'auteur :

Enigme de Mauroy de Troyes ;
Dampne nez pas sy ne le croys.

TRECÆ,

ÉLOGE DE LA VILLE DE TROYES

EN VERS LATINS,

PAR PIERRE BERTHAULT, DE SENS,

Membre de la Congrégation de l'Oratoire et Doyen de l'Eglise de Chartres,

AVEC NOTES ET ÉCLAIRCISSEMENTS

PAR

ALEXANDRE ASSIER,

Chef d'Institution.

Bibliophile du Département de l'Aube.

TROYES.

BOUQUOT, LIBRAIRE-ÉDITEUR, RUE NOTRE-DAME, 86.

—

MDCCCLIV.

Tiré à 34 exemplaires numérotés : 30 sur papier vergé, 4 sur papier de couleur.

N° 6

alexandre assier

TROYES, IMP. BOUQUOT.

PETRI

BERTHALDI

CONGREGATIONIS

ORATORII DOMINI

IESV Presbyteri,

TRECÆ.

Ad Vrbem, Clerum, Senatum, Populumque Trecensem.

TRECIS.

Apud NATALEM MOREAV, qui dicitur le Coq, sub signo Galli.

M. D.C. XXXI.

AD INSIGNIA TRICASSINÆ

CIVITATIS.

VNde Tricassino fulgent tria lilia scuto?
An tria Castra olim lilia trina notant?
Lilia pro Castris; ceciderunt Castra, Tricassis
Hæc tria perpetuo lilia honore colet.

AD INCLYTAM

CIVITATEM, CLERVM, SENATVM,

Populumque Trecensem.

PETRVS BERTHAVLT *Oratorij Domini* IESV *Presbyter*.

NEMINI iustiùs hoc publicum opusculum, quam Publico debemus, VIRI TRECENSES, in publicum honestumque docendi munus, Regiâ nuper voce publicoque suffragio adoptati ascitique. Itaque vt publicum in nos beneficium Regi Christianissimo LVDOVICO IVSTO, ac Trecensi Ciuitati acceptum referimus; sic ne vitæ communis ignari, gratiæ immemores, aut videamur aut simus : vtrique libenter agnoscendo reddimus. Ac Regi quidem meo nuper Voto, et aliàs passim, quas debemus amplissimas gratias rependimus : at publicæ Ciuium Tricassinorum beneuolentiæ magis magisque promouendæ, nulla honestior visa est ratio, quàm si opusculum hoc publicum magis quam priuatim meum, publico Vrbis genio et dijs quasi Penatibus appenderem. En illud vobis leuidense quidem munus, nisi vestræ Ciuitatis laudes eximias contineret : Sed huic ex publico erit, quod non ex merito pondus. Trecas nobis iam pridem vsu vitæ incolendas, nuper literarum commercio, omnique eruditionis supellectile excolendas dedistis, nunc ἀμοιβὴν χάριν Trecas offerimus, versu inter vos nato excultas et exornatas : TRECAS, DEVS bone quam Vrbem, quam Ciuitatem, quem populum ! in publicis nuper literarum comitijs, primo de republicâ benemerendi initio, panegyrico haud ingrato exornatas, tanto plausu exceptas, versu ad æternam vestræ gentis famam ac memoriam complexi sumus : erutisque ex obscuro et abdito rerum propè iacentium recessu, antiquitatis ac famæ prioris monumentis, Vrbis, majorumq; vestrorum stemmata ; Pace ac Bello, domi forisque, pro Religione, pro Regibus, pro Patriâ, pro Libertate præclarè gesta, expressimus. Quid tandem ? Troiam vestram toties dirutam, et à Barbaris partim, partim occultâ conflagratione, Troiano simili incendio extinctam, victuris famæ posterioris literis condidimus. Trecas, inquam, Tria castra, tres arces, veteri Tricassinæ Ciuitatis etymo, quo Amphion Thebas, subuectantibus saxa modulis, modo et cantu, non Apinas, non Tricas (vt cum PITHÆO vestro dicam) extruimus : quodque primum et vltimum est, imò totum opellæ huius munus, Publicam beneuolentiam Publici literarum artifices, postulamus. Ac ne carmen hoc ἡμερόβιον et Adonijs hortis, vt ille quondam Plato, qui subitò et die vno nati celerrimè pereunt simile sit ; vestrâ humanitate, et publico omnes affectu fouete : ut quandiu vestra ciuitas stabit, stabit autem quandiu ille orbis quem incolimus, stet vobis posterisque vestris immortale. CRESCAT OCCVLTO VELVT ARBOR ÆVO. Valete. Kalend. Ianu.. è Pithoeano. An. C. M. DC. XXXI.

PETRI BERTHALDI
CONGREGATIONIS
Oratorij D. IESV Presbyteri,
TRECÆ.

MVSA Tricassinæ refer incunabula gentis,
Et mores, et gesta virûm : quibus inclyta factis,
Francigenas inter populos, nomenque decusque
Extulerit cœlo : sacros hîc funde liquores,
Pierios si digno imbres depleuimus haustu,
Borbonias dum canto acies; da voluere versus
Phœbe nouos, Trecasque graui celebrare cothurno.
Vosque adeò gentis Proceres, Plebsque inclyta vatis
Hunc vestri suaui aspectu recreate laborem.
Longa via est, longæ ambages, caligine rerum
Obruor, et densis totus circumtegor vmbris.
Nec fas est arcana loqui, Ciuilis Eleusis
Vulgari sua sacra vetat, sine numine vestro.
Ergo agite, et faciles nostra hæc ad carmina vultus
Vertite, præclaræ dicam primordia gentis,
Dicam gesta, et opes, et auitæ stemmata Troiæ.
Quà se fertilibus fundit Campania terris,
Aruaque multiplici sinuosus Sequana gyro
Lata rigat, populosa viris, valido aggere, tectis
Ampla iacet, sacris longè notissima templis
Inter Francigenas vrbs præstantissima gentes :
Clara situ læto, veteres dixere Tricassim.
Seu placuit vox illa priùs; seu condita castris

Vrbs tribus, antiquum seruat cum stemmate nomen.
Nunc deleta iacent; magni vix prisca vetustas
Nominis argumenta refert : Nempe omnia fato
Conduntur correpta suo, sed enim obruta flammis
Hostiliue excisa manu est, cùm Gallicus axis,
Horruit effusas opulenta per oppida gentes :
Immanesque Getas, Arctôo è cardine Danos,
Pictorum Sueuûmque acies, aut quicquid ab oris
Erupit quondam Scythicis, Mœotide que vndâ.
Namque ferunt totum mutatis sedibus orbem
Turbatum nutasse diu; cùm finibus illis
Quos natura dedit, funesto excita tumultu
Barbaries, patriisque truces è montibus irent
Tartareæ gentes, Hunnorum examina longa,
Externæque manus nostras raperentur in vrbes.
Quà se Mygdoniis sol exerit igneus vndis
Occiduæ gentes; fluctu quà pronus Ibero
Mergitur, Eôæ fixerunt signa phalanges :
Et glaciale solum gelidæ vicinius Vrsæ.
Æternùm nebulis horrens, canâque pruinâ
Incultum, Libycos ad se properare colonos
Obstupuit : genus omne hominum genitalibus aruis
Expulsum laribusque suis, pepulitque vicissim.
Nil Solidvm firmumque orbi est; nempe omnia verti
Imperia, atque alias terris assurgere gentes,
Transmittique nouos rerum vertigine in orbes
Cernimus. Arboreos fœtus ceu caudice secto
Inserit, externo figens in cortice ramos
Agricola : è sicco radix oleagina trunco
Truditur, et flauas ignoto consita fundo
Fert oleas : alio terram sub Sole iacentem
Diuersæ peragrant magno discrimine gentes.
Scilicet Americas Classe Europæus in oras
Nauigat, externo diues rediturus ab auro;
Fixurusue domos, positis vbi splendida tectis
Surgat, et æternum stirps extendatur in æuum.

Sic Galatæ à Gallis, Senonum cùm clara iuuentus
Graiugenas gentes metuendis subdidit armis.
Ipsàque, quò vicibus pateremur talia nostris,
Gallia Francorum populos, seu miserit Ister
Seu Scythicœ peperere nurus, flauique Sicambri,
Excepit gremio : cùm iam subsideret orbis
Romanus, raptæque olim victricibus armis
Euomerentur opes : crebro lacerata tumultu,
Tot turbas inter, tot sæui incendia belli
Corruit, alternoque gradu surgensque cadensque,
Distracta in geminas Romana potentia partes,
Vix reliquam tenuit primæui nominis vmbram.
At gentilitiam si fas est prodere vocem,
Fictaque verba sequi, Teucro de stemmate Trecos,
Hectoreoque satos credas de sanguine ciues :
Namque ferunt olim, Phrygiæ post eruta gentis
Pergama, Priamidem multo cum milite Francum
Dardanium Latijs regnum dum surgeret aruis,
Illyricique sinus Heneti que Antenora magnum
Exciperent, spretà primùm Mæotide, tandem
Aductum profugâ Gallorum ad littora classe,
Et posuisse domos recidiuaque Pergama gentis;
Indigenisque Prygas mixtos, de nomine Francos
Appellasse suo; felicis et vbere glebæ
Illectos, sedem fixisse, vbi Troia resurgens
Redderet amissos aliquot post sæcula honores,
Aut si fata obsint votis, saltem altera gentis
Surgeret effigies, priscæque simillima Troiæ.
Sic Salamina, memor patriæ Telamonius Heros
Condit, et illustrem Cyprum græcisque colonis
Nominibusque auget; celebras sic Pyrrhe potentem
Epirum, statuisque vrbes, quibus orba iuuentus
Et patriâ laribusque suis, vel nominis vmbrâ
Antiquum genus, et patrias dedisceret vrbes
Quin vi ventorum Cretam delatus Atrides
Maior, Tegæamque vrbem, suauesque Mycenas

Extruxit : TANTA Patriæ dulcedine mentes
Vis occulta hominum mulcet! sic Troïus Heros
Anchisâ genitus, primæ fundamina molis
Dum locat, exilesque domos latialibus aruis
Ædificat, Phrygiæ renouat cognomina Troiæ,
Troiugenas ludos, raptos ex hoste Penates,
Sacraque deuictis solemnia gentibus infert.
Nobilis hæc quæcumque fuit tantæ vrbis origo,
Fraternâ nec cæde fluens, non fœda latronum
Colluuies, nec materno polluta cruore
Turba, nec impurum fugitiui militis agmen
Incoluit : non funestum fundator Asylum
Edixit. Quales doctæ creuistis Athenæ,
Spartanæque olim validis sine mœnibus ædes,
Talia Trecarum nituere exordia : ciues
Indigenæ fixere domos, vbi mitior aura
Spirat, et horrentes nebulas Titania lampas
Excutit, igniuomas dum vibrat ab æthere flammas;
Hîc vbi lethalis nunquam præcordia tabes
Inficit, aut mortale malum contagia miscet :
Hîc vbi pampineæ turgent felicius vuæ,
Flauescitque Ceres; vbi Flora virentibus hortis
Complicat eximijs fragrantia serta corollis :
Hîc vbi muscoso exiliens de gurgite, molles
Fundit aquas, viridesque mouens ad gaudia Nymphas
Sequana, agit choreas; lenique vireta recursu
Ambit, et halantes sinuosis flexibus hortos
Irrigat, apricos pingens aspergine flores.
Sed nec talis erat, Siculæ pars inclyta terræ
Ætnæisque intacta globis, vbi chara reliquit
Pignora, Tænario miserum! rapienda Tyranno,
Flaua Ceres : non Hesperidum sic floruit hortus,
Quanquam poma illic vigili seruata Dracone
Penderent, rutiloque arbos distincta metallo
Surgeret, et puro fructus turgesceret auro.
Ingenium tam mite loco, tam læta voluptas

Fluminis, eximij tam suauis gratia tractus,
Quanta aut Puteolis, glaciali aut Tibure, Baijs,
Lucrinæ que olim villæ : Laurentia cedunt
Prædia, Telegonique; minus pomaria florent
Alcinoi : primis tellus quæsita colonis
Æthere grata, ferax glebis, et diuite fundo
Fertilis, irriguis quam spargeret vnda fluentis;
Pratorumque decus, virides vbi pascua reddant
Tempore grata suo mutis animantibus herbæ.
Crediderim, tunc iacta vrbis fundamina tantæ,
Cum Zephyro spirante, nitet clementiùs aër,
Temperiesque polo regnat, pulsisque pruinis
Læta renascentis facies sese exerit orbis,
Phryxæumque pecus flauo cum vellere, vernum
Reddit, et æquales tenebrarum ac luminis horas
Ponderat, immensi lampas nitidissima mundi :
Cum laxatâ hyeme, æquorei subsidere fluctus
Incipiunt, siccisque insternitur vnda carinis :
Cùm tumet omnis ager, cùm florea rura, virenti
Strata toro, totusque nouo se vestit amictu
Orbis, et optati redeunt post frigora soles.
Id facies tam læta soli, vultuque sereno
Indulgens natura dedit, dubiumque Parentem
Impulit, eximio Trecas componere fundo.
Iamque suos fixo muros signabat aratro
More patrum; cùm Magni ales Iouis armigèr, alto
Defluus, annosæ insedit fastigia quercus;
Intentusque operi, quà circunduceret orbem
Sulcatumque locum, præclaræ exordia gentis
Prospectat, lætusque cito petit astra volatu
Trans nubes, puroque secans vaga nubila tractu
Cernentûm longè ex oculis euanuit ales :
Nempe Ioui primos vrbis nascentis honores
Eximiumque decus, celso laturus olympo.
Sic quondam Ausoniam condit dum Romulus vrbem
Vulturij rapido incœptis venere volatu.

Augurium agnouit, diuosque excelsa precatus,
Este, ait, ô faciles superi. quorum omine læto,
Auspicioque bono, nostra hæc primordia surgunt;
Nec fas est audere mihi sine numine vestro
Tantum opus : æterno stabunt altaria cultu,
Nulla feret non thura manus, rituque piorum
Ara omnis largâ semper recalebit acerrâ :
Quantùm armis, tantùm patriâ pietate vigebit
Posteritas, serique colent pia templa nepotes.
Intonuit læuum polus : ille incœpta perurget
Feruidus, immenso designans mœnia gyro :
Quàque aditum liquere fores, non pronus aratrum
Imprimit, intactâ peragit sed mœnia terrâ.
Dumque vrgent opus artifices, fossasque regestâ
Ingentes tellure cauant, sponte exijt alueo
Amnis, et effuso Nymphæ exiluere canali.
Liberiora vadis senserunt flumina pisces
Et læti insuetos longè tentare natatus,
Dant celeres illinc flexus atque inde reflexus.
Vt prato inclusi, si forte per arua iuuenci
Inuenere viam, effrænes vice fulminis errant,
Vicinos saltus celeres, nemora auia lustrant,
Descenduntque iugis, aut plana per æquora ludunt,
Intactoque diu gaudent insistere campo.
Iam surgunt cœlo turres, atque aggere denso
Succingunt validi sua propugnacula muri;
Qualia nec cocto Babylonia moenia saxo,
Fœmineæ virtutis opus : non exulis arces
Sidoniæ; non Martigenæ primordia Romæ :
Ardua turritis fulgent fastigia pinnis,
Aggeribus munita suis; nec cultiùs vnquam
Thebanæ creuere arces, cùm fila sonoris
Tenderet icta modis vates, nulloque vehente
Iret ad excelsum compages saxea culmen :
Iuncturâque acri stipata, ad mutua staret
Vincula, et innexis vrbs surgeret inclyta quadris.

Feruentes operas intus, variosque labores
Mireris, distincta suis longo ordine tectis
Compita, contiguæque ædes; opere vndique feruent
Haud segni, nullique suo sine munere ciues.
Qualis vbi æstiuos populat formica labores,
Aut apis Hyblæo distendit nectare cellas
Vimineas, sua cuique manet properanda diurno
Sidere sors : pudor est sine lucro ad tecta reuerti
Ignauas, vacuasque suo descendere furto.
Iam bene compositis vrbs præstantissima rebus
Florebat, populosa viris, ac diuite gazâ
Insignis, belloque potens; cùm prima Sicambrûm
Arma, et Saxonicos generosa retunderet hostes.
Dii patrij! quæ colluuies, quæ dira furentum
Turba, quot immanes populi, velut agmine facto
Incubuere vrbi! tunc cùm Romana vigerent
Iura, nec è nostris egressa Penatibus vmbra
Nominis Ausonij, pro libertate ruentes
Gallorum premeret populos : quot bella, quot hostes,
Damnaque sustinuit? Salios tulit illa furores,
Ascaricumque trucem, crispato crine Ragaisum,
Marcomerem regnandi auidum, sæuumque Synonem :
Sed doluit tristi affectos occumbere pœna
Captiuos, cùm de caueis immane furentes
Exiluere feræ, clarumque hausere cruorem.
Quid memorem in Batauas olim pepulisse paludes
Trans Rhenum Mosamque amnes, atque intima ponti
Theutonici, Cimbrosque truces, dirosque Gelonos,
Et coniuratas Gallis pereuntibus Arctos,
Cùm magnæ Stiliconis opes, et fortior Ætî
Impetus, infractas bello strauere cohortes.
Nulla quies, pulsæ redeunt maioribus ausis,
Optatos populantur agros, vrbesque receptas
Diripiunt : ceu cum sæuas exarsit in iras
Terribilis ceruice leo, quem densa furentem
Exegit campo pastorum turba, feroces

Improbus exacuit vires, magnoque tumultu
Insiliens, septa expugnat, versatque cruorem,
Et potitur votis : sic bello exacta iuuentus
Franciadum, tandemque armis victricibus, vrbes
Optatosque incedit agros, quos alluit vndis
Sequana, Romanosque altas trans expulit Alpes.
Iam tonat è Scythicâ rapidi vice fulminis orâ
Attila, et immanes trahit ad sua signa cateruas ;
Et quacumque ferox rapitur ; terrorque, furorque,
Impietas, rabiesque ruunt ; simul agmina, credas
Eumenidas simul ire deas, tedisque cruentis
Horrida per trepidas iactare incendia terras.
Nec dubitata olim monstri argumenta furentis
Sanguinei dederant fontes, sudantia sacris
Æra locis, faciesque Deûm, percussaque diro
Templa ictu, longéque minax sudo æthere crinis,
Hor.ificæque trabes, flammisque sequacibus aër
Obsitus, vndantes transcendit Sequana ripas,
Effususque agris vicinas terruit vrbes.
Vt cùm Carpathio in magno, vicina minatur
Tempestas, tenui crispantur flamine fluctus,
Spumescitque vltrò pelagus, Delphines in orbem
Stipati ludunt, celerique per aëra saltu
Corpora vibrantes, tumidæ dant signa procellæ.
Iamque Tricassinos armorum indagine muros,
Hunnorumque Auarumque manus, Scythicæque phalanges
Circundant, tumulique minax ex aggere Ductor,
Ad cædes stragemque virûm, prona agmina sæuâ
Voce vrget : quid enim tantùm Mauortius, inquit,
Impetus, ambiguas suspendit ad horrida mentes
Prælia ? victores Eôæ gentis, et orbis
Arctôi miseram quid nunc evertere gentem
Hæretis ? Celtas-ne truces, Francumve rebellem,
An Gothicàs vires, et coniurata pauetis
Agmina ? Pannonios piget hîc numerare triumphos,
Sauromatum fusas acies, Dacumque ferocem

Mysorum Thracumq; Duces, quà Bosphorus vndis
Æstuat, Euxini claudens confinia Ponti;
Edomitos Reges, terrasque binominis Istri,
Et Rhenum extremo missum sub iura furore,
Tot bello captas vrbes, tot sedibus imis
Oppida versa manu : nostras Germania leges
Audit; ab intactis retrò vis Hunnica Gallis
Cedet? ad exiguam franget sese impetus vrbem?
Ite truces, penetrate aditus, inscendite muros,
Ite alacres, rapidis vrbem circundate flammis,
Ite truces, explete animos, versate cruorem;
Ex Trepido nulli hoste metus, sæuo omnia ferro
Emetite. Ardentes sic ille hortatibus implet
Bellantum cuneos; litui strepere ocyùs acres
Incipiunt : fremit audito plebs barbara signo,
Et ferro ciues, et flammis destinat vrbem
Impatiens : quid agant miseri, quo se aggere seruent?
An deceat certare manu, ferroque tueri
Labentem patriam, certæque occumbere morti :
An sacras properare ædes, patriisque cruorem
Innocuum seruare aris, ferrumque ferocis
Expectare Scythæ, trepidâ sub mente volutant.
Tum Præsul sacrâ redimitus tempora mitrâ,
Augustoque habitu insignis, cui plurima fandi
Vis erat, atque ingens notâ pietate facultas,
Solatus mentes ægras, sperare potentem
Subsidij cœlestis opem, venturaque cœlo
Castra docet, cessurum hostem Geticasque cohortes.
Assyrias acies, sæuam Babylona, Pharumque,
Et circunductas pelago cedente cohortes
Isacidum exponit, superis deleta ministris
Agmina, seruatas auidis ex hostibus arces
Bethulidum, madidam vino dum fœmina victrix
Ceruicem execuit ferro, truncumque reliquit
Sanguine singultantem; arctis sic affore rebus
Numen, et æthereos charo pro ciue maniplos.

Ergò animi fidens, pulsâ formidine, cœlo
Securas monstrante vias egressus, ahenas
Laxarique fores, totamque incedere pubem
Imperat : hostiles animos, et sæua cruenti
Ora Scythæ, insolitus venientum exterruit ardor.
Ast vbi Mystarum longo adfuit ordine Præsul,
Horret ad aspectum, tantæ fera corda repressit
Maiestatis honos, vultusque micantior astris
Lenijt ardentem : fœtâ nam Tigride nuper
Sæuior, humanum sumit (mirabile) pectus
Audit Pontificem, et positâ feritate, iubentis
Imperio stetit ille Lupi : namque ignea circùm
Tela rotant, visæ cœlo descendere turbæ,
Nî faciat. Ceu fulmineus micat æthere turbo,
Terroremque minax agris flauentibus infert :
Ast vbi sidereos vibrat sol aureus ignes :
Discutitur damno Typhon resolutus inani :
Aut cùm Tyndaridæ stellato vertice fratres,
Commoto fulsere mari, cadit ocyùs orta
Tempestas, cessant vndæ, fluctusque residunt ;
Sic posuit terrorem hostis, viso Attila Diuo
Mitescit; mora nulla cohors inimica recedit.
Inde Rhemos properat, tùm se vis bellica flexit
Ad Ligerim Aureliam donec circùm ambiat vrbem.
Proxima iamque vrbi strages; cùm strenua gentis
Francigenæ virtus, Merouæo Rege, periclo
Adfuit, et Gothicæ magno cum Principe turmæ,
Romulidumque acies : tûm vertere Barbarus ora,
Et retrò dare terga Scythes, instare fugaci
Coniurata manus : Lybicum ceu forte leonem
Stragibus insignem Pastorum turba sequentum
Asperat, vrgeri tantùm indignatus, in hostes
Terribilem vultum, spumantiaque ora reducit,
Statque ferox tela expectans : Sic Attila turmas
Hoste premi impatiens, totas collegit in iras
Fulmineos animos, sæuumque interritus agmen

Sustinuit, donec tandem Catalaunica clades
Trans ageret Cottas Alpes : ubi Roma furentem
Cerneret, et dirum precibus LEO vinceret hostem.
Quid Danos Cimbrosque loquar, gelidâque sub arcto
Martigenæ gentis populos? quid Saxonas armis
Indomitos? quid Teutonicus quos alluit Albis?
Iamque perit latè iniectis ad culmina flammis
Vrbs incensa rogo, qualem non Pergama quondam,
Et Phrygiæ sensere arces, Tyrijque Penates,
Scipiadum vltrices quos euertere fauillæ,
Non isthmos gemini nectens confinia ponti
Romano victore ruens cùm celsa Corinthus,
Æs flueret riuis; multo sudata labore
Pegmata, et ingentes statuæ grandesque Colossi,
Omnia Neustriaco flagrant incensa furore :
Quanquam nec Scythicus terror, nec tota paludum
Eluuies, Tanais quà se in Mœotide condit,
Et viduas tangit Ponti fera ripa cateruas,
Non satus Hircanis ad Caspia littora monstris,
Tentassent immane nefas : verùm ardua virtus,
Totque haud pressa malis, Comitis generosa Roberti
Dextera, feruentes Trecensi è clade maniplos
Maiori afflixit, post diruta mœnia strage.
Namque opibus dites sic ferro aggressus, ut ingens
Palantum caderet numerus : spolijsque relictis
Pondereque armorum abiecto, velociùs agris
Præcipites ruerent : rubuit perfusa cruore
Barbarico tellus, turpique horrentia tabo
Flumina, concisos voluêrunt lentiùs artus.
Quas alueo cædes : quæ funera Sequana portat?
Continuus telis, magnoque adopertus aceruo,
Per geminas voluit miseranda cadauera ripas.
Non sic Bistonius torrens, non Strymonis alti
Vnda cruore natat, cum telo armata trabali
Sanguinei Martis sæuas fert dextera mortes.
Qualis eras, cum fulmineo castra impia ferro

Turbares, tetrumque imis penetralibus hostem
Eijceres, patriam suetus defendere gentem?
Prô tibi quot statuas, quot celsa tropæa, quot arcus,
Erexere tui! quot claris sculpta columnis
Et virtus et fama fuit! Sic ardua Phœbum
Contemplata Rhodos, vocalem Memnona Persæ,
Eleumque Iouem Pisæ : tot structa superbis
Starent signa opibus, mediam spectanda per vrbem,
ASPERA FATORVM nisi vis, atque INVIDA magnis
Sors rebus, tot factorum monumenta tuorum
Strauisset, sacris nunquam moritura camœnis.
Nam rapidis fama est ter conflagrasse fauillis
Tecta Tricassinæ gentis : non publica templa,
Non medio constructa foro monumenta, Colossi
Vitauere rogum, ferus omnia perdidit ignis,
Templa, domos, et opes : superant vestigia tantæ
Cladis adhuc, nec clauigeri Domus ardua Petri,
Impositum culmen, geminasque assurgere moles
Turriculis cernit : quondam illa Potentius author
Fundamenta locat, quem Sauiniane Trecensi
Pastorem populo, fideique exempla daturum
Cultorem dederas; Montani at Principis irâ
Exactus, Senonas diuini semine verbi,
Christiadumque sacris, vicinas imbuit urbes.
Illic fata tulit, fusoque aspersa cruore
Firma salutiferæ statuit primordia legis.
Creuit opus Magni eximiâ pietate Milonis :
Absumptumque iterum flammis, maioribus auxit
Molibus, et priscos ædis renouauit honores
Heruæus : nunc summa manus fastigia ponit,
Qualia nec Delphis Phœbi delubra, nec alta
Deliacæ gentis, Lyciâque insignia sorte
Templa olim nituere Deo Pataræque Clarique;
Non Triuiæ quondam domus admiranda Dianæ,
Non Parisiacæ turres, non Gallia quidquid
Tota stupet. Prô quanta virûm simulacra piorum,

Vestibulum ante ipsum primisque in faucibus ædis!
   Virtutum hîc videas medio sub limine vultus,
Bissenos hinc inde Patres, cælique Parentem
Librantem dextrâ verbo quem condidit orbem :
Humanæ authores stirpis cum prole tenellâ
Stant læuâ et dextrâ, tumet omnis imagine postis.
Francorum hîc viuunt incisi marmore Reges
Præcipui pietate; putes incedere pictas
Effigies, solusque deest cum lumine motus.
   Si subeas, quantus rerum se fulgor ocellis
Obijciet? Picti postes, mollique labore
Sculpta micant simulacra, duas hinc inde gemellis
Porticibus curuarialas mirere, lacunar
Flexum arcu, camerasque suis hærere columnis,
Ac medio pendere tholo : quæ forma beatis
Arte manus concessa locis? non clariùs olim
Phidiacum radiauit ebur, non Zeuxidis arte,
Aut Polycletæo simulacra vigentia cœlo.
Parrhasium sculpsisse putes; stat iaspide postis,
Sectilibus fulgens crustis, Parioque nitescit
Marmore, diuersis iunctura opulenta sacellis,
Et referunt patrios cælata toreumata Diuos.
   In medio latè videas subsellia, sacros
Exceptura Patres, solito cùm more vocandum
Numen, et afflictis Diuûm solatia rebus.
Quæ facies? quæ defixi moderatio vultus?
Quanta sedet menti Pietas? quis cultus honoris
Diuini? Superûm credas astare cohortes,
Et veterem aligeros arcam stipare ministros.
   Lucida quid memorem picto spiracula vitro,
Sacra quibus veræ viuunt mysteria legis?
Hîc æterna Trias, miseræ commercia terræ
Destinat, æthereum dicas celerare ministrum
Et liquidas tranare vias, ac præpete pennâ
Allabi terris : stellatâ hinc veste reuinctum
Virgineos intrare lares, vbi subdita verbo

Diuinosque satus, et inenarrabile Verbvm
Concipit. Inde putrem credas horrere cauernam,
Hic fœtu grauida æthereo, saluoque pudore,
Seruatorem hominum, vitæque animæque datorem,
Virgo eadem et Mater vitales edit in auras.
Illic primus abit sanguis, fugit inde per oras
Niliacas : medio hîc pandit Mysteria templo
Gentis Idumææ, pendet dicentis ab ore
Doctorum stupefacta cohors : sedet anxia iuxtà
Mater, et attonito secum omnia pectore versat.
Hic lymphis cœleste caput Iordanis ad vndas
Tingebat Præco, quem vix tegit hispida circùm
Pellis; adest fuluo volitans sursum ales in auro :
Proditur inde, cruentatâ hinc ex arbore pendet.
Hic clauso emergit tumulo, stat turbida circùm
Custodum manus, et clauis assurgere fixum
Miratur. Longum est varias numerare figuras,
Seu quas saxa ferunt, seu quas splendescere vitro,
Aut stupeas pictis latè fulgere tabellis.
Marmoreâ hîc statuâ Rector Pralinius, aræ
Intentos figit vultus, et supplice cultu
Diuinum numen Christi præsentis adorat;
Effictæque auro pugnæ, fusique manipli,
Oppida capta manu, Regi Patriæque tot annos
Explorata fides, sculpto sedet indita vultu.
Pendula Lychnorum referam quid pondera, et aras
Aurato dites luxu? quid splendida circùm
Ornamenta loquar? quid puluinaria Diuûm?
His nec Idumææ delubra æquanda Sionis
Regali fabricata manu, quanquam vndiq; missum
Irradiaret ebur, cedroque ornata niterent
Interiora domus : nil Roma Augustiùs vnquam,
Nil colles videre tui; seu cùm horrida staret
Impietas, cultuque Deos sequeretur iniquo,
Seu nunc Religione potens, pietate fideque
Orbis adhuc Princeps. Sed quæ fastigia restant

Feruenti properanda manu, dum vertice celso
Bina quater geminas sustentent culmina pinnas.
Quid sileam dites sacro cum pondere thecas?
Depositumque ingens rerum quas tota veretur
Christiadum Pietas? Hîc spina, hic sanguis, arundo,
Spongia, Crux, infandæ adsunt insignia mortis :
Baptistæ pollex, ceruix veneranda Philippi,
Dens Petri, innumeræ Diuûm longo ordine partes :
Quid tormenta, cruces, ferrumque, ignemque, rotasque
Sanguineosque amnes loquar, infectasque cruore
Isse vias? cùm dira manus, rabiesque, furorque
Ethnicus, inuictos Diuûm sæuiret in artus.
PATROCLI, IVSTIQVE cadunt, animoque virili
Virginei cœtus, horum dux IVLIA; languent
Carnificum dextræ : labor est intendere pœnas,
Deliciæ perferre, deest patientibus ignis;
Nec sæuire satis diri tormenta Tyranni
Visa Pijs, stat supplicio constantia maior,
Relligioque suâ crescit pessundata clade.
Hæc priscægentis Pietas, quam cætera passim
Fana notant. Ædes Stephani, tot splendida Diuûm
Relliquijs, LARGI COMITIS mirabile donum
ERRICI : antiquum populatrix flamma laborem
Diruit, et puro stantes ex marmore postes :
Viuit adhuc tanti maiestas nominis, illic
Augustos reuerere Patres, quorum inclyta virtus,
Insignis Pietas, Doctrina, tot vndique dotes
Nobilitant cœtum illustrem, renouantque prioris
Et famæ, laudisque decus : quid sacra Piorum
Templa loquar quos vota ligant, nexuque perenni
Astringunt? Nunc illa canam, quibus omnibus vna
Eminet vrbs : prô quanta fides in rebus acerbis,
Principibus seruata suis; quàm Regibus arctè,
Imperijque tenax hæsit! quo Francica cultu
Lilia, et æthereo tinctos ceromate Reges
Ciuis habet! conferret opes tepidumque cruorem

Versaret, pro Regali moriturus honore,
Imperioque fideque; extant monimenta probati
Affectus : quid Pictonicas exponere clades,
Delapsumque opus est in iura Britannica Regem?
Huic totas expendit opes : mireris amoris
Signa sui; niueo detracta monilia collo,
Et fuluos digitorum orbes, decora alta puellis
Armillas, gemmas, pretij melioris inaures
Innuptæ tribuere nurus, matronaque rerum
Sedula seruatrix : NIHIL EST IACTVRA suorum
Dum Regum sit tuta salus, POTIORQVE METALLO
Publica libertas. Regno spoliatus auito
Alter, iniqua tulit furiosi damna Parentis :
Iamque Anglo dominante, iugum ceruice ferebat
Francia, in externos (miserum) transmissa Tyrannos :
Quodq; caput sceleris summi est, fert Anglica ceruix
Liligerum diadema : videt, patiturque, probatque,
Vrbs Regina nefas : Delphino haud tuta Cuborum
Insignis Biturix, patrioque expellitur hæres
Imperio : sed quo tandem se fine Britannus
Iactabit; miserosque premet vis extera Francos?

Indignata malum pubes Trecensis, auorum
Vlta vmbras patriæque scelus; quamqùam ædibus imis
Hærentem, exegit dextrâ victrice Britannum,
Burgundique acies, Genabum cùm strenua pressum
Obsidione graui, Leucorum Virgo redemit :
Expulit Angligenas vano cum Rege cohortes,
Inclyta tot scelerum vindex, capit oppida, et vrbes :
Occupat inde Remos, sacro perfundit oliuo
Augustale caput; generosi ac Præsulis arte
Trecarum patuere fores, Regemque volenti
Excepit plebs læta animo, gauisaque fœdum
Excussisse iugum; tam miti subdita sceptro,
Imperium accepit : facti non immemor, vltrò
Iura auget, donisque vrbem Regalibus ornat.

Cætera quid memorem fidei argumenta? quid hostes

Mœnibus expulsos? deceptam inuaserat vrbem
Factio dira hominum; non hos tulit aura parensque
Francica, sed gelidæ duris in cautibus Alpes :
Iamque auidâ grassata manu, ferroque Tyrannis
Iura dabat, cùm lecta virûm turma, impia strauit
Consilia, et Regi seruatam munijt vrbem.
  Hanc Errice fidem expertus, cum turbida Regni
Tempestas, sceptro longè removeret auito;
Francigenæque vrbes, vulsæ vt Symplegades, irent
Vulnus in alternum, coniuratæque phalanges
Iura armis raperent; patrijs è sedibus exul,
Respiceres gelidum post vltima bella Bootem.
  Digna tamen veniâ est : nam si turbo improbus vrbem
Impulit, et sæuis fluitantem exercuit vndis;
Communi id vitio : sed prima furentibus ausis
Imposuit pia Treca modum, positoque tumultu
Rectorem pepulit, quem dira rebellio rebus
Turbatis dederat. Qualem (LODOICE) recenti
Secessu, populi affectum, quàm pignus amoris
Immensum, vidisse datum est! Sic Attica Magnum
Excepit pubes, cùm pulsos æquore toto
Prædones Cilicas, Romana in iura coegit :
Aut fuso Mithridate, altâ cùm sede superbum
Roma Ducem, victorem Asiæ, rerumque potentem
Ad Capitolini duxit delubra Tonantis.
  Deliciæ tu plebis eras; tu sola voluptas
Ciuibus exoptata bonis, in te omnia vota
Oraque cunctorum; diuinum attendere Numen
Nempe rati, Augustos vultus faciemque micantem
Et circumfuso radiantes sidere crines,
Cœlestesque oculos, maiestatemque verendam,
Obtutu assiduo, et constanti lumine figunt.
  Perge Tricassinæ Plebs vrbis, ita exere testes
Ardoris flammas, sic sta Regalibus vsque
Imperijs, sic semper ama; sic fida, perennis
Hanc famam candoris habe, nomenque decusque

Tolle tuum patrias inter præstantior vrbes.
Nunc Themidis pandas æquali examine lances
Musa refer, quæ iura viris Prætoria reddant,
Et Prytanæo meliora edicta Senatu.
Aurea Regali Virgo succincta paratu,
(Quam circùm legum vindex acerrimus ensis
Exertusque rubet scelerato sanguine tinctus)
Temperat exortas lites, et iurgia plebis
Incorrupta auro dirimit : non longa potentum
Agmina, non fuluo vestis saturata metallo,
Non odium, affectus, cognatio, gratia, sanguis,
Non fauor inflectit mentem, stat ahenea turris
Quam nullæ expugnant artes : rectumque, fidesque,
Sola adeunt. Talem prisci videre Parentes,
Aurea cum iuueni flauerent sæcula mundo,
Et syncera pij formarent pectora mores;
Nec vitijs offensa hominum, super ardua vecta
Sidera, languentem repetitis cædibus orbem
Despiceret Themis, æthereo reuocata Parenti.
Purpureo insistit solio, quod sparsa coronant
Lilia fulua auro; mediâ Rex pictus in aulâ
Thebanæ in morem gentis, vult consona recto
Ferri edicta, vetatque auidis ea cuncta licere
Quæ possunt libuisse; timet Regale vacillans
Causa forum, pretiumque refert; et mitia pressus
Sentit Rostra cliens.Sacris deprompta tabellis
Hinc edicta legas; vt se Deus arbiter orbis,
Vltorem iniustis, ac præmia spondeat æquis
Iudicibus : quanquam iusto munita senatu
Aula, nec in pœnas aut præmia iura reflectat,
Mota minis precibus-ve omnem sumptura figuram :
Sed iustâ se lance regat quâque ire clientum
Iura volunt, illuc vltrò propendeat æquum.
Cecropios astare senes, vbi nocte silenti
Martius augustum collis de more Tribunal
Excipit; insignes-ve Ephoros, Populique Timuchos

Phocæi, antiquosque putes considere Patres
Romuleæ gentis : tanta est constantia vultus,
Maiestasque oris, priscos quàm magna Catonas,
Sulpicios, Drusosque, altæ solertia mentis,
Integritasque fidesque tulit : mireris in altâ
Sede viros, qui iura foro, qui præmia reddant
Emeritis, dignâ plectant qui crimina pœnâ.
  Inde subit Maiorum ordo, quos publica ritè
Vota legunt; meritosque diu largitur honores
Non mendicatæ felix consensio vocis,
Publica sed tradunt dignos suffragia fasces.
Horum humeris hæret patriæ moderatio gentis,
Vt fultos Atlante polos mirata vetustas,
Herculeisque orbem totum sedisse lacertis :
Hi vigili curâ, sensuque ad cuncta capaci
Incumbunt oneri; longo latè agmine stipant
Delecti Proceres, quorum prudentia magnæ
Nota vrbi, numero accenset, qui mente sagaci
Præcipiant longè et plebeia negotia curent.
  Quis largas tantæ vrbis opes? quis versibus æquet
Tanta Tricassinæ gentis miracula? quis tot
Delicias quas monstrat ager, quas præbet amœno
Terra situ, vitreique amnis diuisa voluptas?
Templorum moles varias, vrbisque nitorem,
Ingenium tam mite viris, pietatis auitæ
Eximios sensus : Magnæ diademata Romæ
In ciues transmissa suos, cùm subdita fœdo
Imperio Isacidum tellus. Solymeque potentes
Imploraret opes : VRBANI concita sacro
Eloquio, armatas miratur Francia turmas
Totque effundi acies : quid Relligionis amorem
Immensum, Regumque fidem : tot facta, tot hostes
Deuictos, tot prisca virûm monumenta, tot altas
Egregiæ virtutis opes, tot stemmata gentis,
Tot rerum dotes, digno depromere cantu,
Non opis est nostræ : non si mihi Mantua versus

Suggerat indigenas, non si pallentibus vmbris
Erumpat Colophone satus, non si impleat haustu
Pimplæo Phœbus faciles ad carmina venas,
Aut docta Ascræi veniant mihi somnia vatis
Digna loquar. Solum hoc vrbi restabat, amœna
Musarum sedes, doctos vbi Pieris imbres
Funderet, et priscos gentis repararet honores.
Hîc vbi florerent reduci PASSERTIVS vmbrâ,
PITHOEIQVE DVO, nostræ ornamenta Thaliæ,
Et decus : offusas turpi caligine Musas,
A tenebris fœdoque situ clarissima gentis
Lumina Francigenæ, longo asseruere labore.
Hoc Regalis opus dextræ est, hoc vrbis amicæ
Munus, et vnanimis Patrum Populique voluntas
Censuit ; ito frequens Musarum ad templa iuuentus :
Hîc Suada, hic Pitho, hîc doctæ sua sacra sorores
Instituunt ; siue eloquium, suauemque disertæ
Vocis amas modulum, dîos seu carminis haustus,
Afflatusque sacros ; pleno te proluet ore
Pallida Pyrene : licet hîc depromere magnas
Romani Ciceronis opes, geniumque Maronis :
Hîc latios fontes, Graijque haurire liquoris
Diuitias : aderunt faciles ad feruida Mystæ
Vota, Minerualem instituent de more Palæstram,
Sacraque Phœbeâ præcingent tempora lauro.
At vos Sacrorum artifices, Themidisque ministri,
Atlantesque vrbis, vestræ si stemmata gentis,
Et ritus, moresque virûm, præclaraque bello
Facta, Sophocleo cantauit Musa cothurno ;
Indigenas versus vultu lustrate sereno ;
Hîc legite æternùm memoris vestigia mentis,
Hîc nullo moritura æuo argumenta fauoris
Impensi, hic meritos VRBIS TRECENSIS honores.

FINIS.

DE VRBE TRECENSI

A R. P. BERTHALDO

metro Ædificata.

QVænam superbo cœlitibus minax
Moles resurgit vertice celsior!
Murosque præpandit vetustæ
In speciem renouata Troiæ!

An calce rursum sordidus oblitâ
Vrbi excitandæ præfuit? et nouâ
Mercede Phœbus læuigatos
Composuit lapides amussi?

Fallor; nec altis mœnia turribus,
Pinnæque surgunt præcipiti aggere;
Nec saxa cœmentis reuincta,
Arce polos Phrygiâ fatigant:

Sed iuncta vocis temperies, lepos
Mixtus decori, metraque consita
Fastigiatum verticem, arte
Pieriâ super astra tollunt.

Quippe execratus Laomedontium
Opus, cylindros, quadra, trigonaq;,
Subiecta postquam flammæ Achiuæ
Troia fuit tenuis fauilla.

Apollo vultu iam melior tuo,
Tuâq; BERTHALDE arte potentior,
Opus remollitur diurnum,
Sequana quà vitreas relabens

Dispensat vndas; iam coeunt tuo
Excisa iussu saxa, per ordinem
Murisque propugnaculisque,
In choreæ simulachra surgunt.

Non sic mouebat Musicus artifex
Muros paternâ Sidonios lyrâ;
Tu mœnia ac ædes, et vrbem
Ædificas meliore plectro,

Quam non superbis Attilicus minis
Vastabit ardor : torta-ve Saxonis
Balista quassabit; Danus-ve
Igne vago populabit audax.

Sed hostis acris sæuitiem, graues
Saturni edacis nil metuet minas,
Secura durabit tuisque
Carminibus stabilita viuet.

Tanti receptum promeriti decus
Obliterabit nulla dies, memor
Te conditorem, te parentem
Perpetuo celebrabit æuo.

FRANC. BONICHON. *Orat.*
D. Iesu Presbyter.

AD VRBEM TRECENSEM

VERSV CONDITAM.

QVas olim multo perfecit Apollo labore
  Has perijsse arces Troia sepulta docet.
Si Trecæ euersis nec propugnacula muris,
  Nec monstrant veteris nobilitatis opus.
Illa tamen spretis reparat castella ruinis,
  Primus Franciacâ Florus in historiâ.
Tu mihi tu Gallis diceris Apolline maior,
  Quæ caderent, struxit; quæ cecidere, nouas.

ALIVD DE DONO VRBIS.

QVid iuuat agrestis cultus donatus agelli,
  Quid nitida è solido marmore tecta iuuant?
Tam bene Sequanicis vates dum cantat in oris,
  Regali effundit munera digna manu.
Magna Tricassinis debebat munera vates,
  Vrbem donando, maxima dona dedit.

NICOL. IOVRNEE.

Trecensis.

AD EVNDEM.

TV nouus extructor, vates, de triplice castro :
Inde tuum cinget trina corona caput.

DE EODEM.

PRima Tricassinæ renouas exordia gentis
Versibus, obscuris pene sepulta locis.
Debitus hinc tibi cedet honos quod mœnia versu,
Mœnibus æqualis tempore versus erit

L. COVRTIN. *O. D. Iesu.*

NOTES ET ÉCLAIRCISSEMENTS.

L'*Eloge de Troyes* n'a été imprimé qu'à un petit nombre d'exemplaires au temps même de l'auteur. La Bibliothèque de Troyes n'en possède qu'un seul; la signature de Breyer qu'il porte nous indique qu'il appartenait à ce docte abbé, si célèbre par ses talents et par ses vertus. Le poème de Berthault forme un petit in-8° de 46 pages; les vers sont imprimés en lettres italiques.

Berthault naquit à Sens au commencement du XVIIe siècle. Après avoir étudié sous les maîtres les plus habiles, il entra de bonne heure dans la congrégation de l'Oratoire, fondée par le cardinal de Bérulle, et à laquelle plusieurs villes avaient confié l'éducation de la jeunesse. Ses talents le firent bientôt appeler aux fonctions de régent de rhétorique, et lui concilièrent l'estime des habitants de Troyes, de Marseille et de plusieurs autres cités. Quelques années après, il était nommé chanoine de l'église de Chartres. Il composa dans ses loisirs le *Florus gallicus* et le *Florus francicus*, qui furent longtemps suivis dans les colléges, et que le P. le Long a justement appréciés. Mais le plus remarquable de ses ouvrages est celui qu'il fit imprimer à Nantes en 1635, sous ce titre : *de Arà*. Le cardinal de Richelieu, qui aimait les savants et les poètes, lorsque leur gloire n'était pas trop éclatante, voulait élever Pierre Berthault à l'épiscopat; mais le R. P. Sancy de Harlay l'en détourna, parce que l'habile professeur n'avait point reçu du ciel le talent de gouverner un diocèse (1). Pierre Berthault mourut le 19 octobre 1681,

(1) Biographie universelle, Paris, Michaud, 1811, tome III, p. 347.

dans un âge très-avancé. Il était depuis quinze ans doyen de l'*insigne* église de Chartres.

Les armoiries de la ville de Troyes, avant la révolution, étaient : *d'azur à la bande d'argent, accompagnée de deux doubles cotices, potencées et contre-potencées d'or, de treize pièces ; au chef d'azur à trois fleurs de lys d'or.* Ces armoiries, sauf le chef d'azur à trois fleurs de lis d'or, étaient celles des comtes de Champagne, dont Troyes était la capitale. Les fleurs de lis ne furent ajoutées qu'en 1404, après la réunion définitive de la Champagne au domaine royal. Les branches de chêne et de laurier n'étaient considérées, même sous Louis XIII, que des hors-d'œuvre emmaillés à volonté, soit d'or, soit de sinople (1).

Le poète Berthault veut que les trois lis rappellent les trois châteaux auxquels Troyes devrait son nom, *lilia pro castris*. Mais le nombre *trois* ne prouve point l'existence des trois forteresses, parce que ce nombre fut fixé sous Charles VI, sans aucune allusion apparente (2).

Le poème, écrit dans la maison des Oratoriens, *è Pithoeano*, est dédié au clergé, aux magistrats et au peuple de Troyes. Berthault a séjourné quelque temps à l'Oratoire et fouillé les antiquités oubliées ; il veut célébrer dignement dans ses vers la cité qui a si bien accueilli sa congrégation et repoussé les jésuites. Il invoque donc la muse pour chanter le berceau des *Tricasses*, et pour rappeler les hauts faits des héros.

Je laisse à d'autres plus habiles l'analyse raisonnée de ce poème, je ne ferai point sentir la valeur des mots et apprécier les tournures grammaticales. Quel lecteur serait assez débonnaire pour me suivre dans cette longue étude, dans un temps où les poètes français se métamorphosent en historiens ou en romanciers ? Je suivrai le poète, seulement dans ses récits historiques et dans ses descriptions, parce que, vivant dans un siècle où le marteau révolutionnaire n'avait pas encore détruit les mo-

---

(1) Voyez les armoiries de la ville de Troyes, par M. Jules Ray; Troyes, 1851.

(2) Voyez dans mes *Archives curieuses* de la Champagne et de la Brie, l'*origine de Troyes*, page 11; Paris, Techener, 1853.

numents témoins des vertus et de la foi de nos pères, il a vu de remarquables édifices et recueilli d'antiques traditions.

Pierre Berthault, dès son début, supplie les grands et le peuple de jeter un regard bienveillant sur son œuvre. Il déclare que la route sera longue et que les ténèbres envelopperont quelquefois sa poétique pensée.

> Longa via est, longæ ambages, caligine rerum
> Obruor, et densis totus circumtegor umbris (1).

Voyons si le chantre des Tricasses ne s'est pas égaré dans ces nuages qui l'effraient, et si la bonne Clio a daigné l'éclairer de ses traits lumineux. Après une description pompeuse du site de la ville de Troyes, arrosée par la Seine aux mille sinuosités, Berthault vous embouche à son aise la trompette héroïque et évoque les valeureux défenseurs de la capitale des états de Priam. Il embrasse franchement l'opinion de ceux qui attribuent la fondation de la cité des Tricasses aux malheureux amis d'Hector. Cette noble origine flatterait sans doute l'amour-propre des habitants de l'ancienne capitale de la Champagne, car tous les hommes ne peuvent pas se vanter de sentir couler dans leurs veines le sang du valeureux guerrier qui osa lutter contre Achille. Mais, on le sait, il a fallu tous les efforts d'une pauvre linguistique pour voir dans le mot *Trecæ* le mot *Troja*, et pour soutenir que les os d'Anchise reposent sur les bords de la Seine, toujours vénérés par les descendants du pieux Enée. La postérité doit regretter que cette fable ait inspiré tant de beaux vers à Berthault, et qu'il n'ait pas négligé ce récit pour célébrer des faits moins obscurs et même plus éclatants.

Quoiqu'il en soit, la ville de Troyes, fondée longtemps avant l'ère chrétienne, prit une part active aux grandes expéditions des Gaulois, et fut décorée de grands établissements sous les Romains. Elle eut ses grands hommes et ses martyrs ; ses foires, dès le ve siècle, attiraient même dans son enceinte les marchands des provinces les plus éloignées, lorsque tout-à-coup l'empire d'Occident fut

(1) Vers 10.

envahi par une foule innombrable de Barbares. Dieux de la patrie! s'écrie le poète, quel déluge! quelle troupe cruelle de furieux! que de peuples avides de sang fondent sur les villes! Attila franchit le Rhin, la terreur le précède; malheur aux cités situées sur la route du farouche conquérant! Les trompettes retentissent, les soldats barbares frémissent. Troyes va disparaître sous les pas de l'Asiatique, car ses faibles habitants, saisis d'épouvante, se réfugient dans les églises, et ne veulent point opposer de résistance. S. Loup les rassure et leur rappelle que la Providence sait, quand il lui plaît, triompher des Holophernes et des Assyriens. Revêtu de ses habits pontificaux, il fait ouvrir les portes de la ville et marche lui-même à la rencontre d'Attila. Le *fléau de Dieu* s'apaise à la vue de ce vénérable prélat; la troupe ennemie s'éloigne des murailles de Troyes.

viso Attila Diuo
Mitescit; morâ nulla cohors inimica recedit (1).

Mais bientôt les Francs, les Wisigoths et les Romains repoussent le vainqueur et le forcent de se réfugier dans les vastes plaines de Châlons, où se livre un de ces combats qui décident du sort des empires. Attila, vaincu, se hâte de regagner le Rhin et fond sur l'Italie « comme un vautour sur sa proie. » Le pape Léon triomphe et lui apprend que « les prières d'un pontife valent une armée. »

Le poète Berthault, dans son poétique récit, ne partage pas l'opinion de ceux qui prétendent qu'Attila menaça la ville de Troyes après la défaite des champs catalauniques. M. Amédée Thierry, qui a consacré de longues années à l'histoire de la Gaule sous les Romains, rapporte, d'après les chroniques de l'époque, que le fléau de Dieu vint de Reims à Troyes, en traversant les villes de Châlons et d'Arcis, et que de Troyes il se rendit par Sens à Orléans. Cette marche du conquérant, si peu comprise par les historiens de Troyes, peut justifier certains actes de saint Loup et révéler par là le prodigieux ascendant de sa sainteté sur le roi barbare qui faisait trembler les nations. Lisez Grosley et ceux qui l'ont copié : S. Loup ne triom-

(1) Vers 332.

phe d'Attila que parce que ce vainqueur farouche a vu pâlir son étoile, et qu'enveloppé d'ennemis dans les plaines de Méry, il a besoin de la protection du saint prélat pour regagner le Rhin sans obstacle. Ne doit-on pas admettre au contraire avec les chroniques que S. Loup sauva sa ville épiscopale, lorsque le roi des Huns, vainqueur de la Germanie, tomba dans les Gaules et vint à Troyes après avoir saccagé Reims? Attila, touché de l'éloquence et des vertus du prélat, craignant d'être poursuivi par ses ennemis après la bataille de Châlons, se serait fait alors accompagner par l'évêque de Troyes, pour échapper aux piéges d'Aétius, dont il devait soupçonner la bonne foi. Berthault est de cet avis : il a pour lui l'histoire et la gloire de S. Loup.

Longtemps après le passage d'Attila, la Gaule fut envahie par une foule innombrable d'aventuriers et d'hommes du Nord. Les fleuves se couvrirent de leurs barques, les villes florissantes furent pillées et incendiées. Troyes, située sur les rives de la Seine, fut prise et saccagée. Ses malheureux habitants, réfugiés dans les bois, ne retrouvèrent plus que des ruines après le départ des Normands. Ceci se passait en 892. S'il faut en croire l'abbé Courtalon, Troyes se releva, mais ses murailles construites à la hâte ne purent la dérober au pillage de nouveaux aventuriers venus du Nord. Renversée une seconde fois en 905, elle eut assez de force, cinq ans après, pour résister. Son évêque Ansegise marche contre les Barbares avec le comte de Sens et l'évêque de Langres, et les défit complètement à quelques milles de Chaumont. Ansegise, vainqueur des Normands, s'empara du comté de Troyes. Robert, fils de Hébert II, comte de Vermandois, qui n'était point fâché de conquérir quelque cité, leva promptement une armée et se présenta devant les murs de Troyes. Le prélat, faible et impuissant, se retira dans la Saxe et revint quelques mois après avec une troupe de Germains. Mais Robert avait appelé à son secours l'archevêque et le comte de Sens. Les Germains furent vaincus et forcés de regagner leur pays sous la conduite de Brunon. L'évêque Ansegise abandonna ses prétentions et conserva la juridiction épiscopale.

Le poète Berthault accorde trop d'éloges au comte Robert; il ne chante point le combat livré par l'évêque Ansegise contre des Normands, parce qu'il les a conduits plus tard devant Troyes. Il est vrai que ce prélat dut se rendre odieux par cette malheureuse tentative; mais les droits de Robert de Vermandois n'étaient pas alors incontestables.

Plus loin, le poète rapporte l'incendie de 1188 qui détruisit presque toute la ville. Il rappelle que les fidèles doivent les lumières de la foi au bienheureux Potentien qui, persécuté par le comte Montan, reçut la couronne du martyre avec le bienheureux Savinien de Sens. La cathédrale de Troyes, élevée par l'évêque Milon, se relève de ses ruines après le terrible incendie. Hervée en arrête le plan et en jette les fondements. Les travaux sont poussés avec une activité si grande, qu'avant sa mort ce prélat peut contempler le sanctuaire et les chapelles demi-séculaires qui l'environnent. Berthault ne célèbre pas les évêques qui contribuèrent après Hervée à la reconstruction de l'église de Troyes; il rapporte dans ses vers que le sommet des tours va s'élever dans les airs, et que Paris et la France n'ont pas de merveille plus éclatante. Puis il contemple la basilique, et s'arrêtant au portail principal, au portail royal, il décrit en quelques vers les innombrables statues dont il est orné :

Virtutum hic videas medio sub limine vultus,
Bissenos hinc inde Patres, cælique Parentem
Librantem dextrà verbo quem condidit orbem :
Humanæ autores stirpis cum prole tenellâ
Stant lævâ et dextrâ, tumet omnis imagine postis.
Francorum hic vivunt incisi marmore Reges
Præcipui pietate; putes incedere pictas
Effigies, solusque deest cum lumine motus.

Le grand portail de Saint-Pierre présente, dans son ensemble, une largeur de cent cinquante-neuf pieds, compris la saillie des contre-forts latéraux, sur une élévation de quatre-vingt-dix-huit pieds six pouces depuis les dalles du parvis jusqu'à l'appui de la balustrade qui règne au-dessus de la rose. Quatre grands contre-forts divisent cette façade en trois intervalles occupés par des voussures ou portiques sous lesquels sont percées les trois portes obligées des cathédrales. Ces portes sont partagées chacune en deux ouvertures par un pilier ou trumeau qui, formant une double baie, soutient de chaque côté un linteau dont la ligne en arc surbaissé indique la décadence de l'architecture du XIIIe siècle.

Devant chaque trumeau, un piédestal hexagonal portait autrefois une statue que les révolutions ont brisée. Sur celui du milieu, le Sauveur du monde tenait de la main gauche un globe surmonté d'un croix, et de la droite donnait la bénédiction. Du côté gauche, les statuaires avaient placé S. Pierre, et de l'autre côté S. Paul. On sait que les deux tours, dont le chapitre avait arrêté la construction, devaient être élevées en l'honneur de ces deux apôtres.

Les latéraux, les tympans et les voussures étaient également ornés de statues. Les registres de la fabrique de la cathédrale citent le nom de quelques tailleurs d'*ymaiges*. Le poète a vu les vertus, les apôtres, Adam et Eve avec leur race chérie, et les rois de France célèbres par leur piété. Quelles étaient ces *vertus?* N'étaient-ce point les béatitudes célestes classées par saint Anselme, et qui ornent une des baies du porche septentrional de Notre-Dame de Chartres? Les registres de Saint-Pierre citent la statue du *roi Carloman* et celle du *roi Louis*, données par deux bourgeois en 1550; mais en 1524, les statuaires avaient déjà posé une multitude d'*ymaiges aux portaulx*, ainsi qu'il est facile de le voir par les comptes suivants :

Dépenses pour ymaiges aux portaulx.

A Nicolas Haluin *ymaigier* demorant à Troyes pour une hystoire de la vie de S. Paul faicte par luy pour asseoir au portail neuf de S. Paul, XIII aoust 1524 . . . . LX s.

A luy pour deux hystoires de Simon magicien dont l'une signifie que iceluy magicien en cuydant voler se laissa cheoir et se rompit le col et l'autre comment les chiens luy dessipèrent sa robe . . . . VI l.

A luy le XVIII octobre pour une hystoire comment S. Pierre deslia les chiens de Simon le magicien qui coururent a luy et luy desirerent ses habitz. . . . . LX s.

A luy le XVIII novembre baille la somme de LX s. sur le commencement des hystoires de la Passion contenant comment N. S. fut battu a lestache. . . . . LX s.

A luy le I avril IV l pour lhystoire dessusdicte et LXXX s. sur lhystoire comment Job fut baptu du diable. . . IV l.

A luy le XIII avril 1525 pour la somme de LXX s. pour lhystoire comment S. Paul fut baptise de ananias . LXX s.

A luy le XXIII avril pour une hystoire comment S. Paul fut descolley par Neron empereur des Romains . . IV l.

A luy pour une hystoire comment S. Paul preschoit les juifs en prison VI may . . . . LXX s.

A luy le IV juing pour une hystoire comment S. Paul print lettres de levesque de Jerusalem afin davoir puissance pour y assembler les chrestiens et est la premiere hystoire du portail de S. Paul. . . . . LXX s.

A luy le XVIII juing pour une hystoire comment S. Paul fut enseveli par ses disciples . . . . LXX s.

A Nicolas Haluyn *ymaigier* pour deux hystoires pour le grant portail du milieu, c'est assavoir lune comment N. S. fut buffete les yeux bandez et lautre comment il fut coroné dun chappeau depine. . . . . VII l.

A luy pour une hystoire comment Pillatte monstra N. S. aux Juifs en disant *Ecce homo* le VIII janvier . . LXX s.

A luy le XXX janvier 1527 ...... comment Pillatte jugea N. S. et lava ses mains . . . . LXX s.

A luy le X fevrier ..... comment Dieu porta sa croix au mont du Calvaire . . . . LXX s.

A luy le VI avril pour trois hystoires comment N. S. descendit aux enfers, comment il fut mis au sépulcre, comment Nostre-Dame de pitié tint N. S. sur ses genoux après ce quil fut descendu de la croix . . . . IX l. X s.

A luy le XXI avril 1527 pour une hystoire comment N. S. fut descendu de la croix par Joseph et Nichodemus. LXX s.

A luy pour deux hystoires le I juing comment on leva N. S. avec la croix et lautre comment il fut pendu en la croix. VII l.

A Yvon Beschot, *tailleur dymaiges* pour deux petites hystoires quil a faictes pour le grant portail par marché faict a luy par feu M. Pietrequin comme a dict maistre maçon Jehan Bailly à C s. pour chascune hystoire . . . . X l. 1534.

M. Arnaud, dans son *Voyage archéologique et pittoresque*, cite encore plusieurs statues : celle de la Vierge tenant le Christ mort sur ses genoux, et celles de Saint-Jean et de Sainte-Madeleine, représentées debout.

Après avoir admiré le portail principal, le poète vante dans ses vers les vitraux magnifiques qui représentent les mystères sacrés de la véritable loi (1). Les peintres-ver-

(1) Vers 449.

riers n'ont oublié aucun acte important de la vie de Jésus-Christ. Ici le Verbe divin se revêt de l'humanité dans une étable; plus loin, le premier sang coule, le sang des martyrs; là Jésus remplit d'admiration les docteurs d'Israël, sa mère recueille ses divines paroles, et les garde dans son cœur. Jean, le précurseur du Messie, verse l'eau du Jourdain sur la tête du désiré des nations. Mais hélas! les bienfaits et les vertus du fils de l'Homme n'émeuvent point les juifs: il est trahi, puis livré aux princes qui le condamnent. Trois jours après sa mort, il sort glorieux du tombeau, les gardes stupéfaits admirent ce prodige.

Le poète déclare qu'il serait long d'énumérer les peintures et les sculptures qui décorent la Cathédrale de Troyes. Nous n'entreprendrons aucune description, nous dirons seulement que l'ancienne capitale de la Champagne est une de ces villes où l'art se déployait au XVIe siècle avec une activité vraiment prodigieuse. Berthault cite la statue de Charles de Choiseul (1), marquis de Praslain, baron de Chaource, maréchal de France et gouverneur de Troyes. Ce noble seigneur était mort le 11 février 1626, à l'âge de 63 ans. Madame Claude de Cazillac, sa veuve, avait donné six mille francs en 1630 à l'église de Troyes, pour la fondation d'un anniversaire, et pour la permission *de faire placer au chœur, du côté gauche, une sépulture en relief contenant huit pieds de longueur sur cinq de largeur, et environ dix de hauteur.* C'était, dit Grosley, un grand sarcophage élevé sur une base rectangulaire chargée d'inscriptions et de trophées. La statue du maréchal, en marbre blanc, surmontait le monument. La Révolution, qui a causé la perte de beaucoup d'objets précieux, a débarrassé le chœur de cet énorme tombeau et de celui de Royer de Choiseul. Les statues des ducs et quelques fragments de marbre de leurs tombeaux ont été déposés au Musée de la ville.

Le Trésor de la Cathédrale, si riche, si célèbre avant 1793, est visité par le poète. Ici sont les épines, le sang, le roseau, l'éponge, la croix, la tête de Philippe, un pouce de Jean-Baptiste, une dent de Pierre; ces reliques sacrées

(1) Vers 475.

rappellent à Berthault les premiers martyrs de Troyes, Saint-Parre et Sainte-Jule (1).

Non loin de la basilique, se dresse l'élégante chapelle de Saint-Etienne, élevée par le comte Henri. Là sont encore les tombeaux de ces valeureux princes, qui firent de Troyes une des cités les plus florissantes du moyen-âge (2).

Plus loin, l'auteur célèbre les généreux dons de la ville après la bataille de Poitiers et les hauts faits de Jeanne-d'Arc, qui s'empare de Troyes et conduit à Reims le roi Charles VII. Plus tard, la capitale de la Champagne est surprise par une faction d'hommes impies; mais la Ligue se dissout, Henri IV entre à Troyes et reçoit les hommages de ses fidèles sujets. Son fils, Louis XIII, revoit les mêmes murs en 1629. Le poète, témoin de sa majestueuse entrée, adresse quelques vers au roi, et vante la soumission respectueuse des citoyens (3).

De nombreux éloges sont accordés aux magistrats, dont l'intégrité est proverbiale, puis au maire et aux échevins, dont le zèle sait pourvoir à tout. Enfin, après avoir rappelé que Troyes a toujours pris une glorieuse part à toutes les actions éclatantes de la France, qu'elle a vu naître le docte Passerat, qu'elle compte pour bienfaiteurs les *deux Pithou*, Berthault termine son poème en le dédiant à tous les Troyens, leur déclarant qu'il ne contient que les *louanges méritées de la ville de Troyes*.

François Bonichon, Nicolas Journée et Louis Courtin lui ont adressé des vers pour le féliciter. Pour nous, l'œuvre du jeune poète sénonais restera comme un *monument* de l'affection que porta toujours à la ville de Troyes la célèbre Congrégation, qui ne proscrivait point de ses colléges les grands écrivains de la Grèce et de Rome.

FIN.

(1) Vers 504.

(2) Vers 512.

(3) Vers 581.

www.ingramcontent.com/pod-product-compliance
Ingram Content Group UK Ltd.
Pitfield, Milton Keynes, MK11 3LW, UK
UKHW020106200726
13856UKWH00002B/402